Dummheit

Emil Kowalski

Dummheit

Eine Erfolgsgeschichte

2., aktualisierte und erweiterte Auflage

J.B. METZLER

Emil Kowalski
Rieden bei Baden, Schweiz

ISBN 978-3-476-05856-0   ISBN 978-3-476-05857-7   (eBook)
https://doi.org/10.1007/978-3-476-05857-7

Die Deutsche Nationalbibliothek verzeichnet diese Publikation in der Deutschen Nationalbibliografie; detaillierte bibliografische Daten sind im Internet über http://dnb.d-nb.de abrufbar.

Planung/Lektorat: Franziska Remeika
J.B. Metzler ist ein Imprint der eingetragenen Gesellschaft Springer-Verlag GmbH, DE und ist ein Teil von Springer Nature.
Die Anschrift der Gesellschaft ist: Heidelberger Platz 3, 14197 Berlin, Germany

Meiner Großmutter gewidmet, einer weisen Frau,
die alle meine kindlichen Fragen zu beantworten wusste.
Leider habe ich als Erwachsener ihre Antworten vergessen.

Vorwort zur Neuauflage

Wenn der Autor das Glück hat, eine Neuauflage vorzubereiten, liest er sein Werk nicht nur mit einem zeitlichen Abstand, sondern auch mit einer gewissen Neugier. Was hat sich seit der Erstauflage verändert? In der Welt? In seinem Zugang zum Thema? Was muss ergänzt werden, was sollte korrigiert werden, wo hat er sich geirrt? Ist er seinem Thema gerecht geworden?

Mein kurzes Essay setzt sich mit einem ernsten erkenntnistheoretischen Problem auseinander, mit der Kluft zwischen der Wirklichkeit und dem Wissensstand über sie, der einem Individuum und einer Gesellschaft erreichbar ist. Und mit der überraschenden Erkenntnis, wie wenig ein Mensch eigentlich braucht, um mit seiner zivilisatorischen Existenz zurechtzukommen, wenn die Gesellschaft zweckmäßig organisiert ist und ihm seine materielle Lebensgrundlage gebrauchsgerecht präsentiert. Wenn das Kollektiv also zu einer User-Gemeinschaft mutiert, in der jede und jeder auf die Benutzung von

Gegenständen und Einrichtungen angewiesen ist, die sich andere ausgedacht haben. Und deren Funktion er nur insofern verstehen muss, um die richtigen Tasten zu drücken, den richtigen Wisch über den Touchscreen zu tun.

Ich konnte nicht widerstehen, das Thema ohne den akademisch gebotenen Ernst zu behandeln – ich ‚verpackte‘ es lieber in ein satirisch-ironisches Narrativ. Ganz zu schweigen davon, dass dies meiner Neigung zum moderat schwarzen Humor entgegenkam und dass ich als Physiker zu einem tiefsinnigen *tractatus-technico-philosophicus*[1] ohnehin nicht ausreichend qualifiziert wäre. Und so wurden ernste epistemologische Probleme als Versuch abgehandelt, „dreckige Teller im dreckigen Wasser mit dreckigem Lappen sauber zu waschen", die Unkenntnis der Grundlagen unseres Wohlstands mutierte zum ehernen „Gesetz der Geringschätzung vorhandener Güter" und der Beginn der Entwicklung des *Homo sapiens* wurde als Folge des Fehlentscheids eines Affen interpretiert, „auf seine Instinkte zugunsten eines protointellektuellen Grübelns zu verzichten". Dass ich die Unzulänglichkeiten des Menschen im Umgang mit der komplexen zivilisatorischen Wirklichkeit als „Dummheit" apostrophierte, war dann nur die Folge aller dieser aphoristischen Verkürzungen. Ich hoffte, dass die kritische Leserin, der sprichwörtlich geneigte Leser hinter der Ironie und der Satire den Ernst des Themas nicht vergessen werden. Und wurde nicht enttäuscht, wie sich in vielen persönlichen Gesprächen, in vorwiegend positiven Rezensionen und nicht zuletzt in der Tatsache gezeigt hat,

---

[1] Die Herren Spinoza und Wittgenstein mögen mich für diese Anspielung entschuldigen!

dass das Essay nun in einer zweiten, ergänzten und überarbeiteten Auflage vorliegt.

Am ursprünglichen Text musste ich wenig ändern,
wenige Stellen wurden ergänzt und Hinweise auf Ereig-
nisse wurden auf den neuesten Stand gebracht. Die eigent-
lichen Ergänzungen finden sich im neu verfassten Epilog.
Darin zu berücksichtigen waren Erfahrungen der User-
Gesellschaft mit der Corona-Pandemie, ihre zunehmende
Sorge über den Klimawandel, und die betrüblichen
Anzeichen einer steigenden Gefahr für unsere liberale
Demokratie.

Außerdem wurde ein Personen- und Sachregister
angefügt. Alles andere wird im Vorwort zur ersten Auflage
besprochen.

***

Herzlich gedankt sei dem Verlag für die Entscheidung zu
einer zweiten, überarbeiteten und erweiterten Auflage des
Essays. Für das wie gewohnt kompetente und freundliche
Lektorat schulde ich tausend Dank Franziska Remeika,
ohne sie wäre diese Auflage nicht zustande gekommen.
Für die speditive und liebeswürdige Betreuung des Ver-
lagsprojekts danke ich Anja Dochnal, die sich mit allen
meinen kleinen und großen Wünschen herumschlagen
musste. Und nicht zuletzt verdanke ich gerne die freund-
lichen wie kritischen Rezensionen, Kommentare und
Bemerkungen meiner Freunde und der Medien.

Oktober 2021   Emil Kowalski

Vorwort
oder die Flughöhe der Gänse

Der Mensch ist ein vernunftbegabtes Wesen, klug und weise. Wenn er seine Geschichte schreibt, so ist es eine Erzählung vom wachsenden Wissensschatz, von der Zunahme seiner Kenntnisse und Erfahrungen, seiner kognitiven Fähigkeiten, der von ihm gefundenen Problemlösungen. Er betet seine Genies an, die Geistesgiganten der Kunst, der Wissenschaft, die Heroen der Politik.

Zumindest bei den Letzteren melden sich einige Bedenken. Politik? Irren Politiker nicht, machen Politikerinnen keine alternativlosen Fehler? Doch. Aber die demokratische Basis, die irrt doch nie? Bescheiden konstatiert der Beobachter das Gegenteil. Auch die Schwarmintelligenz hält nicht was sie verspricht und es gibt Autoren, die von Schwarmblödheit sprechen[2].

---

[2] Siehe zum Beispiel Niels Werber: *Ameisengesellschaften. Eine Faszinationsgeschichte.* Frankfurt a. M. 2013, S. 221.

Geht es überhaupt um Wissen, beruht doch die Demokratie nicht auf Entscheidungen der Betroffenen, und nicht der Wissenden? Lähmt zu viel Wissen am Ende nicht den Entscheidungswillen? War es nicht der Erwerb der Erkenntnis, der Adam und Eva aus dem Paradies vertrieben hat? Sind wir nicht Opfer von zu viel Wissen? Ohnehin regieren subjektive Wahrnehmungen die Welt, und nicht die Fakten. Der Chronist gerät auf Glatteis, Zweifel kommen auf.

Und die vielgelobte technische Zivilisation, unsere zunehmend digital verwissenschaftlichte Welt, verstehen wir die? Wissen wir, wie all die Artefakte funktionieren, die uns umgeben? Auf welchen physikalischen und chemischen Effekten sie beruhen? Möchten wir es wissen? Könnten wir es wissen, wenn wir wollten? Die Zweifel werden stärker.

Man muss mit dem Nichtwissen rechnen – allein mit der Intelligenz des Menschen lässt sich seine Gesellschaft nicht erklären, auch seine Zivilisation nicht. Wie viel Dummheit muss man also unterstellen? Ein wenig, ein paar Prozent? Unsinn, Dummheit und Intelligenz sind inkommensurable Größen, man kann sie nicht messen, nicht vergleichen. Es gibt zwar den IQ, nicht aber den SQ[3].

Beim Denkvermögen geht es um das Entweder – Oder. Entweder schreibt man die Geschichte des Menschen unter dem Aspekt seiner überwältigenden Weisheit. Oder man akzeptiert seine Dummheit und untersucht, wie er mit ihr zurande gekommen ist. Wir wollen den zweiten Weg beschreiten, er ist eindeutig ergiebiger. Jürgen Osterhammel empfiehlt für einen souveränen Überblick über die Geschichte *Die Flughöhe der Adler.* Wäre sie auch

---

[3] Stupidity Quotient.

der Betrachtung der Ignoranz angemessen? Durch einen Physiker, einen Naturwissenschaftler, der sich anschickt, in den Gefilden der Geisteswissenschaft zu wildern? Kaum, das emblematische Tier der Dummheit ist kein Adler, sondern die Gans. Die dumme Gans. Wählen wir also die Flughöhe der Gänse, denn auch diese können fliegen, so sie genügend wild sind. Für einen Überblick wird es ausreichen. Gänse verfügen nicht nur über den zusammenfassenden Blick aus der Höhe, sie können auch die Banalitäten der Niederungen am Ufer der Teiche beschnattern. Und dem braven Nils Holgersson der Selma Lagerlöf die regionalen Eigenheiten erklären. Im Gegensatz zu Adlern, die seinen Ansprüchen nicht zu genügen vermochten.

Apropos, waren es nicht die heiligen Gänse vom Juno-Tempel am Kapitolshügel, welche die Stadt Rom 387 Jahre vor Christi vor den Galliern gerettet haben, wie Titus Livius berichtet? Aufmerksame Gänse vom Tempel der Göttin Juno Moneta, was ihre Nähe zum monetären Schlamassel der Gegenwart zumindest nicht ausschließt? Die Adler halfen dagegen nichts, die vergoldeten Adler der Feldzeichen römischer Legionen, der vor dem Feinde streng beschützten und bewachten Aquilas. Trotz seiner Legionsadler unterlag Westrom neunhundert Jahre nach dem Bravourstück der Gänse den nördlichen Barbaren. Das Ostrom hat sich immerhin ein weiteres Jahrtausend lang gehalten, kein Wunder, hatten doch die Wappentiere der byzantinischen Herrscher *zwei* Köpfe, im Gegensatz zu dem einen einzigen der westlichen Aquilas. Der Osten hat schon immer auf Redundanz gesetzt. Doch auch das hat nicht immer geholfen, das Wappentier der untergegangenen Habsburger K.u.K.-Monarchie war ebenfalls ein doppelköpfiges Wappentier, der berühmte schwarze Doppeladler.

Zum Wappentier haben es die Gänse nicht gebracht, immerhin sind sie im Gegensatz zu den Adlern kulinarisch ergiebig.

***

Anzufügen sind noch einige Bemerkungen technischer Art. Aus Gründen der Lesbarkeit werden Personen im gewohnten grammatikalischen Geschlecht angesprochen, was stets für beide Geschlechter gilt. Ebenso werden Fußnoten zwecks Leseökonomie am Seitenende (statt am Buchende) angefügt.

Bei Zitaten wird im Text der Autor des Werkes genannt, die Angaben zur Buchausgabe etc. findet man unter dem Autorennamen im Literaturverzeichnis. Bei mehreren Werken eines Autors ergibt sich die angesprochene Quelle aus dem Kontext. Bei einigen Zitaten aus dem Gedächtnis wird zwar der Urheber erwähnt, die genaue Quelle konnte aber trotz eingehender Recherchen mit Google & Co. nicht ermittelt werden. Aber die Angabe der geistigen Elternschaft stimmt. Sollte sich ausnahmsweise eine Textpassage ohne Referenznennung finden, so handelt es sich entweder um ein allgemein bekanntes Werk der Weltliteratur, bei dem sich die Angabe erübrigt, oder um einen dummen Flüchtigkeitsfehler[4].

Der Autor ist dem Verlag zu herzlichem Dank für das Wagnis verpflichtet, ein Buch über die Dummheit herauszugeben und dazu noch in einer gediegenen, seriösen Inhalt vortäuschenden Ausstattung. Ein besonders herzlicher Dank gebührt Franziska Remeika für das umsichtige

---

[4]Dies ist die Standardentschuldigung aller überführten prominenten Plagiatssünder, wir befolgen nur das gewohnte Prozedere. So nebenbei, wie wäre es, wenn man zumindest den kompilatorischen Eifer der Plagiatoren und Plagiatorinnen würdigen und ihnen den akademischen Titel belassen statt aberkennen würde, geadelt durch einen honorigen Zusatz, so beispielsweise Dr. phil. plag.?

Lektorat und die vielen Anregungen, die dem Umfang und dem geistigen Gewicht des Büchleins zugutekamen. Großer Dank geht an alle nicht namentlich genannten Freunde des Autors, die seine kognitive Entwicklung während des Studiums und in seinem beruflichen Leben und danach befruchtet haben. Im Übrigen durfte er aus einer reifen Ernte seiner lebenslangen – wenn auch erfolglosen – Bemühungen um das Verständnis der abendländischen Kultur schöpfen.

Juli 2017   Emil Kowalski

Inhaltsverzeichnis

Über die Dummheit – oder die Dominanz
der Ignoranz   1

Über die Kreativität – oder die Relevanz der
Ignoranz   21

Über die Gleichheit – oder die späte Resonanz
der Ignoranz   35

Die Utopie der Unvollkommenheit – oder die
Toleranz der Ignoranz   49

Paradiese mannigfacher Unvollkommenheiten –
oder das pursuit of ever-changing happiness   65

Abendland light – oder Wohlstand ohne
Demokratie   87

Das Steigbügel-Orakel – oder über die richtigen
Institutionen   107

Über Illusionen – oder die nach oben offene
Ignoranzskala   119

Metamorphosen und Dichotomien – oder
der Jungbrunnen der Komplementarität   139

Die Ignoranz der Satten – oder das Gesetz
der Geringschätzung vorhandener Güter   151

Der Pfeil der Zeit – oder die darstellende
Geometrie der happiness   183

Epilog – das Nachdenken über die Ignoranz
findet kein Ende   197

Genesis, korrigiert – Ein apokrypher Anhang   221

Literatur   231

Register   237

Über die Dummheit
oder die Dominanz der Ignoranz

Der Mensch betrachtet sich als *das* intelligente Wesen. Sein Verstand ist ihm heilig, auf sein Wissen ist er so stolz, dass er seine Gattung auch schon *Homo sapiens sapiens* getauft hat. Das doppeltgescheite Mitglied der Hominidenfamilie. Vor allem eines wünscht er nicht, als dumm bezeichnet zu werden.

Sein Leistungsausweis ist in der Tat beeindruckend, er gilt als intelligent und weise, als verständig und vernünftig, als gebildet und kultiviert. Was er als seine wissenschaftlich-industrielle Zivilisation bezeichnet, hat sich von ihrem abendländischen Ursprung her über die ganze Welt verbreitet. Die Segnungen der Technik sind allgegenwärtig, im Prinzip global verfügbar. Sogar die westliche Idee der liberalen Demokratie hat es zumindest zu einer allgemeinen Erklärung der Menschenrechte gebracht – und: Zeugt es letztlich nicht auch von der Kreativität der Menschheit, dass ein jeder Staat glaubt, die Menschenrechte

© Springer-Verlag GmbH Deutschland, ein Teil von Springer Nature 2022
E. Kowalski, *Dummheit*,
https://doi.org/10.1007/978-3-476-05857-7_1

souverän und das heißt grundsätzlich anders interpretieren zu können?

Doch der Schein trügt. Der Mensch versteht seine Zivilisation nicht. Er lernte zwar, sich ihrer Früchte zu bedienen, die Kenntnis der ihn umgebenden Geräte und Einrichtungen blieb ihm aber verschlossen. Er baute eine einzigartige, stark arbeitsteilige Gesellschaft auf, doch es ist nicht die Kenntnis der technischen und wissenschaftlichen Zusammenhänge, welche ihn auszeichnet, sondern die Fähigkeit, *die von anderen hervorgebrachten Artefakte zu benutzen*[1], Geräte zu bedienen, Verfahren zu beherrschen und Systeme zu steuern – ohne im Geringsten zu wissen, welche Mechanismen er dabei aktiviert, welche wissenschaftlichen Gesetzmäßigkeiten er dabei nutzt. Die menschliche Zivilisation beruht auf seiner ‚spezifischen Dummheit‘. Die Welt der zivilisatorischen Güter zeichnet sich durch eine unvorstellbar hohe Komplexität aus, die Gemeinschaft ihrer User kommt mit der Intelligenz durchschnittlicher Absolventen einer Grundschule aus – auch diese beherrschen den Touchscreen ihrer Smartphones. Und wohlgemerkt – es ist nicht die Technik allein, die für den Menschen eine verschlossene Welt bleibt, man spürt überall seine soziale und politische Ignoranz, welche es den Populisten jeder Couleur möglich macht, Volksmengen zu verführen. Eine in Deutschland studierende junge Türkin verglich die Intelligenz einer aufgeputschten Masse, die für Erdoğans Ermächtigungsgesetz auf die Straße ging, mit dem Denkvermögen dummer Freilandhühner, welche für Käfighaltung demonstrieren[2].

---

[1] Diese Formulierung verdanken wir Karel Čapek, siehe das Kapitel „Die Ignoranz der Satten".

[2] *Der Spiegel* 11/2017, S. 16.

Über kognitive Defizite zu reflektieren ist ein Wagnis. Gescheite Leute haben es mehr als ein halbes Jahrtausend nicht gewagt, über Dummheit zu publizieren. Das Standardwerk zu diesem Thema datiert vom Beginn des sechzehnten Jahrhunderts, aus der Feder des Erasmus von Rotterdam, eines der ersten großen europäischen Humanisten, der 1509 sein Lob der Torheit schrieb. Gewidmet keinem geringeren als seinem englischen Freund Thomas Morus, dem Autor der *Utopia,* des vermutlich ersten dokumentierten Traumes von einer idealen Welt. Im Druck erschienen zuerst 1511 in Paris und Straßburg, danach 1515 mit Illustrationen von Hans Holbein dem Jüngeren in Basel. Gemäß Wikipedia „eines der meistgelesenen Bücher der Weltliteratur". Offensichtlich hat sich seitdem weder das Intelligenzniveau des Menschen verändert, noch sind neue Erkenntnisse zur Genealogie und Phänomenologie der Dummheit verfügbar geworden, jedenfalls hat Erasmus abgesehen von sporadischen Vorträgen und Glossen mehr oder weniger illustrer Autoren bis heute keine Nachfolger gefunden. Ja, der Name wurde sogar für das Erasmus-Programm der Europäischen Union missbraucht, ein internationales Stipendienprogramm für Auslandsaufenthalte an Universitäten, mit dem Ziel, lebenslanges Lernen zu fördern und mithin der Dummheit entgegenzuwirken.

Wir wollen das Wagnis eingehen, über die Dummheit nachzudenken. Doch konnte sich Erasmus noch im Duktus einer gelehrten Satire ergehen – die Betrachtung der Gegenwart erfordert von uns bitteren Ernst. Das Thema ist zu wichtig, um es in der Form einer unseriösen Causerie abzuhandeln. Der Stoffumfang übersteigt das Analysevermögen eines Einzelnen, und der Autor wird sich glücklich schätzen, wenn es ihm gelingt, auch nur die Grundzüge einer Epistemologie der Ignoranz zu skizzieren – zu mehr ist er nicht fähig. Zum Höhenflug des Erasmus von Rotterdam wird es nicht kommen, außerdem ist es dem Verlag nicht gelungen, einen Illustrator vom Format eines Hans Holbein zu verpflichten.

Genug der Vorrede, fangen wir mit unserem ehrgeizigen Projekt an. Am Anfang unserer Betrachtungen steht der eingangs angesprochene Effekt, die allgemeine Ignoranz der Grundlagen der Zivilisation:

> Das zum Leben nötige Know-how eines modernen Menschen besteht darin, dass er sich der Segnungen der Zivilisation zu bedienen weiß. Diese sind einfach da, von der Gesellschaft – also von jemand anderem – bereitgestellt. Wie sie zustande kommen, das weiß der Mensch nicht. Seine Bestimmung ist, ein User zu sein.

So wir in einem der Industrieländer leben, primär in einer der westlichen Demokratien, geht es uns im Allgemeinen gut. Die Welt um uns ist zwar etwas artifiziell, etwas gleichförmig – etwas mehr Natur täte uns gut, sagen wir, und man sollte sich mehr bewegen, und weniger essen, und die Steuern könnten etwas niedriger sein … aber alles in allem sind wir zufrieden. Machen wir uns irgendwann im Verlauf des Tages Gedanken über unsere Zivilisation? Wundern wir uns über ihr klagloses Funktionieren? Kaum. Genaugenommen nie. Nicht echt. Wir beten die Autonomie an, würden aber autonom kaum einen Tag überleben.

Es fällt uns nicht auf, dass wir laufend auf Kenntnisse anderer angewiesen sind. Warum denn auch? Wir haben uns an die extreme Arbeitsteilung unserer Zivilisation gewöhnt. Ich tue meine Arbeit, ich weiß etwas, was die anderen nicht wissen – sie wissen etwas anderes, was ich nicht weiß, sollen sie ihre Arbeit tun. Ich tue meine. Merken wir, wie wenig wir vom ganzen zivilisatorischen

Betrieb überblicken? Nein. Wir ignorieren sogar unsere Ignoranz. Und mit Recht, warum soll man sich Gedanken machen über die Zivilisation, was soll die dumme Frage? Man lebt sein Leben, man weiß, wo man was einkaufen muss, wo man sich amüsieren kann, wo seine gesellschaftlichen, kulturellen und sonstigen Bedürfnisse zu befriedigen sind, wo sein Friseur ist, sein Zahnarzt … Die zivilisatorische Maschinerie läuft gut geschmiert, nur bei Störungen ist man irritiert, bei einem Streik des Bodenpersonals einer Fluglinie etwa, oder der Lokomotivführer einer kleineren Gewerkschaft, wenn die famose Transportwelt auf einmal unerwartet zusammenbricht.

Das Bild ist nicht überzeichnet. Der Wohlstand unserer technischen Zivilisation beruht darauf, dass wir von Institutionen und Organisationen abhängig sind und laufend Geräte bedienen, die sich andere ausgedacht haben. Dass wir nicht die leiseste Ahnung davon haben, wie diese funktionieren. Es muss nicht einmal das hochkomplexe Internet sein, es genügt bereits ein primitiver Reißverschluss – kaum jemand versteht seine Funktion richtig, respektive kann diese richtig erklären. Die Tatsache ist bekannt, das Paradoxon gehört zum Alltag, aber niemand regt sich darüber groß auf. Die Komplexität der Existenzbasis unserer Gesellschaft geht einher mit der Ignoranz ihrer Mitglieder, mit ihrer Dummheit. Die Dummheit ist beileibe nicht nur technikbezogen, nein, sie umfasst auch unser politisches Leben, unsere Wirtschaft. Man darf den Befund verallgemeinern, man weiß von allem etwas, und nichts richtig. Die Kenntnis der Welt geht nicht über gängige Schlagworte hinaus – Markt, Kapitalismus, soziale Gerechtigkeit, Hi-Tech, die Linken, die da oben, reißerische Medien, Lügenpresse, schamlose Bankerboni, manipulierte Diesel, korrupte Politiker, Klimakatastrophe,

Corona-Diktatur und so weiter … Das Charakteristikum der Moderne ist die *Dominanz der Ignoranz*[3].

Wir wähnen uns zwar eine Wissensgesellschaft zu sein und der Vorwurf, dass wir ‚postfaktisch' geworden sind und dem Sachverstand abgeschworen haben, erfüllt uns mit Widerwillen. Ohne Grund – denn wir haben uns nie an irgendwelchen Fakten orientiert und vom komplexen Räderwerk der Zivilisation haben wir nur selten mehr als einen Hauch verstanden. Die kollektive Dummheit, die Entkopplung der Bereitstellung zivilisatorischer Güter von ihrer Nutzung hat Tradition, die Klage von der unverständlichen Komplexität der jeweiligen Moderne verhallt ungehört seit Generationen.

Wieso hat es das Abendland dann zu einem historisch gesehen einmaligen Wohlstand gebracht? Ist es kein Paradox? Besteht da nicht ein Widerspruch? Wir können – etwas plakativ aber zutreffend – folgende Thesen aufstellen:

> Die Menschen sind dumm – und die westliche Zivilisation hat es trotzdem zu liberaler Demokratie mit einem hohen Wohlstandsniveau gebracht.

Trotzdem? Oder war es am Ende nicht gerade deshalb?

---

[3]Der Mensch glaubt einiges zu wissen, er weiß es jedoch meist nur oberflächlich, oder aber er verfügt über ganz falsche Informationen. Nur selten weiß er, dass er eine unzutreffende Vorstellung von etwas hat, beziehungsweise überhaupt keine Kenntnis – wir könnten durchaus zutreffend auch von der ‚Ignoranz der Ignoranz' sprechen. Wer diesen Befund durch wissenschaftliche Belege untermauert haben will sei an *The Knowledge Illusion* von Steven Sloman und Philip Fernbach verwiesen, mit umfangreichen Hinweisen auf Originalarbeiten aus dem Gebiet der Kognitionswissenschaften. Konkret zum erwähnten Reißverschluss siehe die Untersuchungen von Leonid Rozenblit und Frank Keil.

> Hat der Westen vielleicht darum Erfolg gehabt, weil er gelernt hat, die Ignoranz des Menschen kreativ zu nutzen, mit ihr zu rechnen? Als einzige, oder zumindest erste Hochkultur der Weltgeschichte? Ist der Umgang mit Dummheit für die westliche Zivilisation möglicherweise konstitutiv? Ist das die verborgene Quelle ihres epochalen Erfolgs?

Die Gesellschaft hat grundsätzlich zwei Möglichkeiten, mit den Begrenzungen der kognitiven Fähigkeiten des Menschen zu leben. Man kann erstens versuchen, alle, zumindest eine weit überwiegende Mehrheit der Menschen wissend zu machen, intelligent, gebildet, klar denkend, die Zusammenhänge überblickend, von Vorurteilen und Aberglauben frei sein, mit einem Wort vollkommen. Man kann mit Kant hoffen, den Menschen von seiner „selbst verschuldeten Unmündigkeit" zu befreien und das Hohelied der Aufklärung singen. Es wurde versucht, zumindest angestrebt.

Und man kann sich zweitens mit der Dummheit, Beschränktheit des Denkvermögens, Willensschwäche, ja mit den anscheinend unvermeidlichen moralischen Defekten des Menschen abfinden, damit rechnen und eine Wissens- und Gesellschaftsordnung schaffen, welche mit diesem realistischen Menschenbild vorliebnimmt. Der zweite Weg scheint der bessere zu sein – es sieht so aus, dass der dumme und unvollkommene Mensch damit eher zurechtkommt, als wenn man ihm zumutet, stets das Richtige zu denken, und eine Gesellschaft für vollkommene Wesen entwirft. Auch das wurde versucht, an utopischen Entwürfen vollendet richtiger Gesellschaftssysteme hat es jedenfalls nicht gefehlt. Glücklicherweise sind nicht alle in die Praxis umgesetzt worden. So blieb der Westen dominant ignorant – und frei.

Allerdings wünscht der *Homo sapiens* unter keinen
Umständen an seine Dummheit erinnert zu werden.
Niemand traut sich, über den Wert seiner Dummheit zu
reden. Nicht einmal zu schreiben. Und schon gar nicht zu
twittern. Obwohl in jedem sozialen Netzwerk vermutlich
einige Beispiele für Unwissen zu finden wären. Niemand
regt sich darüber auf, dass der Wohlstand der technischen
Zivilisation darin besteht, über den Touchscreen eines
Smartphones zu streichen und dieses mit unnötigen Selfies
zu füllen – ohne zu überlegen, was in den geheimnisvollen
Innereien des Gerätes eigentlich vor sich geht. Und niemand singt Loblieder über die Vorteile des von unnötiger
Fachkenntnis befreiten Urteilens über komplexe Sachver-
halte – obwohl auf diesem Prinzip unsere demokratischen
Systeme beruhen, wo Betroffene und nicht Wissende
abstimmen und über ihr Schicksal befinden.

Die Anspielung auf die Eigenheit demokratischer Systeme erfordert es, einem möglichen Missverständnis vor-
zubeugen. Dieses Büchlein ist kein verkapptes Plädoyer
für irgendein elitäres System, wo die Wissenden über das
dumme Volk zu befinden haben, etwa im Sinne von Platons Utopie vom Idealstaat mit der Herrschaft weiser
Philosophen oder Jason Brennans ‚Epistokratie‘, der Herrschaft der Wissenden über die Masse der Ignoranten, die
auf die Mitwirkung in unpolitischen Gefilden der Zivilgesellschaft verwiesen werden. Unsere These besagt, dass
alle Menschen dumm sind, *alle* unvollkommen, und dass
niemand die Komplexität der Gesellschaft ausreichend
überblickt, um ihm elitäre Vorrechte zu gewähren. Eine
Koryphäe auf einem bestimmten Spezialgebiet ist ein blutiger Laie auf den meisten, wenn nicht allen anderen. Falls
es je Universalgenies gegeben hat, in unserer sozial komplexen und technisch-wissenschaftlich anspruchsvollen
Welt sind sie schon lange ausgestorben. Wir werden sehen
– das Geheimnis des epochalen Erfolgs des Abendlandes

besteht darin, dass es auch mit der Unvollkommenheit und Dummheit der Regierenden rechnet, nicht nur mit der Torheit der Regierten.

Und wenn wir schon dabei sind, so wollen wir einem zweiten Missverständnis vorbeugen: Es sei ausdrücklich betont, dass wir physiologisch oder sozial bedingte Mängel an Intelligenz nicht als ‚dumm' verstehen wollen, also keine Demenz oder andere krankhafte kognitive Störungen, und auch nicht gesellschaftlich bedingte Wissensdefizite. Menschen, die wegen Verletzung, Krankheit oder Alter ihre geistige Beweglichkeit einbüßen oder unter sozial unwürdigen Verhältnissen leben, sind nicht dumm im Sinne unserer Überlegungen. Sie verdienen keinen unserer Sarkasmen, sondern viel Hilfe und Verständnis. Wir sprechen hier nicht von Ausnahmen, wir sprechen vom durchschnittlichen, gesunden, typischen Menschen im Vollbesitz seiner Urteilskraft und der dazugehörigen Torheit. Howgh!

Doch zurück zum Thema. Warum laufen wir der Fata Morgana eines umfassenden Wissenserwerbs nach, und erkennen nicht, dass es viel angenehmer und effizienter ist, nur das Nötige zu wissen? Haben wir denn eine andere Wahl? Können wir mehr wissen? Allwissend sind nur Götter. Und wir wissen nicht einmal, ob es sie gibt.

Zu behaupten, dass wir dem lebenslangen Lernen nachhängen ist ein beliebtes Gesellschaftsspiel. Die Realität sieht anders aus. Eine vorurteilsfreie Analyse des Unwissens, der Ignoranz, der Beschränktheit und Gedankenlosigkeit, der Naivität und der Einfältigkeit tut Not. Rezente Forschungen eines internationalen Gremiums, des „Human Ignorance Research Networks" – in einschlägigen Kreisen unter dem Akronym H.I.R.N.[4] bekannt

---

[4]Boshafte Kritiker der Arbeit des Human Ignorance Research Networks H.I.R.N. unterstellen, dass es dieses Think Tank in Wirklichkeit nicht gibt, und dass entsprechende Verweise auf seine Forschungsergebnisse allenfalls den

– haben gezeigt, dass die Dummheit für die westliche Zivilisation unerlässlich ist. Trotz der biblischen Fabel vom Apfel am Baum der Erkenntnis[5] beruhen die meisten Errungenschaften des Abendlandes nicht auf Wissen, sondern auf dessen Gegenteil[6]. Die Menschheit ist Jahrtausende lang mit dem Glauben ausgekommen, mit einem von Schamanen, Magiern und Klerikern verwalteten Glauben an die Wirkung transzendenter Mächte und an nicht überprüfbare heilige Legenden. Unsere Überbetonung des Wissens ist auf wenige hundert Jahre seit der sogenannten Aufklärung beschränkt, im entwicklungsgeschichtlichen Maßstab eine kurze Episode. Die Aufklärung wird heute kritisch hinterfragt – aus später Einsicht über die eingeleitete Fehlentwicklung. Es ist an der Zeit, ein geschichtliches Panorama der Dummheit zu schreiben, eine Apotheose des Nichtwissens, ein Abgesang an den verfehlten Wissensdrang.

Seien wir gnädiger und präziser. Es ist einerseits das Nichtwissen, die Entlastung des Denkens vom *unnötigen Ballast* bei der Nutzung der zivilisatorischen Güter und Dienste, welche das Leben in unserer technisierten und durchorganisierten Umwelt überhaupt erst möglich macht. Und es ist vor allem die Fähigkeit der Gesellschaft,

---

Wert von Fake News haben. Weil Dementis in postfaktischen Zeiten ohnehin nichts nützen, verzichten wir auf eine Richtigstellung.

[5]Ein erstes Beispiel für Fake News.

[6]Die Mythen des Menschen thematisieren seit Urzeiten das potentiell Böse der Weisheit, die allein den Göttern vorbehalten ist. Der alttestamentliche Mythos von der Schlange am Baum der Erkenntnis hat mit Prometheus einen griechischantiken Vorläufer, der Topos klingt schon im assyrischen Gilgamesch-Epos an. Das ausgehende Mittelalter hatte seine Legende vom Doktor Faust. Theodore Ziolkowski verfolgt das Thema in seinem interessanten Buch *The Sin of Knowledge* von den akkadischen Ursprüngen bis zu den sozialistischen Mythen der untergegangenen DDR. Und das Buch Kohelet (1: 18) weiß „Denn wo viel Weisheit, da ist viel Verdruss, und je mehr Wissen, desto mehr Schmerz".

mit der Dummheit des Menschen zu rechnen, und nicht der illusionären Erwartung eines weisen, intelligenten, klugen – mit einem Wort: vollkommenen – Menschen zu verfallen. Es ist die Fähigkeit, *Strategien zur Beherrschung der Dummheit des Menschen* zu entwickeln, welche den Westen so erfolgreich gemacht hat und heute noch macht. Wir wissen doch: Immer, wenn man versuchte, den Menschen die eine richtige, gescheite, kluge, alleinseligmachende oder wissenschaftlich untermauerte Verhaltensweise beizubringen, immer dann ist es zu Katastrophen gekommen. Wenn man sich mit der Dummheit arrangiert, dann geht es gut.

Ich habe es schon gesagt: Es sind nicht allein die Menschen als Masse, als die Geführten, die Probleme mit ihrer Dummheit bereiten. Es sind auch – ja, vor allem – diejenigen, die Führungsrollen übernommen haben, die Eliten und Regierungen, Bürokratien und Monarchien, Generalsekretäre der Parteien und ihrer Zentralkomitees, graue Eminenzen und die Intellektuellen, von denen man kluge Einsichten erwartet. Sie alle sind erst dann weise, wenn sie realisieren, dass auch sie die absolute Wahrheit nicht gepachtet haben und nie haben werden. Das geht schon aus Prinzip nicht, das musste ja Baron von Münchhausen erkennen, als er sich am eigenen Zopf aus der Grube ziehen wollte. In den Umständen seiner Erfahrung und Bildung verhaftet kann der Mensch seine Erkenntnisgrenzen nur selten um eine Winzigkeit überschreiten und eine Prise allgemeingültigen Wissens erwerben. Das Absolute bleibt ihm ohnehin verschlossen, und somit wird er stets aus seiner jeweiligen Position urteilen. Auch die Führungseliten müssen ihre Begrenzungen akzeptieren, denn dann können sie zumindest zweckmäßige Strategien entwerfen, um ihre eigene Dummheit und diejenige der zu Führenden zu beherrschen. Das wäre dann immerhin ein ‚Münchhausen light‘.

Für die Einsicht in die Begrenzung der Vernunft prägte Friedrich von Hayek den treffenden Begriff „intellektuelle Demut". Wir wollen es weniger christlich formulieren:

> Die wahre Intelligenz der Menschheit besteht in der Akzeptanz der Ignoranz.

Man könnte auch sagen ‚In der Toleranz gegenüber der Ignoranz'. Genies und Geistesgrößen wussten schon immer, dass sie nichts wissen – man denke nur an Sokrates. Die Märtyrer Savonarola und Jan Hus haben dem Knecht, der die brennende Fackel an ihren Scheiterhaufen legte, empfohlen, sich seine sancta simplicitas der Unwissenheit zu bewahren. Und Geheimrat Goethe lässt Doktor Faust trotz des Studiums der Juristerei etc. pp. ausrufen „Da steh ich nun, ich armer Tor, und bin so klug als wie zuvor" – was sich nicht zuletzt wegen des nicht dudenkonformen ‚als wie' zum geflügelten Wort gemausert hat. Übrigens, hier zeigt sich in nuce der Vorteil der Ignoranz. Statt den ganzen Faust, der Tragödie ersten und zweiten Teil, oder gar den Urfaust memorieren zu müssen, genügt es, das Zitat zu behalten, um als belesen und gebildet zu gelten. Und das ohne jeden unnötigen Aufwand. Ignoranz ist nämlich ausgesprochen bequem. Stephan Zweig sagte einmal von der Technik, ihre nicht zu besiegende Stärke läge darin, dass ihre Artefakte „unerhört bequem" sind – er hätte es besser von der Dummheit sagen können.

Apropos Dummheit – was ist es? Was wollen wir darunter verstehen?

Einfache Frage, schwer zu beantworten. Wir haben schon mehrfach Synonyme gebraucht, von der Ignoranz gesprochen, von der Torheit, vom Nichtwissen. Wir wollen Dummheit nicht *wertend* verstehen, nicht abschätzig und herabsetzend, sondern als Fehlen der richtigen Information, des an sich vorhandenen Wissens, auf dessen Erwerb bewusst oder aus irgendwelchen Gründen verzichtet wurde oder aber grundsätzlich verzichtet werden muss. Vielleicht trifft das Wörtchen ‚dumm‘, wie wir es verstehen wollen, am besten die Umschreibung ‚den jeweiligen Umständen bezüglich des möglichen Wissensstands nicht angemessen‘. Dumm ist jemand, der auf das ihm grundsätzlich verfügbare Wissen verzichtet, meist aus Bequemlichkeit, seltener bewusst, und am meisten deshalb, weil er das Fehlen gar nicht bemerkt. Die Kantsche „selbst verschuldete Unmündigkeit" klingt hier an – und die kollektive Eigenschaft der Mündigkeit, der Selbstbestimmung, der Emanzipation. Denn es ist die Gesellschaft und ihre Zivilisation, die bestimmt, was man zu wissen hat. Wie viel, und viel öfter wie wenig.

Diese kleine Ergänzung ist wichtig. Kant wird meist mit dem Aufruf „Sapere aude! – Habe Mut, dich deines eigenen Verstandes zu bedienen!" zitiert, weniger mit dem Rest seiner Beantwortung der Frage „Was ist Aufklärung?" von 1784, in der sich folgende Passage findet: „Dass der bei weitem größte Teil der Menschen [...] den Schritt zur Mündigkeit außer dem, dass er beschwerlich ist, auch für sehr gefährlich halte: dafür sorgen schon jene Vormünder, die die Oberaufsicht über sie gütigst auf sich genommen haben". Die Aufklärung war der utopische und im Anspruch ihrer Allgemeinheit zum Scheitern verurteilte Versuch, den Menschen von seiner Ignoranz zu befreien. Der Westen hat zum Glück erkannt, dass man mit dem Aufbau der technischen Zivilisation und der Wohlstandsgesellschaft nicht so lange warten kann, bis dieses hehre Ziel erreicht ist, und sich mit der Ignoranz der Menschen arrangierte. Was die Techniker und Ingenieure dazu verurteilt hat, *fail safe* Geräte, *rugged* Apparate und idiotensichere Maschinen zu entwickeln. Die von uns Dummen in

Betrieb genommen und benutzt werden können, und zwar möglichst ohne die Konsultation irgendwelcher Bedienungsanleitungen – die wir ohnehin nicht verstehen würden.

Doch kehren wir zu unserer Beschäftigung mit dem Begriff ‚Dummheit' zurück. Sie führt zu so unterschiedlichen Assoziationen wie Unwissen, Illusion, Aberglauben (und zu dessen gesellschaftlich sanktioniertem Gegenstück, dem Glauben), weiter zum Denkfehler, Fehlentscheid, Vorurteil, zur Naivität, Torheit, Leichtgläubigkeit … Eine jede der Assoziationen weist einige spezifische Unterschiede zu dem engeren Begriff ‚Dummheit' auf und es wäre *dumm,* sie alle in einen Topf zu werfen. Eine Handlung, eine Aussage kann in einem Kontext zweckmäßig und weise sein, in einem anderen dann ausgesprochen dumm. Nicht jedes Nichtwissen ist dumm, nicht alle fehlenden Antworten auf gestellte Fragen sind der Dummheit zuzurechnen. Es gibt Fragen, auf die es keine Antworten gibt, prinzipiell oder zumindest *noch* nicht – Newton war bezüglich seiner Gravitationstheorie 1684 nicht etwa dumm im Vergleich zu Einsteins Allgemeiner Relativitätstheorie von 1915 mit ihrer Deutung der Gravitation im Rahmen der Geometrie von Raum und Zeit, sondern seiner Zeit entsprechend noch nicht so weit, und trotzdem genial. Aber es zeigt sich, dass Dummheit nicht so einfach ist, wie man erwarten möchte.

Wir könnten auch versuchen, den Begriff ‚Dummheit' mit Hilfe von Wertepaaren zu verorten, so wie ‚dumm – klug', ‚unwissend – wissend', ‚töricht – gescheit'. Das führt zu einer wichtigen Beobachtung. Es gib einerseits komplette, abgeschlossene Paare, wie ‚wissend – unwissend' oder ‚klug – unklug', und dann Paare, deren Begriffe eine zentrale Lücke hinterlassen, wie ‚klug – dumm', ‚realistisch – naiv' oder gar ‚heilig – sündig'. Die ersten Paare suggerieren eine mathematische Begriffsschärfe, dargestellt durch die Vorsilbe ‚un-'. Es gilt das Entweder-Oder, ein Drittes ist ausgeschlossen. Man weiß in dieser Diktion etwas, oder man weiß es nicht, dazwischen liegt nichts. Die zweiten Paare unterstellen schon linguistisch einen kontinuierlichen Übergang, eine Unschärfe: Wann hört man auf naiv zu sein, ab wann sieht man den Tatsachen ins Auge? Wo liegt die Grenze zwischen Genie und Wahnsinn? Und – was ist im Zeitalter der Inklusion normal und was Ausnahme? Was lässt die political correctness noch zu, und was nicht mehr? Das Dritte, der Graubereich, die Lücke im Begriffspaar, kann sehr bedeutsam sein. Gibt es nicht die lässliche Sünde, die Notlüge und das entschuldbare Schummeln? Gibt es keine alternativen Fakten? Der Volksmund weiß ob der Unbestimmtheit der Begriffe und Werte – „Was dem einen sin Uhl, ist dem andern sin Nachtigall".

Wie gesagt, die Sprache ist ein unpräzises Werkzeug und dem Autor bleibt zu hoffen, dass der Leser und die Leserin seinen Überlegungen mit Wohlwollen begegnen, und den bisweilen unklaren Sinn selbst erahnen.

Dass wir uns mit der Sprache auf einem wackligen Boden befinden, illustriert besonders schön eine Episode aus dem Leben von Werner Heisenberg, einem der Väter der Quantenphysik, somit einem Vertreter der exakten Wissenschaften – obwohl er die Unschärferelation[7] entdeckt hat. Heisenberg berichtet in seinen Lebenserinnerungen vom Küchendienst im Skiurlaub mit Kollegen in einer Almhütte. Damals – 1933 – fuhr man Ski noch in der idyllischen Abgeschiedenheit der Bergwelt, abseits von der Zivilisation mit Skiliften und fließend warmem

---

[7]Dass man bei einem Teilchen nicht gleichzeitig den Ort und die übrigen Parameter seiner Bewegung genau bestimmen kann.

Wasser. Niels Bohr, der das Komplementaritätsprinzip[8] der Quantenphysik als erster formulierte, wusch gerade das Geschirr im Zuber ab und kommentierte tiefsinnig die Berührungspunkte zwischen Hygiene und Sprache: „Wir haben schmutziges Spülwasser und schmutzige Küchentücher, und doch gelingt es, damit die Teller und Gläser schließlich sauberzumachen. So haben wir in der Sprache unklare Begriffe und eine in ihrem Anwendungsbereich in unbekannter Weise eingeschränkte Logik, und doch gelingt es, damit Klarheit in unser Verständnis der Natur zu bringen". Auch theoretische Physiker kommen ohne Parabeln nicht aus, wenn sie ihr abstraktes Weltbild diskutieren wollen.

Das Bild vom dreckigen Lappen, mit dem dreckige Teller im dreckigen Wasser sauber gewaschen werden, ist eine tiefe Einsicht in die nach und nach entwickelte Fähigkeit des Westens, sich mit der Dummheit des denkenden Menschen abzufinden und seinen Denkleistungen nicht allzu viel Kredit zu geben. Die abendländische Zivilisation ist nicht vom feinsinnigen Don Quijote aufgebaut worden, sondern von seinem intellektuell beschränkten, aber lebenstüchtigen Gesellen Sancho Panza. Der Aufstieg der Wissenschaft begann, nachdem man anfing, an rein abstrakten Konstrukten zu zweifeln und als wissenschaftlich nur solche Aussagen zuließ, die man in einem Experiment falsifizieren und somit überprüfen konnte. Dies im Gegensatz zum rein logischen Argumentieren der Antike, etwa von Platon und Pythagoras, die hofften, allein durch eine gedankliche Anstrengung alle Fragen lösen zu können. Es geht aber nicht, die unscharfe und unbestimmte Natur

---

[8]Dass sich die Materie gleichzeitig als über den Raum ‚verschmierte' Welle *und* als lokalisierbares Teilchen manifestieren kann. Nicht nur die Gesellschaft ist komplex, auch die Natur der exakten Wissenschaften.

und unsere zweiwertige Logik, welche scharfe, eindeutig definierte Begriffe erfordert, sind nicht immer deckungsgleich. Wir werden das Bild vom dreckigen Lappen und von sauberen Tellern noch öfter beanspruchen müssen.

Brauchen wir noch Beispiele für die Dummheit des Menschen, für ihre Berücksichtigung in der Wissenschaft und Gesellschaft, bevor wir mit einer breiteren Diskussion anfangen? Bitte, hier eine kleine Auswahl, thesenartig zusammengestellt. Sie wird uns helfen, einige der vielen Aspekte zu beleuchten, unter denen wir Dummheit betrachten wollen.

Zu Anfang etwas Kriminologisches: Ein Großteil der Verbrechen beruht darauf, dass man die Dummheit der Opfer nützt. Das Fernsehen strahlt seit Dekaden warnend „Aktenzeichen XY … ungelöst" aus und doch fallen immer wieder gutgläubige Großeltern auf den alten ‚Enkeltrick' rein. Man wird angerufen, jemand gibt vor, ein Familienmitglied zu sein, das sich nach langer Zeit wieder mal meldet, und bittet um dringende Hilfe in einer Notsituation. Und die Großmutter rückt einige zehntausend Euro raus. Großzügiger denkende Verbrecher gründen Fonds mit verdächtig überdurchschnittlicher, unrealistischer Rendite, und betrügen gutgläubige gierige Anleger um Millionen, ja um Milliarden. Regelmäßig alle paar Wochen findet man im Posteingang eine Phishing-Nachricht mit der Aufforderung, unter irgendeinem Vorwand die (vertraulichen) Zugriffsdaten für sein Bankkonto zu melden. Offensichtlich gibt es immer wieder Dumme, die es tun – wären die Phishing-Mails aussichtslos, würde man sie nicht so oft senden. Dies ist die besorgniserregende Seite der Dummheit.

Zum Ausgleich etwas Positives: Kreativität besteht darin, dass man aus ausgefahrenen Geleisen ausbricht, dass man also etwas Unerwartetes, im Sinne der geltenden

Norm Falsches, denkt. Alle großen wissenschaftlichen[9] Entdeckungen haben ihren Ursprung darin, dass ‚ewige' Wahrheiten in Frage gestellt worden sind. Die Sonne geht doch augenscheinlich im Osten auf und umrundet die Erde … man muss die ‚dumme', fehlerhafte Annahme treffen, dass es die Erde ist, die sich dreht, um zu richtiger Erkenntnis zu kommen. Und die Gesellschaft muss für diese Art der Dummheit Verständnis aufbringen, offen sein und sich damit auseinandersetzen – und nicht auf einem dogmatischen „So ist es und Basta" bestehen, wie noch die mittelalterliche Kirche. Das ist es auch, was wir unter dem ‚Rechnen mit Dummheit' verstehen wollen, die Bereitschaft zur Änderung des Blickwinkels, bisweilen zur Wandlung der Gesellschaft. Die großen Metamorphosen des Westens, die Paradigmenwechsel klingen hier an.

Weiter: Die freie Marktwirtschaft beruht letzten Endes auf dem Eingeständnis, dass es die menschlichen Fähigkeiten übersteigt, bis ins Letzte planmäßig zu wirtschaften. Man muss die Begrenzung der eigenen kognitiven Fähigkeiten akzeptieren, von der Hybris ablassen, die Wünsche des Konsumenten erkennen und sie planmäßig bis ins Letzte befriedigen zu wollen. Man muss sich ganz einfach dem Spiel der komplex gekoppelten Regelschleifen von Angebot und Nachfrage überlassen, und akzeptieren, dass ein unvollkommenes System immer noch besser ist als ein nicht realisierbares utopisches. Die Akzeptanz der eigenen Ignoranz – um unsere Diktion zu verwenden – ist die Voraussetzung des Wohlstands.

Als Ende der 1970er Jahre die Halbleitertechnik ausreichend kleine, preiswerte und leistungsfähige Computer ‚für jedermann' erahnen ließ, sind erste derartige Geräte auf den Markt gekommen, *Personal Computers,* im Prinzip

---

[9]Nicht nur!

programmierbare wissenschaftliche Rechner. Um sie zu nutzen, genügte die Kenntnis einfacher Befehle, etwas Boolescher Algebra und etwas zweiwertiger Logik. Schon diese Worte zeigen, dass sie für die Allgemeinheit unbrauchbar waren, die nötigen User-Kurse hätten das Potential des Menschen überstiegen. Weil aber die Computer-Hersteller, statt auf die Ausbildung der Nutzer zu setzen – und sei es mit besonders ausgeklügelten mnemotechnisch perfekten Befehlen –, die Bedienung einem primitiven Tastenfeld angepasst haben, auf dem mit Hilfe eines kleinen Fingers, des Cursors, auf einige Befehlstasten getippt werden konnte, haben wir heute unsere Tablets, Notebooks und Handys. Auf dem Touchscreen konnte man später sogar mit echtem Finger die virtuellen Tasten ‚drücken‘. Was ist das anderes als die Akzeptanz der Ignoranz?

Die Gesellschaft, der Staat rechnet mit der Dummheit des Menschen in allen Situationen. Es genügt zum Beispiel nicht, zur Vorsicht aufzurufen um den ungefährlichen, richtigen Gebrauch zivilisatorischer Güter zu ermöglichen – der Mensch muss dazu durch Vorschriften, Verbote und Gesetze gezwungen werden. Es genügt nicht Sicherheitsgurte in den Autos vorzusehen, man muss ihr Tragen verordnen und durch Bußen zu erzwingen trachten. Es genügt nicht, die Gelegenheit vorzusehen, sich gegen Unfall und Krankheit noch so günstig versichern zu lassen, man muss eine gesetzliche Pflichtversicherung einführen, mit Prämien, die vom Arbeitgeber vom Lohn abgezogen werden. Es genügt nicht, Impfstoffe zu entwickeln, man muss Impfzwang dekretieren – wie etwa früher bei der Kinderlähmung. Apropos Impfzwang – in der Covid-19-Pandemie warteten wir sehnlichst auf wirksame Vakzine, doch als die Impfstoffe endlich da waren, erlahmte die Begeisterung und es gab z. T. gewaltsame Proteste bereits gegen ein Impf-Nudging. Die Gesellschaft betet die Macht des Wissens an – und muss allgemeine Schul*pflicht* verordnen, damit *alle* auch nur ein Minimum an Kenntnissen erwerben.

Und es geht weiter: Seit der Antike hat der Mensch nach einem richtigen, idealen Staatssystem gesucht. Die Staatsphilosophen haben schon damals mit der Dummheit des Menschen gerechnet, mit seiner Unvollkommenheit. Praktisch immer haben sie kognitive und moralische Defizite aber bei den Regierten allein verortet. Das dumme Volk musste durch die wissende Elite, durch einen gottgleichen Regenten regiert werden. Utopien denken den Menschen als dumm und unvollkommen, wenn sie ihn als die beherrschte Klasse betrachten. Denken sie den Menschen dagegen als den Regierenden, als Cäsar, als Führer, als die avantgardistische Partei, so wird er stets mit übermenschlicher Intelligenz und Vollkommenheit ausgestattet. Es war der Paradigmenwechsel der amerikanischen Revolution um 1800, dass man auch vom regierenden Menschen bescheiden zu denken anfing, seine Fehler akzeptierte, mit seiner Unvollkommenheit rechnete. Das amerikanische System der *checks and balances* ist nichts anderes als die institutionell verankerte Akzeptanz der Dummheit des Menschen als Regierung. Unsere liberale Demokratie beruht darauf, dass man vom Menschen und seiner Intelligenz bescheiden denkt, vom regierten wie vom regierenden.

Es sind überraschend viele Aspekte unserer Zivilisation, die mit der Dummheit des Menschen in eine meist enge oder zumindest lose Verbindung gebracht werden können – wagen wir die Diskussion.

Über die Kreativität

oder die Relevanz der Ignoranz

Im letzten Kapitel haben wir die Parabel vom paradoxen Reinigen dreckiger Teller mit dreckigem Lappen im dreckigen Wasser kennengelernt. Wir haben den Gedankengang mit den Problemen unpräziser Sprache und Logik in Verbindung gebracht, er gehört aber zum übergeordneten Thema des Findens richtiger Entscheide ohne ausreichende Unterlagen, der Heuristik. Als heuristisch bezeichnen wir eine Entscheidung dann, wenn sie zu treffen ist, ohne dass alle ihre Voraussetzungen bekannt und *alle ihre Auswirkungen* überblickbar sind − meist noch unter Zeitdruck. Dies im Gegensatz zu sogenannten deterministischen Entscheidungen, wenn anhand bekannter Prämissen aus einer Anzahl klar definierter Lösungen aufgrund akzeptierter Kriterien nach rein logischen

© Springer-Verlag GmbH Deutschland, ein Teil von Springer
Nature 2022
E. Kowalski, *Dummheit*,
https://doi.org/10.1007/978-3-476-05857-7_2

Gesichtspunkten die eine richtige oder zumindest optimale zu wählen ist[1].

Man ersieht sofort, dass es mit Ausnahme banalster Beispiele strenggenommen keine deterministischen Entscheide gibt, welche diese Bezeichnung verdienen würden. Als deterministisch könnten wir etwa den ‚Entscheid' auffassen, bei einer Kreuzung anzuhalten, wenn die Verkehrsampel auf Gelb vor Rot steht. Aber bereits der Entscheid, ob man bei Gelb brüsk bremsen oder doch noch durchfahren soll, hat heuristischen Charakter. Auch wenn die notwendige Information vorliegt (ist die Kreuzung frei? hat man eine ausreichend *hohe* Geschwindigkeit zum noch Durchfahren? hat man eine ausreichend *kleine* Geschwindigkeit zum Abbremsen? fährt jemand so nah hinter dem Wagen, dass man bei einer Vollbremsung einen Auffahrunfall riskiert?) und der Entscheid bezüglich der Prämissen klar wäre, so ist die Auswirkung unbekannt (eine versteckte Kamera könnte registrieren, dass man die gelbe Toleranzzeit trotz allen Berechnungen um ein paar Millisekunden überschritten habe …). Zumindest diese Zukunftskomponente verhindert praktisch immer, dass Entscheide deterministisch getroffen werden können – die Zukunft kann man nicht voraussehen, jeder Prognose haftet ein Rest von Unsicherheit an.

Weil also so gut wie keine Entscheidungssituation auf den deterministischen Fall reduziert werden kann, beruht die *conditio humana* auf einer prinzipiellen Unsicherheit. Man kann sich dagegen auflehnen, prometheisch[2] das

---

[1]In der formalen Logik nennt man solche Entscheidungsvorschriften Algorithmen. Heute hat sich das unschuldige Wort ‚Algorithmus' zum Synonym für das Böse schlechthin entwickelt, man fürchtet sich vor ihnen, als ob sie etwas Magisches, Bedrohliches wären – ein Abrakadabra, mit dem wir User manipuliert werden. Einmal mehr ohne zu wissen, worum es sich eigentlich handelt.

[2]Was übrigens aus den altgriechischen Wortwurzeln *pro* (voraus) und *methodos* (Weg auf ein Ziel hin) zusammengesetzt ist und etwa ‚vorausdenkend' bedeutet – und somit ziemlich deterministisch meint.

Schicksal herausfordern, Misserfolge nicht der zufälligen Missgunst der heuristischen Situation, sondern dem eigenen Verschulden zurechnen, das zum Zorn der Götter führte, und nach einem doch noch ‚deterministischen' Ausweg der Besänftigung des Olymps zu suchen. Das wäre der Weg des übermächtigen Titanen, der sein Schicksal allein in der eigenen Hand hält. Wir, der einfache, dumme Durchschnitt, fügen uns, und versuchen aus der Unsicherheit das Beste herauszuholen.

Auch wenn es zunächst nicht danach aussieht, war es ein Akt der intellektuellen Demut, als man nach der Renaissance und in der Aufklärung die Grenzen des Denkens anerkannte, auf den Vergleich mit Erfahrung und Experiment setzte, die Rolle des rein logischen Argumentierens zurückstufte und auf die widerspruchsfreie Interpretation der Beobachtung beschränkte. – womit man das Denken wider Erwarten aufgewertet hat. Die Ursprünge der experimentellen Wissenschaft liegen in der Anerkennung der mit dem reinen Denken verbundenen Unsicherheit, in der Akzeptanz seiner Beschränkungen. Mithin im Erkennen unserer Dummheit.

Wir wursteln uns nämlich durch. Im amerikanischen Englisch spricht man etwas vornehmer von der „Science of Muddling Through", so der Titel eines mittlerweile klassischen Artikels von Charles E. Lindblom. Der Grundgedanke der Publikation ist, kurz zusammengefasst, dass wenn wir schon mit ungenügenden Entscheidungsgrundlagen und mit unübersichtlichen Kausalitätsbahnen verbindliche Entscheidungen treffen müssen, dass wir zumindest darüber nachdenken sollten, wie wir zu den *wahrscheinlich* zweckmäßigsten Resultaten kommen — statt deterministisch mit unzulänglichen Modellen nach den berechenbar richtigen zu streben. Also, mehr Heuristik, weniger Determinismus dort, wo dieser fehl am Platz ist. Lindbloms Arbeit bezieht sich auf die Unternehmungsführung, die Gedankengänge sind aber generell auf alle Belange der Gesellschaft und der Zivilisation übertragbar.

Die Gedanken des *muddling through* haben denn auch breiten Eingang in die moderne Politik gefunden. Die Einsicht in die Komplexität der Welt und ihr meist anti-intuitives Verhalten führt zum Verlangen nach Strategien ‚kleiner Schritte', nach stufenweisem Vorgehen ohne irreversible Eingriffe, so dass man Fehler korrigieren kann, sowohl grundsätzlich als auch beizeiten, nach *trial and error*. Der prominente Gesellschaftsphilosoph Popper scheut sich nicht, den intellektuell demütigenden Zugang zur Lösung sozialer Probleme als „Stückwerk-Technik" zu bezeichnen – er meint damit letztlich unser muddling through. Es sei bekannt, dass „nur eine Minderheit sozialer Institutionen bewusst geplant wird, während die große Mehrzahl als ungeplantes Ergebnis menschlichen Handelns einfach ‚gewachsen' ist". Man muss sich davor hüten, „Reformen von solcher Komplexität und Tragweite zu unternehmen, dass es […] unmöglich wird, Ursachen und Wirkungen zu entwirren", eine klare Absage an die Überbewertung des Denkens in Ideologien und an die utopisch-deterministischen Rezepte des *social engineering* und der Populisten.

Nur darf dies weder vom kommerziellen noch vom politischen Management zugegeben werden. Von denen erwartet man nämlich Führungskraft, Durchsicht und strategische Weitsicht. Zuzugeben, dass man bei einem Entscheid unsicher ist, dass man eine Maßnahme nur halbherzig einleitet und einen Plan B schon im Ärmel hat, damit das Ruder bei ersten Anzeichen des Misserfolgs herumgerissen werden kann, das wäre politischer Selbstmord. Es verbietet sich, von Alternativen zu reden, von gleichwertigen Wegen zur Programmerfüllung, von Varianten. Politische Führung weiß immer, was das Richtige ist – so beteuert sie es zumindest. Es gab Zeiten, als man es „alternativlos richtig" nannte. Kritische politische Magazine, wie beispielsweise *Der Spiegel,* wissen es auch und regelmäßig sogar noch besser als die Regierung, wenn auch vielfach erst nachträglich[3].

Selbstverständlich entspricht ein allzu behutsames Vorgehen nicht dem politischen Temperament vieler Weltverbesserer, denen ein ‚pragmatisches Reinhauen' näher liegt und die das Herantasten an Lösungen als dumm und nicht zielführend erachten. Allzu viel Pragmatismus birgt aber die Gefahr, dass man am Ende keinem Ziel folgt.

Das Ziel darf man selbstredend nicht aus den Augen verlieren. Aber alle, die in der Praxis stehen, wissen um die zwingende Notwendigkeit, Entscheide in Unkenntnis vieler wichtiger Randbedingungen treffen zu müssen, was überblickbare und korrigierbare Eingriffe in das System nötig macht. Als Lindblom die Entscheidungsmethoden im volkswirtschaftlichen Bereich diskutierte, führte er für die erfolgreicheren provokativ den Begriff des *muddling through* ein. Moderne Führungstechniken in der Industrie wie in der Politik hüten sich selbstverständlich, vom Stückwerk oder vom Durchwursteln zu sprechen, wenden aber unter der Bezeichnung des ‚situativen Managements' auch die Methode der kleinen Schritte an. Doch kleine Schritte sind verpönt, in den Wahlprogrammen wird

---

[3]Darin gleicht der kritische Journalismus der politischen Opposition. Auch diese weiß stets besser, was zu tun gewesen wäre. Unglücklicherweise verliert die Opposition die Fähigkeit zu fehlerloser Regierungsarbeit just im Moment eines Regierungswechsels. Sobald der Oppositionsführer die Wahlen gewinnt und als Premier vereidigt wird, büßen er und sein Team die Gabe richtiger Entscheide ein. Es ist bisher leider nicht gelungen, hinter das Mysterium dieses Effekts zu kommen. Übrigens, der Versuch, die Regierungsarbeit statt der Opposition der Redaktion eines kritischen Journals zu übertragen, wurde nach Wissen des Autors bisher nicht unternommen. Leider, denn dies könnte die lange gesuchte Alternative sein. Der Verlag vergibt Lizenzen für diese Idee an interessierte Länder.

lieber von Paradigmenwechseln und Epochenanbruch gesprochen. *From here and now the times change ...* Aber wenn sich bei Wahlen in den westlichen Demokratien die Machtverhältnisse um einige Prozentpunkte ändern, so spricht man schon vom Erdrutsch – der Westen betet ‚große Schritte' zwar an, zieht es aber vor, vorsichtig am Ort zu treten.

Mit der Gefahr, dass das Vorgehen mehrmals korrigiert werden muss – siehe das Lavieren der deutschen Regierung der Ära Merkel in Fragen der Energie, genauer gesagt der Elektrizitätsversorgung: Zuerst mit Kernenergie, dann, nach Fukushima, mit überstürztem Ausstieg, dann mit etwas mehr Kohle, dann, in den Wahlen 2021 nach dem Ende der Ära, wegen CO_2 mit schüchternen Versuchen, die Kernkraftwerke wieder ins Gespräch zu bringen ... Und doch ist dieses unerfreuliche Beispiel als typisch für die Notwendigkeit anzusehen, sich mit der Unvollkommenheit der Welt abzufinden und trotzdem an ihrer Besserung zu arbeiten. Eines der Mysterien der westlichen politischen Kultur ist, dass dies offensichtlich gelingt. Unsere These vom Wert der Akzeptanz der Dummheit – seien wir akademischer und sagen lieber: vom Wert der intellektuellen Demut – erklärt zumindest zum Teil warum[4].

Dummheit mag zu Entscheiden führen, die im Lichte bestehender Doktrin ‚falsch' sind. Aber gerade solche Fehlentscheide sind die anerkannte Quelle für die Kreativität der Gesellschaft, unerlässlich für industrielle wie gesellschaftliche Innovation und Fortschritt. Die Kausalkette ist einfach. Ohne Verletzung des anerkannten Wissensstandes würde sich die Gesellschaft nur perpetuieren, man würde stets das Gleiche tun, das Gleiche produzieren, allenfalls

---

[4]Der eigentliche Grund liegt darin, dass die Leistungsfähigkeit der technisch-wirtschaftlichen Basis so groß ist, dass sie einigen politischen Leerlauf zu tragen imstande ist. Im Prinzip erlaubt uns der Markt ausreichend dumm zu sein.

mehr vom Gleichen[5]. Soll sich etwas ändern, muss zwingend eine Fehlentscheidung her, ein Mitglied oder eine Gruppe der Gesellschaft müssen aus der Reihe tanzen und den Wissenskanon verletzen. Findet die Gesellschaft die Abweichung gut und erwünscht, so spricht man von einer Innovation – erweist sich die Abweichung als unerwünscht, so wird sie unter der Kategorie ‚dummer Fehler' abgetan.

Weil Alexander Fleming 1928 dummerweise vergessen hat, das Fenster seines Laboratoriums zu schließen, gerieten Schimmelpilze in eine seiner Staphylokokken-Kulturen, was zur Entdeckung des Antibiotikums Penicillin führte. Fleming erhielt statt des verdienten Verweises für die Verletzung der Laborordnung den Nobelpreis.

Weil Christoph Kolumbus bei der Abschätzung des Umfangs der Erdkugel stark daneben lag, entdeckte er 1492 statt des Westkurses nach Indien Amerika. Den Nobelpreis erhielt er nicht, und da er bis zu seinem Tod dummerweise überzeugt war, nach Ostasien gesegelt zu haben, wurde der neu entdeckte Kontinent zur Strafe auch nicht nach ihm, sondern nach Amerigo Vespucci benannt.

Weil vor fast 4 Mio. Jahren im südlichen Afrika ein Affe irrtümlich auf die Vollnutzung seiner Instinkte verzichtete und sich einer Art kognitiver Tätigkeit zuwandte, entstand der Australopithecus. Und aufgrund einiger weiterer Fehlentscheide der seitdem weiter entwickelten Hominiden gibt es seit etwa 200.000 Jahren den *Homo sapiens*.

> Die Menschenwerdung begann durch den Fehlentscheid eines Affen, auf seine Instinkte zugunsten eines protointellektuellen Grübelns zu verzichten.

---

[5]Auch das wird in der Tat oft gemacht und fälschlicherweise als Fortschritt ausgegeben.

Ich spreche hier die Intelligenz der sich entwickelnden Art an, die durch den Fehlentscheid einen kreativen Sprung erfahren hat. Aber auch die Mutation in der Genausstattung des Affen, die zur biologischen Anpassung des Organismus an die höhere Intelligenz nötig war (beziehungsweise dieser voranging) – was ist sie anderes als ein Fehler im Kopieren der kanonischen DNA-Helix? Ein kreativ dummer Fehler …

Schon diese wenigen prominenten Beispiele zeigen, dass Fehlentscheide, Fehlhandlungen – vulgo Dummheiten – für den Fortschritt unerlässlich sind. Nur müssen sie auf fruchtbaren Boden einer geeigneten biologischen Nische oder der systematischen Arbeit eines erfahrenen Forscherteams fallen, eines logisch fundierten Vorgehens. Sonst verpufft ihr kreativer Funke folgenlos und Göttin Fortuna hat sich umsonst bemüht. Hatte man aber Erfolg, so spricht der Volksmund vom Glück des Tüchtigen. Und die Gesellschaft muss freiheitlich sein und nicht dogmatisch und die Meinungsfreiheit hochhalten, sonst traut sich niemand kreativ zu sein, seine ‚dummen Ideen' mit Kollegen zu diskutieren, zu publizieren, der produktiven Kritik – und nicht einer dogmatischen Verdammung – auszusetzen. Wir werden später sehen, dass auch diese zweite Voraussetzung der Kreativität, die Meinungs- und Denkfreiheit, mit der intellektuellen Demut zusammenhängt, mit der Einsicht in die Ignoranz des Menschen, welche schließlich zu unserem liberal-demokratischen politischen System führte.

Multinationale Unternehmen gehen in ihrer Forschung und Entwicklung durchaus systematisch vor, zielgerichtet und aufgrund von Hypothesen, welche Anordnung bestimmter Bestandteile, welche Zusammensetzung an sich bekannter Komponenten das erwartete Resultat voraussichtlich ergibt. Trotz aller Systematik findet die Kreativität aber stets einen Anlass, die Pläne zu stören – meist trifft man nämlich statt des Erwarteten etwas Anderes an, nicht selten etwas Besseres. Der bekannte Effekt wird *serendipity* genannt, oder eingedeutscht Serendipität, nach einem alten persischen Märchen über die drei Prinzen von Serendip, dem antiken Ceylon, die auf königliche Abenteuer auszogen, und mit unerwartetem Erfolg nach Hause kamen – so etwa mit drei bildhübschen Prinzessinnen statt eines erlegten feuerspeienden hässlichen Drachens. Was soll man schon mit einem Drachen anfangen?

Böse Zungen behaupten, dass Forscher *serendipity* als Disziplin erfunden haben, um die Misserfolge langer Versuchsreihen zu kaschieren – „Liebes Management, lass' uns bitte doch noch ein Jahr forschen, vielleicht kommt dabei etwas total Neues zum Vorschein!" Man muss nur bei Google ‚Zufällige Erfindungen' oder das Wort *serendipity* eingeben, und wird mit zum Teil bizarren Geschichten belohnt, auf welche Weise die Entdeckung vieler heute selbstverständlicher Phänomene und Produkte gelang. So verdanken wir die Röntgenstrahlung, den Klettverschluss, die Post-it-Zettel oder das LSD der Serendipität, genauso wie den Teebeutel oder die hitzeresistente Teflon-Beschichtung von Bratpfannen. Den Hauptpreis der Skurrilität dürfte die Entdeckung von Viagra beanspruchen: Der Wirkstoff von Viagra wurde im Hinblick auf die Heilung koronarer Herzerkrankungen entwickelt, zur Entspannung der Herzgefäße und Linderung der Beschwerden bei Angina Pectoris. Für diesen Zweck hat sich die Substanz zwar weniger geeignet, dafür waren die männlichen Probanden der Versuchsreihen über unerwartete Vorzüge im Verkehr mit Damen so begeistert, dass sie nach Abbruch der Reihe die restlichen Medikamente nicht zurückgeben wollten …

Ich muss diese Betrachtung über die Dummheit etwas präzisier fassen: Es gibt offensichtlich eine sozusagen gemeine, schädliche, *negative* Dummheit, die nichts Positives hervorbringt, und es gibt eine kreative, nützliche, mithin *positive* Dummheit, die für den menschlichen Fortschritt unumgänglich ist. Der Mensch kann grundsätzlich nicht *alles* wissen, er ist zum Nichtwissen verurteilt – zum Waschen dreckiger Teller mit dreckigen Lappen. Sie werden dabei schon sauber, aber es ist keine aseptische Sauberkeit, das Wissen bleibt partiell. Das Streben nach absolutem Wissen, nach einer absoluten Wahrheit erinnert an die Bemühungen des Barons von Münchhausen, sich am eigenen Zopf aus der Grube herauszuziehen – wir haben diese Parallele schon benutzt. Leugnet man die eigene Beschränktheit durch apodiktische Behauptungen, durch Ideologien und Fundamentalismen, so bleibt man in der negativen Dummheit gefangen. Erkennt man die Relativität seiner Erkenntnisse, ihre Vorläufigkeit und Verbesserungsfähigkeit, ist man bereit an seinen ‚ewigen' Wahrheiten schöpferisch zu zweifeln, so erweist sich das Nichtwissen des Menschen als äußerst produktiv und positiv.

Friedrich Dürrenmatt lässt in seinem Theaterstück *Die Physiker* einen der Protagonisten, Möbius, das ‚System aller möglichen Erfindungen'[6] entdecken und somit an das Ende der Kenntnisse gelangen. Aus Angst vor den potentiell katastrophalen Folgen dieses absoluten Wissens verbrennt Möbius seine Aufzeichnungen, um die Welt vor diesen zu bewahren – unnötig, weil es *kein* System *aller* möglichen Erfindungen gibt und nie geben wird. Gefährlich ist nicht das logisch unmögliche System, gefährlich

---

[6]Das System aller möglichen Erfindungen erinnert an die Kreativitätsmethode der morphologischen Analyse von Fritz Zwicky, mit der alle möglichen Lösungen komplexer, aber endlicher (!) Fragenbereiche vollständig erfasst werden sollten. Das Wörtchen ‚endlich' entscheidet, dass ein vollständiges System zumindest theoretisch möglich ist.

sind Menschen, die in ihrer Verblendung überzeugt sind, dass es ein solches System gibt, die danach suchen, und irgendwann glauben, es gefunden zu haben. Gefährlich sind Ideologen und Fundamentalisten. Und die Dummen, die sich von ihnen verführen lassen. Die gescheiten Dummen wissen es nicht unbedingt besser, aber sie zweifeln. Was ein Wert an sich ist.

Eines der schönsten Beispiele für die Unfruchtbarkeit der Idee vom Zenit der Weisheit, vom Ende der Zeit, war die Annahme vom Ende der Geschichte von Francis Fukuyama, der um 1990 nach dem Zusammenbruch des Ostblocks das Ideengebäude der westlichen liberalen Demokratie als das logische Endergebnis der Entwicklung der zivilisierten Welt bezeichnete. Es konnte ja nichts Besseres, nichts Vollkommeneres mehr geben. Er hatte Pech gehabt, die These zu publizieren, so dass sie heute mit seinem Namen verbunden ist. Die Vorstellung wurde aber allgemein geteilt, die abendländische Lebensweise und Kultur hat sich als überlegen erwiesen, und man konnte sich nur den unbeschränkten Fortbestand der westlichen Dominanz vorstellen. Die Mächtigen dieser Welt verhielten sich entsprechend und glaubten, westliche Rezepte nun überall anwenden und empfehlen zu können, was zu einigen Fehlentwicklungen der Weltpolitik führte. Wir werden darauf noch zurückkommen. Fukuyama hat übrigens bald eingesehen, dass seine Schlussfolgerung nicht richtig war, und äußerte Zweifel an der vermuteten Entwicklung[7].

---

[7]Fukuyama war nicht der erste, der an das Ende der Geschichte glaubte. Schon Hegel in seinen Berliner Jahren 1818/31 fand bekanntlich, dass nach den napoleonischen Wirren der historische Prozess in der preußischen Monarchie unter Friedrich Wilhelm III. seine Vollendung gefunden hat. Und Marx sah das Ende der Geschichte in seiner klassenlosen Gesellschaft kommen. Fukuyama war der Pechvogel, dessen Irrtum die Geschichte binnen weniger Monate offenbarte.

Das führt uns zum verdienten Lob des Zweifelns. In Graham Greenes Roman *Monsignore Quijote,* einer Geschichte aus dem revolutionären Vorkriegsspanien über gemeinsame Abenteuer eines kommunistischen Bürgermeisters und eines katholischen Priesters, auf der Fahrt im Rosinante genannten klapprigen Auto des Priesters, kommt folgende schöne Stelle vor: „Der Bürgermeister legte einen Augenblick lang die Hand auf Padre Quijotes Schulter und Padre Quijote empfand bei dieser Berührung eine Welle von Zuneigung. Seltsam, dachte er, während er Rosinante ungewöhnlich vorsichtig um eine Kurve steuerte, wie sehr Zweifel, welche Menschen teilen, sie näher zusammenführen können, mehr noch vielleicht als ein gemeinsamer Glaube. Der Gläubige bekämpft einen anderen Gläubigen eines winzigen Glaubensunterschieds wegen: Der Zweifler kämpft nur mit sich selbst".

> Utopisten und Ideologen zweifeln nicht. Es scheint, dass es zu Anfang aller positiven Entwicklungen der Weltgeschichte zu einer großen Koalition der Zweifler gekommen ist.

Es bleibt uns ohnehin nicht erspart zu zweifeln, zu zweifeln an unserer unvollkommenen, ungeplanten, unsicheren und dummen Welt. Ilya Prigogine, Nobelpreisträger für die Thermodynamik irreversibler Prozesse, der Schreckensdisziplin aller Deterministen, zitiert in seinen Betrachtungen über Zufall und Notwendigkeit, über die Richtung der Zeit und die Komplexität der Welt einen alten talmudischen Text, wonach selbst der Gott der Genesis nicht allzu vernünftig und planmäßig vorgegangen sein soll:

Sechsundzwanzig Versuche gingen der gegenwärtigen Schöpfung voraus, und sie waren alle zum Scheitern verurteilt. Die Welt des Menschen ist mitten aus dem Chaos der zurückgebliebenen Trümmer hervorgegangen ... Möge diese gelingen, rief Gott aus, als er die Welt schuf, und diese Hoffnung, welche die weitere Geschichte der Welt und der Menschheit begleitete, hat von Anfang an klargemacht, dass diese Geschichte von radikaler Unsicherheit gekennzeichnet ist.

Ein Zweifler als Gott des Abendlandes?

Über die Gleichheit

oder die späte Resonanz der Ignoranz

Stand die Fehlleistung eines Affen am Ursprung des Menschen, so hat die Ignoranz auch weiterhin ihre schützende Hand über seine kulturelle Entwicklung gehalten. Die Einsicht in die begrenzte Intelligenz der Gattung Homo beförderte unerwartet das Aufkommen der Menschenrechte und der Demokratie des Abendlandes. Auf der anderen Seite hat die Dummheit in ihrer negativen Form den Fortschritt Jahrhunderte lang behindert (und tut es noch heute). Versuchen wir den Weg des Kulturmenschen nachzuzeichnen – aus unserem Blickwinkel seiner kognitiven Beschränkungen.

Im Bemühen um gebotene Kürze des Textes überspringen wir rund zweihunderttausend Jahre seit der letzten Fehlleistung unserer Hominiden-Ahnen, während der wenig Nennenswertes geschah[1], und beginnen mit der

---

[1] Immerhin verließ der Mensch während dieser Zeit Afrika und entdeckte die übrigen Kontinente, bemalte die Höhle von Lascaux und domestizierte

© Springer-Verlag GmbH Deutschland, ein Teil von Springer Nature 2022
E. Kowalski, *Dummheit*,
https://doi.org/10.1007/978-3-476-05857-7_3

griechisch-römischen Antike. Es gibt Bibliotheken voll einschlägiger historischer Werke, die sich speziell mit der Kulturgeschichte befassen. Für die folgende kursorische Skizze, sozusagen das Extrakt eines Kondensats, kann ich den Leser, die Leserin, die eine tiefere Übersicht suchen, auf den eingängig verfassten historischen Abriss der westlichen Philosophie von Luc Ferry in seinem Buch *Leben lernen: Eine philosophische Gebrauchsanweisung* verweisen. Er spannt den Bogen von der Antike bis zur Dekonstruktion der Gegenwart. Wir können Ferry bei der Beschreibung der philosophischen Ideen im Wesentlichen folgen, für die gezogenen Schlussfolgerungen und Interpretationen ist selbstverständlich allein der Autor verantwortlich.

Neben ihrer dramatisch-poetischen Götterwelt pflegten die alten Griechen die Philosophie, den wissenschaftlichen Versuch, die Welt denkend zu erfassen und nicht nur in homerischen Epen zu besingen. Ihr Weltbild war im Wesentlichen pantheistisch, die Philosophen dachten die Welt als geordnet, logisch, gerecht, harmonisch und schön, als *cosmos,* dessen Ordnung dem Verstand, dem ‚Wort‘, dem *logos* entsprach, Sinn hatte und göttlich war. Es bestand keine Dualität zwischen Jenseits und Diesseits, der Gott war nicht personifiziert und weltfern wie etwa im Judentum, sondern in jedem Teilchen des *cosmos,* in jeder Erscheinung der Natur präsent, ‚transzendent in der Immanenz‘. Gott und das Universum, Gott und das Gesetz der Vollkommenheit der Welt, Gott und die Vernunft waren eins. Man darf bezweifeln, ob die

---

unter dem Namen ‚Hund‘ den genetisch manipulierten Wolf – die Reihe der Innovationen ließe sich fortsetzen. Im Gegensatz zu späteren Forschern und Künstlern machte er von den Ergebnissen seiner Arbeit aber kein unnötiges Aufhebens.

Philosophen wirklich verstanden haben, was sie lehrten, aber es ist das Wesen aller großen Gedanken, dass man sie nicht genau versteht und nicht klar formulieren kann. Nur darf man es nicht zugeben[2].

Selbstverständlich gab es viele unterschiedliche philosophische Schulen, in unserer groben Einführung in die antike Gedankenwelt orientieren wir uns am Weltbild der Stoa. Diese Lehre bestand bis weit in die Zeit des Römischen Imperiums, noch Marcus Aurelius (121–180), der letzte der sogenannten ‚Fünf guten Kaiser', praktizierte Stoizismus und hinterließ bedeutende philosophische Schriften. In diesem Weltbild war der Mensch wie gesagt Teil der göttlichen Existenz, nicht individuell, sondern ideell, kollektiv im Sinne des Wesens ‚Mensch'. Als Teil des *cosmos* war ihm die Erkenntnis der Welt direkt zugänglich, er musste nur logisch nachdenken, um ihre Schönheit, ihre Struktur, die Harmonie der kosmischen Sphären zu erfassen – die Welt war für den antiken Menschen ein offenes Buch. Er war in der Natur, in der kosmischen Ordnung eingebettet, die *hierarchisch* war und einem jeden seinen Platz zuordnete. Der Sinn des Lebens war, den richtigen Platz zu finden, das vorbestimmte Leben zu führen. Es gab einen Platz für Könige, für Stadtbürger, für Gescheite und für Dumme, für Freie und für Sklaven – der Gedanke einer egalitären Gesellschaft war der Antike fern. Man konnte die Athener Demokratie denken, ohne sich über den Ausschluss und die totale Entrechtung der zahlreichen Sklaven oder der Frauen auch nur einen Gedanken zu machen.

Es fällt auf, dass dieses Weltbild zwei Schwachpunkte hatte – wie gesagt die Bejahung der extremen gesellschaftlichen Ungleichheit, mit der Folge einer

---

[2] Die Leser und der Autor dieses Büchleins dürfen.

zumindest potentiellen sozialen Unrast und Unstabilität, und außerdem die fehlende Antwort auf die Frage, was geschieht mit dem Menschen nach seinem Tod. Als Teil der göttlichen Existenz war der Mensch zwar unsterblich, im Sterben ging er im göttlichen Kontinuum auf, aber irgendwie nebulös, ‚kollektiv verschmiert‘, als Teil des göttlichen Ganzen – die individuelle Existenz endete mit seinem persönlichen Tod. Das wiederum war der individuellen psychischen Stabilität abträglich.

Das Christentum hakte bei diesen mental und sozial unbefriedigenden Punkten ein. Gott wurde personifiziert, der *logos* wurde der Welt entrückt – das berühmte „Im Anfang war das Wort … und das Wort war Gott“ des Johannes-Evangeliums siedelt den Verstand allein bei Gott an. Gott der allmächtige, allwissende kreiert die Welt und bleibt außerhalb seines Werks, außerhalb der Natur, transzendent und unergründlich – er ist im Gegensatz zur griechisch-römischen Philosophie ‚extraterrestrisch‘, die Welt ist nur noch die Materialisierung einer seiner Ideen, ein ‚Abfallprodukt‘ sozusagen, ohne den Anspruch vollkommen zu sein, und mit ihm nicht identisch. Der Mensch, erd- und naturgebunden, kein Teil mehr von ihm, sondern seine Schöpfung, kann ihn nicht begreifen – er muss demütig glauben. Und jetzt kommt das Entscheidende: *Kein* Mensch begreift ihn, in Bezug auf die göttliche Weisheit sind somit *alle* Menschen gleichermaßen ignorant, ob Prophet oder ein einfacher Hirt, ob Genie oder ein Idiot. Es gibt keinen Intelligenzgiganten, der sich mit Gott messen kann. Allenfalls kann Gott seine Weisheit einem auserwählten Propheten offenbaren, der diese niederschreibt – ohne sie letztlich zu verstehen. Das Gefälle ist unüberwindlich, für *jeden* Menschen. Niemand kann ein Gran göttlicher Weisheit erlangen.

> Vor Gott sind alle Menschen gleich, weil sie im Vergleich
> zu seiner Weisheit alle gleich dumm sind. Das ist die der
> Antike fehlende egalitäre Komponente – der Kern des
> heutigen Menschenrechts der Gleichheit, Teil unserer
> unveräußerlichen Menschenwürde.

Es hat Jahrhunderte gedauert, bis dieser revolutionäre
Gedanke zu unserem modernen Verständnis der demokratischen Gleichheit herangereift ist – ich kann auf die
Nachzeichnung des Weges verzichten, weil hier primär
der Ursprung interessiert. Der Gedanke der Gleichheit
wirkte in der christlichen Religion von Anfang an, unter-
schwellig, aber beständig, und zumindest im Tode waren
alle Menschen schon im Urchristentum gleich, unbeachtet
ihrer weltlichen Stellung und der angehäuften Güter. Zu
Lebzeiten galt die Trennung der Kirche und der weltlichen
Macht nach wie vor, ja verstärkt – „gebet dem Kaiser, was
des Kaisers ist, und Gott, was Gottes ist". In den weltlichen
Belangen behauptete sich das hierarchische Denken. Die
weltliche Macht bediente sich gerne des göttlichen Glanzes
zur Unterstützung der herrschenden Hierarchie, die bischöf-
liche Kirche ließ sich gerne korrumpieren und spielte ihrerseits im Machtpoker mit. Zumindest bis zur Reformation.

Der ‚extraterrestrische' Gott war zwar bereits im Alten
Testament angelegt, im jüdischen Glauben. Der christliche Glaube hatte aber die benötigte zweite Komponente
hinzugefügt, welche die der Antike fehlende Antwort
auf das Problem des Todes gab. Gott inkarniert sich in
der Person seines Sohnes Jesus Christus unter sterbliche
Menschen, nimmt auf sich den Opfertod und überwindet
ihn in der Auferstehung. Der neue Glaube beinhaltet das
Versprechen, dass jedermann *individuell* dem Tod ent-
rinnen kann, persönlich, gleich dem auferstandenen
Jesus. Sofern man fest glaubt, die Lehre nicht anzweifelt,

die Gebote befolgt, wird man am Ende des Diesseits im strahlenden Jenseits mit allen lieben Nächsten, Kindern, Eltern … wieder vereinigt werden.

Es war diese eschatologische Botschaft der Hoffnung, die neben der sozial wichtigen Botschaft der Gleichheit den Siegeszug der neuen Religion einleitete, zunächst unter den Sklaven und anderen Benachteiligten, später unter den Mächtigen, als diese den Wert der neuen, das zweifelnde Denken ausschließenden Doktrin für ihre Macht erkannten und die Kirche, die für die fügsame Dummheit ihrer Schäfchen sorgte, für ihre Belange vereinnahmten.

Die errungene individuelle Unsterblichkeit wurde durch die erzwungene Aufgabe des Denkens zugunsten des Glaubens erkauft, welches nun Primat beanspruchte. Weil Gott außerhalb der Natur stand, als deren Erzeuger nicht *in* ihr, sondern *über* ihr, konnte der naturgebundene Mensch zwar die Natur, nicht aber das Göttliche erforschen. Die Philosophie als Urwissenschaft von Wissen wurde zur Exegese heiliger Schriften verdammt, die Weltordnung war ein für alle Mal geoffenbart, die weltliche Ignoranz angesichts des Göttlichen war zu akzeptieren. Der Mensch hatte dumm zu bleiben.

Interessanterweise – und eigentlich unnötig, weil zu ihrem künftigen Nachteil – hat die neue Religion zusätzlich zur Kosmogonie des Alten Testaments viele antike Theorien über die Natur übernommen. Die Vorstellungen der Antike bezüglich des materiellen (physikalischen, chemischen) Aufbaus der Welt blieben unangetastet, so zum Beispiel das geozentrische System oder die Vorstellungen zur Anatomie des Menschen. Obwohl sie mit den spirituellen Grundlagen des Glaubens nichts zu tun hatten, wurden sie nach und nach als dessen Teil erachtet und dogmatisiert. Das Bild der Erde als Scheibe mit Himmel darüber und Hölle darunter passte denn auch gut zu den Vorstellungen vom Jüngsten Gericht, und wenn die Erde schon eine Kugel sein sollte, so zumindest im Zentrum des Weltalls, mit der sublunaren Sphäre des Menschen und der darüber liegenden Herrlichkeit des sphärischen Himmels mit um die Erde rotierender Sonne und Sternen, mit Engeln und Heiligen. Das war der Ursprung der Stagnation der Wissenschaft im abergläubischen Mittelalter. Die Kirche hat sich unnötigerweise Dogmen verschrieben, die den eigentlichen Glaubensinhalten fremd waren, und später mit dem Fortschritt der experimentellen Wissenschaft schmerzhaft und Schritt um Schritt aufgegeben werden mussten. Der Glaube an den dreieinigen Gott ist letztlich unabhängig davon, ob die Erde im Zentrum des Weltalls steht oder um die Sonne irgendwo am Rande unserer relativ kleinen Galaxie im expandierenden, unbegrenzten, nach heutigen Erkenntnissen $13,81 \pm 0,04$ Mrd. Jahre alten Universum rotiert. Die Basis des Glaubens ist mit vielem kompatibel, und ob Herrgott den Adam höchstpersönlich aus Ton modelliert hat[3], oder der Materie und Energie des geschaffenen Weltalls nur Gesetze mitgegeben hat, die langfristig bis zur Darwinschen Entwicklung des Menschen geführt haben, auch das macht glaubensmäßig genaugenommen keinen großen Unterschied. Die Kirche hätte sich einige Scheiterhaufen ersparen können.

Der Verzicht auf Denken im neuen Glauben wirkte sich aus unserer Sicht einmal positiv aus – als Keimzelle der Gleichheit; ein anderes Mal negativ – die Behinderung

---

[3] Allerdings ist die kanonische Botschaft der Erschaffung eines *Individuums* namens Adam angesichts der kollektiven Komponente des Menschen zu überdenken. Der Autor ist bei seinen umfassenden Recherchen auf einen alternativen, in apokryphen Quellen übermittelten sehr interessanten Text der Genesis gestoßen, der im Anhang zu diesem Buch abgedruckt ist. Die Quelle wird aus begreiflichen Gründen verschwiegen.

der evidenzbasierten Wissenschaft war Ursprung der Inquisition und der Verfolgung von Denkern und Forschern, die an den dogmatischen Erklärungen der Natur zweifelten. Dieser janusköpfige Charakter unserer Existenz ist übrigens für das aufkommende Christentum nicht spezifisch – die Dualität des Positiven und Negativen, des Guten und Bösen, des Wahren und des Falschen, des Vollkommenen und des Unvollkommenen beherrscht die Welt des Menschen ganz allgemein, in allen Kulturen. Halt, ich habe vorhin das Vollkommene unkommentiert in die Sequenz der positiven Werte, des Guten und Wahren gestellt, wie dumm bin ich gewesen! – das Vollkommene hat auch eine negative Seite, es wird sich als gefährlich erweisen …

Nachzutragen ist, dass sich der der göttlichen Ordnung der Antike entlassene Mensch mit einem neuen Phänomen konfrontiert sah – mit seinem *freien Willen*. Es stand neu in seiner eigenen Entscheidung, was er mit seinen Anlagen macht, ob er ‚mit dem Pfund wuchert‘ oder seine Anlagen vergeudet. Weder die Geburt noch das in die Wiege gelegte Talent bestimmten seinen Wert und später seine Position innerhalb der Gesellschaft, sondern sein Handeln – es war das gedankliche Ende der Aristokratie, die Geburt der Meritokratie. Mit dem freien Willen gekoppelt entstand der Begriff des Individuums, der individuellen Würde und des Gewissens. Das Urchristentum appellierte stark an das Gewissen als Leitfaden für richtiges Handeln. Ferry erwähnt die berühmte Stelle über Jesus und die Ehebrecherin im Johannes-Evangelium, die Konfrontation zwischen Jesus und den Schriftgelehrten und Pharisäern zu der Frage, ob eine Frau, die soeben beim Ehebruch ertappt wurde, gesteinigt werden soll. Jesus erweist sich als überraschend tolerant und rettet die Sünderin: „Wer von euch ohne Sünde ist, werfe den ersten Stein". Der gesunde Menschenverstand wird im Neuen

Testament über den Buchstaben des Gesetzes gestellt, das Gewissen soll urteilen.

Die Bibel unterstellt mehrfach, dass der Mensch laufend Fehler macht, nicht aus Bosheit, sondern kraft seiner unvollkommenen Natur – der Volksmund machte daraus „Auch der Gerechte sündigt siebenmal am Tage". Das ursprüngliche Christentum war durchaus tolerant, es übernahm keine rituellen Vorschriften des Judentums, es kannte keine Beschneidung, keine Essvorschriften, keine Kleidernormen, kein Zölibat – der dogmatische Teil der Lehre hat sich erst später herausgebildet, mit dem Machtstreben der hierarchischen römischen Kirche. Es bedurfte der Reformation und später der Aufklärung, um die Toleranz wieder einzufordern. Die säkulare Zivilgesellschaft des Westens hat sie sich auf die Fahne geschrieben, die römisch-katholische Kirche hat aber heute noch Nachholprobleme und tut sich schwer mit dem Gedanken, ihre Schäfchen in die Obhut des eigenen Gewissens zu entlassen.

Die Aufklärung hatte nicht nur mit der Kantschen „selbst verschuldeten Unmündigkeit" – in unserem Sprachgebrauch Dummheit – zu kämpfen, sondern vor allem mit dem Missbrauch dieser Dummheit durch die Kirche und die Obrigkeit zur Beherrschung des Volkes, und mit dem Missbrauch der Dummheit und der Vertrauensseligkeit des Menschen durch Scharlatane und Betrüger. Der Kampf ist bis heute nicht gewonnen, und neue Technologien eröffnen neue Betrugsmöglichkeiten. Obwohl wir im Zeitalter weltumspannender Informationsflüsse und wissenschaftlicher Durchleuchtung nahezu eines jeden Phänomens leben, kann es sich kein Wochenjournal leisten, ohne eine Horoskop-Rubrik zu erscheinen, und die Angebote für absolut wirksame Abmagerungsmedikamente (ohne sich beim Essen einzuschränken!), für müheloses Sprachenlernen in zwei Wochen oder für todsichere Gewinnsysteme im Lotto füllen die Spam-Filter des Internets. Im März 2017 meldeten Zeitungen, dass Brasiliens Präsident samt seiner Familie seinen Residenzpalast fluchtartig verlassen musste, weil es dort spukte. Und obwohl wir im 21. Jahrhundert leben, gibt es noch offizielle kirchliche Exorzismen … Im Begleitwort zur Neuübersetzung von Mackays *Annalen des Wahns* bemerkt Hans Magnus Enzensberger, dass „je unwahrscheinlicher ein Versprechen" ist, „desto leichter wird ihm Glauben geschenkt, je absurder eine Behauptung, desto mehr Anhänger wird sie finden". Eine Beobachtung, heute untermauert durch das Geschehen in den sozialen Netzwerken und durch das Aufblühen obskurer Verschwörungstheorien.

Apropos Mackay, sein Essay *Memoirs of Extraordinary Popular Delusions and the Madness of Crowds* aus den Jahren 1842/52 liest sich noch heute wie eine aktuelle Berichterstattung von der Leichtgläubigkeit der Welt. Man rieb sich die Augen, als am 15. September 2008 die New Yorker Großbank Lehman Brothers infolge spekulativer Hypothekargeschäfte Insolvenz anmeldete und weltweit Schulden von über 200 Mrd. US\$ hinterließ, was die Weltwirtschaft schließlich in eine globale Krise und eine lang anhaltende Rezession stürzte – und dabei war die im März 2000 geplatzte Spekulation der Dotcom-Blase der Internet-Ökonomie noch in frischer Erinnerung, als der Nasdaq-Index der New Yorker Börse von 5000 sukzessive auf rund 1500 fiel.

Mackay berichtet vom französischen Mississippi-Projekt der Jahre 1719/20, als es nach dem Tode des verschwenderischen Sonnenkönigs Louis XIV. galt, die äußerst zerrütteten Finanzen des Landes zu retten. Nach verschiedenen erfolglosen Anläufen wurde 1716 mit königlichem Dekret die *Banque générale* gegründet, eine private Aktiengesellschaft mit dem Recht, Banknoten als Ergänzung der Metallwährung herauszugeben. Die private Trägerschaft genoss bald mehr Vertrauen als der korrupte Staat, ihr Papiergeld wurde binnen eines Jahres zu 15 % über dem Nominalwert akzeptiert, im Gegensatz zu staatlichen Schuldscheinen, deren Kurs auf 78,5 % fiel. Vom Erfolg geblendet, gründete John Law – der Initiant der *Banque générale* – die *Compagnie d'Occident,* ausgestattet mit dem Monopol zur Ausbeutung der in der französischen Amerika-Kolonie Louisiana am Mississippi vermuteten Gold- und Silber-Vorkommen. (Man versprach sich davon die nachträgliche Gold-Deckung der massenweise gedruckten ungedeckten Banknoten.)

Die *Compagnie d'Occident* war bald Gegenstand reinster Spekulation, das Fieber erfasste alle Klassen, „Menschen jeden Alters, Geschlechts und Ranges verfolgten Anstieg und Fall der Mississippi-Aktienkurse". Mackay berichtet, dass Immobilien in der Nähe zum Handelsplatz der Gesellschaft im Wert stiegen, Häuser, „die dort normalerweise 1000 Livres Jahresmiete abwarfen, brachten es jetzt auf 12 000 bis 16 000 Livres. Ein Flickschuster verdiente am Tag 200 Livres, weil er seine Werkstatt [...] an Börsenmakler" vermietete. „Man erzählte sogar von einem Buckligen, der beachtliche Summen verdiente, indem er seinen Buckel als Schreibpult für Spekulanten feilbot". Immerhin kam es mit der Menge des dem Markt zugeführten Papiergeldes zu enormer Belebung des Marktes, Handel und Gewerbe blühten auf[4]. Am Ende kam es, wie es kommen musste, weil die Entdeckung der prognostizierten Goldminen auf sich warten ließ. Als jemand ein größeres Aktienpaket verkaufte, kam es zur Massenpanik und zum Zusammenbruch des Finanzsystems,

---

[4] Hat das Direktorium der Europäischen Zentralbank EZB Mackay gelesen? Als Anleitung für die Politik des billigen Geldes? Man möchte es annehmen.

ein Volksaufstand konnte nur durch drakonische Maßnahmen vermieden werden. Zu Beginn des Jahres 1721 betrug die französische Staatsschuld 3,1 Mrd. Livres – eine für die damalige Zeit unvorstellbare Summe. Die Mississippi-Krise wirkte lange nach, eigentlich hat sich das Finanzsystem des Königreichs von dem Desaster bis zur Revolution von 1779 nicht erholt.

Kommt uns die beschriebene Stimmung nicht bekannt vor? Zuerst Goldgräber-Hochgefühl, dann Katzen-jammer? War es um das Jahr 2000 nicht genauso, als niemand genau wusste, was IT ist, was digital bedeutet, und als junge Elektronikstudenten mit Ideen zur Nutzung der aufkommenden Internet-Vernetzung ihre zum Teil phantastischen Start-ups trotzdem leicht realisieren konnten? Das Risiko-Geld der unwissenden Investoren lag auf der Straße, mit 100.000 US$ Startkapital und geschickt dargelegten Erwartungen konnten die jungen Garagen-Firmen bald eine Börsenkapitalisierung im zehn-stelligen US$-Bereich erreichen, noch bevor sie auch nur einen Dollar verdient hatten.

Mackay ist eine Fundgrube für historische Spekulationsblasen und für den Aberglauben der Gesell-schaft an allerhand Scharlatane, Magnetiseure, Hersteller von Heiltinkturen und Alchemisten. Mackay schrieb sein Traktat im aufklärerischen Bestreben, die Bevölkerung zu erziehen, zu bilden, eben, aufzuklären – ein aus-sichtsloses Unterfangen. So dient Mackay selbst als Bei-spiel für unsere These: Die Dummheit gilt es weniger zu bekämpfen, als sich mit ihr zu arrangieren. Eine Gesell-schaft ist erst dann optimal, wenn sie mit der nicht aus-zumerzenden Dummheit ihrer Mitglieder rechnet und Vorkehrungen trifft, damit Korrekturen möglich sind.

Die Aufklärung beging den Fehler, dass sie an den Erfolg ihrer durchaus honorablen Anstrengungen glaubte, den Menschen aufzuklären, zu bilden, ihn ,wissend' zu

machen – es geht leider nicht. Man muss permanent auf-
klären, aber wissen, dass es eine nie endende Sisyphus-
arbeit ist, den Menschen von seiner Dummheit befreien
zu wollen. Enzensberger trifft in seinem Nachwort den
Nagel auf den Kopf, wenn er „von einer historischen
Anstrengung, die ebenso vergeblich geblieben ist wie
die Suche nach dem Stein der Weisen" der Alchemisten
spricht. *Perception is the reality* – seine Wahrnehmung ist
des Menschen Wirklichkeit.

Die Utopie der Unvollkommenheit
oder die Toleranz der Ignoranz

Im letzten Kapitel kamen wir zum Schluss: Eine Gesellschaft ist offensichtlich erst dann optimal, wenn sie mit der nicht auszumerzenden Dummheit ihrer Mitglieder rechnet und Vorkehrungen trifft, damit Korrekturen möglich sind. Eine Feststellung, welche die Väter der modernen Demokratie in den entstehenden USA des ausgehenden 18. Jahrhunderts beherzigten, als sie das Projekt einer Alternative zu den bis dahin üblichen monarchischen bis despotischen Obrigkeiten entwarfen, was ein totales Regierungsneuland war. Bis dahin unterschied man als denkbare Regierungsformen grob unterteilt die absolutistische Monarchie (Despotie), die konstitutionelle Monarchie und die Demokratie, wobei die Demokratie der anarchischen Herrschaft der unwissenden Masse gleichgesetzt wurde und als unrealistisch galt, weil sie zu unregierbaren Zuständen geführt hätte. Anarchie ist als realistisches Modell des Zusammenlebens in der Tat schlecht denkbar, die

© Springer-Verlag GmbH Deutschland, ein Teil von Springer Nature 2022
E. Kowalski, *Dummheit*,
https://doi.org/10.1007/978-3-476-05857-7_4

angestrebte Freiheit des Menschen im Kollektiv muss durch Abstriche an seiner individuellen Freiheit erkauft werden, die man zwar theoretisch freiwillig eingehen kann, wegen der Unvollkommenheit des Menschen aber durch die Androhung geeigneter Sanktionen der Gesellschaft sicherstellen muss.

Die Despotie wurde als ungerecht und verwerflich empfunden, und so zog die herrschende Staatslehre die Monarchie vor, in der konstitutionellen oder besser parlamentarischen Form. Mit ihrem Versuch, Demokratie vor dem Abgleiten in Anarchie durch geeignete Zwangsmittel zu retten, betraten die Gründerväter der amerikanischen Demokratie somit utopisches Neuland. Der Gedanke war bestechend einfach: Die Dummheit der Menschen erfordert, dass sie straff regiert werden – die Unvollkommenheit der Regierung erzwingt auf der anderen Seite geeignete Maßnahmen zur Begrenzung ihrer Macht. Die Initianten waren sich des Gewichts der intendierten *governmental innovation* vermutlich selbst nicht vollständig bewusst, sonst hätten sie ihr Programm nicht in einem einzigen Satz zu formulieren versucht. Es imponiert immer wieder, wie man in den nordamerikanischen Kolonien Englands 1776 die liberale Demokratie kurz und prägnant zu definieren verstand (Zitat nachzusehen z. B. bei Heinrich August Winkler – wenn man den Originaltext dummerweise gerade nicht zur Hand hat):

> Folgende Wahrheiten erachten wir als selbstverständlich: dass alle Menschen gleich geschaffen sind; dass sie von ihrem Schöpfer mit gewissen unveräußerlichen Rechten ausgestattet sind; dass dazu Leben, Freiheit und das Streben nach Glück [das berühmte ‚*pursuit of happiness*', Anm. EK] gehören; dass zur Sicherung dieser Rechte Regierungen unter den Menschen eingesetzt

werden, die ihre rechtmäßige Macht aus der Zustimmung der Regierten herleiten; dass, wann immer irgendeine Regierungsform sich als diesen Zielen abträglich erweist, es Recht des Volkes ist, sie zu ändern oder abzuschaffen, eine neue Regierung einzusetzen und diese auf solchen Grundsätzen aufzubauen und ihre Gewalten in der Form zu organisieren, wie es ihm zur Gewährleistung seiner Sicherheit und seines Glückes geboten zu sein scheint.

So steht es in der amerikanischen Unabhängigkeitserklärung vom 4. Juli 1776. Es ist ein langer Satz[1]. Es brauchte denn auch viele Jahrzehnte, bis das Wesentliche umgesetzt wurde, was er versprach – die Väter der Unabhängigkeitserklärung, Jefferson und Washington, hielten noch rechtlose Sklaven, die man juristisch gesehen nicht als Menschen, sondern als Sacheigentum betrachtete, und Eingeborene, Frauen und weniger betuchte Männer hatten kein Stimmrecht. Die Geschichte der liberalen Demokratie beginnt mit der Diskrepanz zwischen der großartigen normativen Proklamation der Gleichheit und der nicht so glänzenden Realität. Und diese Dichotomie – hehre Ziele und nicht so schöne Praxis – ist der liberalen Demokratie sozusagen in die Wiege gelegt worden. Die Crux hat den Menschen in der Folge noch oft Kopfzerbrechen bereitet.

Doch zurück zur Unabhängigkeitserklärung: Es ist vor allem ein Detail, das fasziniert: Es wird das Recht postuliert, die Regierung abzusetzen, wenn sie sich als den ihr von der Bevölkerung gesetzten Zielen „abträglich erweist". Die Regierung ist also abzusetzen, wenn sie

---

[1] Seine Länge übersteigt das zulässige *280-character-limit* der Tweets um das Mehrfache. Zum Glück gab es 1776 noch kein Twitter, heute hätte man die Botschaft mit Hilfe der unter Herrn Trump üblich gewordenen präsidialen Tweets nicht formulieren können.

gegen Ziele verstößt, die vom Volk gesetzt beziehungsweise zwischen der Regierung und den Regierten in der Wahl ‚ausgehandelt' worden sind. Die Regierung ist also auch dann auszuwechseln, wenn nicht sie versagt hat, sondern wenn sich die Ziele und Wunschvorstellungen der Regierten geändert haben, wenn also die Regierten plötzlich etwas anderes unter Glück empfinden als vorher. Das ist einschneidend. Das ist ein klares Zugeständnis an die Unfähigkeit des Menschen zu wissen, was er eigentlich will, was ihm gut tut, an seine Dummheit. Und diese Bereitschaft, mit der logischen Unvollkommenheit des Menschen zu rechnen, ist das Erfolgsgeheimnis der Demokratie, und gleichzeitig die Quelle vieler ihrer Probleme.

Popper zitiert in seinem Werk über die offene Gesellschaft Perikles, den ersten Athener Demokraten „Zugegeben, nur wenige sind fähig, eine politische Konzeption zu entwerfen und durchzuführen, aber wir alle sind fähig, sie zu beurteilen", und zwar post factum. Das ist der Punkt: Weil wir ohne Kenntnis aller Bedingungen über unsere Ziele und ihre künftigen Auswirkungen befinden müssen (man denke an das Waschen dreckiger Teller mit dreckigen Lappen!), darf man keine irreversiblen Festlegungen vornehmen, weder bezüglich der Ziele und Wünsche noch bezüglich der personellen Besetzung der Regierungen. Das System muss dynamisch und offen bleiben, und eine Korrektur muss immer möglich sein. Auch wenn man es oft macht, ist es in einer Demokratie unstatthaft, dem Volk vorzuwerfen, vor ein paar Jahren etwas ganz anderes gewollt zu haben.

In der realen Welt ändern sich die Präferenzen mit der Zeit. Haben wir vor einiger Zeit die Autobahnen als besonders wichtig betrachtet, finden wir heute Fahrradwege mindestens gleichwertig … Die Unabhängigkeitserklärung postuliert implizit, dass die Regierung die Entwicklung der Wünsche der Regierten vorwegnehmen muss, will sie an der Macht bleiben. Und weil der Mensch nicht nur als Regierter, sondern auch als Regierender unwissend ist, muss man auch die Regierung vor Fehlentscheiden bewahren. Auch die Institutionen des Staates mussten der Unvollkommenheit der Regierenden Rechnung tragen.

Es fällt auf, dass wir keine entsprechende Demokratiecharta, kein logisch fundiertes Demokratieprojekt *außerhalb* der westlichen Kultur und Tradition kennen – und das dürfte nicht nur damit zusammenhängen, dass der Autor nur ungenügend mit nichtwestlichen Kulturen vertraut ist. Sicher gab es in jedem Reich, unabhängig von Kontinent und Zivilisation, Aufstände der Entrechteten, aber das Projekt einer demokratischen Ordnung mit der Anerkennung der Unvollkommenheit des Menschen, seiner Ignoranz, hat sich erst im Abendland entwickelt. Die amerikanische Unabhängigkeitserklärung konnte aus einer langen Vorgeschichte schöpfen, aus Schriften von Hobbes, Locke und Montesquieu etwa, und man kann bis zur englischen *Magna Charta* aus dem Jahr 1215 und gar zu den alten Griechen und zu Ciceros Gedanken zurückgehen. Und auch die ‚real existierende‘ Demokratie – mit den Begriffen der individuellen Freiheit und Gleichheit – ist weitgehend auf den Westen begrenzt geblieben, trotz aller Versuche, sie woanders zu etablieren. Außer im Westen bleibt es meist bei verbalen Beteuerungen, immerhin, denn der Gedanke der Freiheit ist universal und auch Diktaturen nennen sich gerne demokratisch und freiheitlich. Aber es ist nur der Westen, der mit der Dummheit des Menschen konsequent rechnet und Ernst macht, und daraus seine Kraft schöpft.

Jedenfalls blieb es in den USA (und später in Frankreich, und danach in praktisch allen westlichen Ländern) nicht bei Absichtserklärungen, das Projekt wurde auch realisiert. Nachdem mit dem ‚langen Satz‘ und dem übrigen Text der amerikanischen Unabhängigkeitserklärung der Katalog der demokratischen Menschenrechte stand, hat man sich seiner praktischen Umsetzung zugewandt. Konkret hieß das, die Institutionen der liberalen Demokratie aufzubauen. Und das haben die Väter der amerikanischen Unabhängigkeitserklärung denn auch unverzüglich in die Hand genommen. Mit der Deklaration der Unabhängigkeit von der englischen Krone war es nämlich noch nicht getan.

Die Herren Jefferson, Washington, Franklin, Hamilton, Madison und viele andere haben sich sehr schnell an die Arbeit gemacht. Wir wollen hier nicht den beschwerlichen Weg nachzeichnen, den sie im Neuland der demokratischen Institutionen beschreiten mussten. Es gibt dazu viele fundierte zusammenfassende Werke, so etwa die bereits erwähnte *Geschichte des Westens* von Heinrich August Winkler[2], wir können uns an seine Darstellung anlehnen.

Die Unabhängigkeitserklärung des nordamerikanischen Staatenbundes beruhte hauptsächlich auf der *Declaration of Rights* des Provinzialparlaments von Virginia – diesem Teilstaat gebührt die Ehre, die wirklich erste Menschenrechtserklärung von Verfassungsrang der Geschichte verfasst zu haben, rund drei Wochen vor der Bundeserklärung. Thomas Jefferson stammte aus Virginia, er hat bei der Verfassung des Bundestextes auf den Urtext zurückgreifen können. Virginia hat die Rechte etwas umfassender und genauer definiert als der ‚lange Satz‘, so wird beispielsweise die Presse- und die Religionsfreiheit expressis verbis erwähnt.

---

[2] Es gibt Historiker und Philosophen, die sein Werk als allzu westlich apologetisch qualifizieren – hier stört diese Kritik nicht, nach meiner These rechnet in der Tat nur der Westen mit der Dummheit des Menschen.

Man muss sich vergegenwärtigen, dass zum Zeitpunkt der amerikanischen Unabhängigkeitserklärung noch kein Bundesstaat bestand, sondern erst ein recht lockerer Verband der damals 13 kolonialen Teilstaaten. Dass sich diese zu einer gemeinsamen Unabhängigkeitserklärung zusammengerafft haben, dürfte dem Umstand zu verdanken sein, dass ein gemeinsamer Feind auch eine lockere Gemeinschaft oft eng zusammenschweißt, und England war über die Unabhängigkeitsbestrebungen seiner Kolonien definitiv *not amused.* Die Krone hat sich 1776 auch nicht so ohne weiteres mit der Abspaltung der Kolonien abgefunden und erklärte ihnen umgehend den Krieg, der aber mit dem Sieg der Amerikaner und der Anerkennung ihrer Unabhängigkeit im Frieden von 1783 endete. Danach setzte sich in Amerika nach und nach die Erkenntnis durch, dass der lockere Staatenbund zu einem wohlorganisierten Bundesstaat integriert werden muss. Der Verfassungskonvent trat 1787 zusammen, und schon im Jahr darauf konnte der Bundesvertrag ratifiziert und in Kraft gesetzt werden.

Bei solcher Geschwindigkeit kann sich die Europäische Union mit ihren mühsamen Integrationsbestrebungen nur verstecken. Die Absicht, sich zusammenzutun, reifte zwar bald nach dem Zweiten Weltkrieg, nicht zuletzt mit Churchills berühmtem Appell in Zürich im September 1946, doch heute – über siebzig Jahre danach – wirkt der inzwischen mühsam erreichte Zusammenschluss recht chaotisch: England hat den Brexit vollzogen, in Polen und Ungarn nimmt der Nationalismus zu, euroskeptische Populisten haben großen Zulauf, die Eurokrise ist nicht gelöst, und die Migration stellt nach wie vor eine ernsthafte Belastungsprobe dar. Unsere Betrachtung ist nicht der Tagespolitik gewidmet, sondern einigen grundsätzlichen Überlegungen, es wäre aber interessant zu untersuchen, was am bestehenden Schlamassel mehr Anteil hat:

Die Dummheit der Bevölkerung, welche die Vorteile der europäischen Integration verkennt – oder die Dummheit der Regierenden, welche unfähig sind, die Dummheit der Bevölkerung zu antizipieren? Oder sollten wir lieber höflich von einem Kommunikationsproblem sprechen? Lassen wir es so stehen.

Doch zurück nach Amerika, wo damals andere Zeiten herrschten und die einzelnen Kolonien noch lange nicht die Identität der historisch gewachsenen europäischen Staaten hatten. Es sind diese tiefen historischen Wurzeln[3] und unterschiedliche geschichtliche Erfahrungen, welche die Integration in Europa so schwierig machen. Trotzdem, das amerikanische Tempo war beeindruckend. Vor allem angesichts der sehr seriösen Klärung all der rechtsstaatlichen Fragen der neuen Institutionen.

Ich spreche hier die *Federalist Papers* an, in welchen diese Fragen ausführlich diskutiert worden sind. Der Grundsatz war einfach – es galt das Prinzip der Volkssouveränität. Aber wie sollte sich das Volk selbst regieren, ohne in die befürchtete Anarchie zu verfallen? Durch eine *repräsentative* Demokratie, das stand bald fest. In der sich die einzelnen Gewalten – die Exekutive, die Legislative, die Judikative – gegenseitig kontrollierten. Eben die *checks and balances*. Verstärkt durch die ‚vierte Gewalt‘ der freien Presse. Die Exekutive war der Präsident, eine Art Volkskönig auf Zeit, formal nur dem Stimmvolk verantwortlich. Er ernannte seine Regierung, die aber vom

---

[3] Die historische Ignoranz der gemeinsamen Organe der EU – um unserem Thema treu zu bleiben – verhindert, dass die Befindlichkeit aller EU-Mitglieder richtig eingeschätzt wird. Neben anderen Problemen erwiesen sich deren unterschiedliche geschichtliche Erfahrungen als zu stark, vor allem nach der Osterweiterung – ein Ungare oder Slowake zum Beispiel nimmt den Islam als Bedrohung auch 500 Jahre nach der Schlacht am Mohács noch anders wahr, als ein Franzose oder Däne, der nie unter der Osmanischen Besatzung zu leiden hatte.

Parlament bestätigt werden musste. Wie viel Gewicht sollte den Einzelstaaten im Senat zugebilligt werden, wie viel dem Volk im Kongress? Wer wählt, wer ernennt die höchsten Richter? Hat der Präsident ein Veto gegenüber Parlamentsbeschlüssen? Ein absolutes? Oder ein sogenannt suspensives, das durch eine qualifizierte Mehrheit der beiden Kammern des Parlaments überstimmt werden kann? Soll das Parlament den Präsidenten in einem Impeachment-Verfahren absetzen können – und wenn ja, wie? Welche Aufgaben waren dem Bund vorbehalten, welche den Einzelstaaten?

Es war echte Titanenarbeit, eine politische Ordnung aufzubauen, die ohne Vorbild war und nicht nur mit der Unsicherheit der Erwartungen der Regierten bezüglich ihrer *happiness,* sondern auch mit der Ignoranz der Regierten zu rechnen hatte. Der große Unterschied zwischen den USA und der Französischen Revolution ein paar Jahre später 1789 dürfte darin bestehen, dass sich die USA die Mühe machten, nicht nur das Alte abzureißen, sondern auch das Neue sehr überlegt und sorgfältig, sozusagen bürokratisch, mit der anglogermanischen Pedanterie zu gestalten.

Es gibt noch einen anderen großen Unterschied. Die USA waren ein recht homogenes Land von Einwanderern, ohne adlige Vergangenheit, somit ohne die Notwendigkeit, eine Verfassung *gegen* eine Klasse zu machen. Die Bürger der amerikanischen Kolonien – jedenfalls die ‚landbesitzenden weißen Männer‘ – fühlten sich alle als gleich und wollten eine Regierung von Gleichen über Gleiche gestalten. Sie waren in der Mehrheit englische Puritaner, religiös, aber ohne eine zentralistische Kirchenmacht sozialisiert, ohne den Einfluss des Klerus aufgewachsen. Somit war für sie beispielsweise die Glaubensfreiheit selbstverständlich – und nicht erst zu erkämpfen. Frankreich war klassen- und ständemäßig sehr heterogen, es musste zuerst die Macht des Königs, des Adels und des Klerus abschütteln, das war eine schwere Hypothek. So haben die Franzosen über hundert Jahre gebraucht, bis sie die Revolution mit ihren blutigen Geburtswehen und dem imperialen Ausgang in napoleonische Kriege in – sagen wir – zivilisiertere Gefilde geführt haben. Aber auch die Amerikaner haben ihren Bürgerkrieg in den 1860er Jahren nachholen müssen.

Dabei schielten die Amerikaner bei der Gestaltung ihrer Verfassung durchaus nach Europa. Die ganze politische Philosophie ist ja in der alten Welt geschrieben worden. Montesquieu, ein französischer Baron, der neben dem Engländer John Locke als Begründer der Gewaltentrennung in die Bereiche Gesetzgebung, Regierung und Rechtsprechung gilt, war einer der geistigen Väter der amerikanischen Verfassung. Hier liegen die Wurzeln der Antizipation der Unfähigkeit, Ignoranz, Unvollkommenheit der jeweiligen Akteure der Administration, der berühmten *checks and balances,* die sich so bewährt haben.

So ganz nebenbei, die entstehenden USA haben sich auch an der Politik der damaligen direktdemokratischen Schweiz orientiert. Sie setzten sich ernsthaft mit der Alternative der direkten gegen die repräsentative Demokratie auseinander. Die direkte Demokratie wurde schließlich mit der Begründung verworfen, dass dieses Modell wohl einem kleinen Land angemessen ist, nicht aber einem Halbkontinent. Die Amerikaner beschäftigten sich auch später noch mit der Schweiz, nicht nur mit den Banken der sprichwörtlichen Steueroase, sondern auch mit ihrem politischen System. Karl W. Deutsch, ein Politologe der Harvard University, hat 1976 die Schweiz zum Anlass genommen, um über das Wesen der politischen Integration einzelner Teile zu staatlicher Einheit nachzusinnen. Die Schweiz verfügt über Jahrhunderte von Erfahrung mit der Integration ihrer Kantone. Nach

Deutsch gehört zur Stabilität einer Gemeinschaft insbesondere die Win–Win-Situation, er nennt es etwas vornehmer die „positive Kovarianz der Werte". Ein Wertegewinn für ein Mitglied der Gemeinschaft darf zumindest keinen Werteverlust, wenn möglich aber einen Wertezuwachs für die übrigen Mitglieder bedeuten. Eine „erlebte Interessengemeinschaft" bildet eine wesentlich zuverlässigere Grundlage und „unterbaut die Gemeinschaft viel wirksamer, als es juristische Regeln oder Institutionen tun können".

In der geschichtlichen Entwicklung kommen die Institutionen meist später als die eigentliche Annäherung der Teile. In den Demokratien sind Institutionen lediglich dann wirksam, wenn sie nur noch ein formeller Ausdruck der aus der Interessengemeinschaft bereits vollzogenen Integration sind. Und umgekehrt: Die Macht der Institutionen und die Akzeptanz der rechtlichen Regelungen ist klein, wenn das gemeinschaftliche Interesse entweder nicht vorhanden oder nicht sichtbar wird und nicht täglich neu erlebt werden kann. Der Gedanke leuchtet unmittelbar ein.

In Amerika war diese Gemeinschaft Ende des 18. Jahrhunderts vorhanden, und so konnten sich die Institutionen durchsetzen – ohne allzu großen Zwang oder gar Terror (die Auseinandersetzung um die Sklaverei, eine der Ursachen des Sezessionskriegs von 1861/65, verschob man auf später). In Frankreich der Revolutionszeit waren die Stände noch sehr tragend, eine Gemeinschaft war erst im Entstehen – wenn überhaupt, so nur im Widerstand gegen das Regierungssystem. Und auch in Europa war nach dem Krieg 1945 eine „positive Kovarianz der Werte" durchaus vorhanden, alle wollten Frieden und Wohlstand, und gemeinsame Feinde gab es ebenfalls: Zunächst Hitlers ‚Drittes Reich', das man besiegte und durch die Integration in eine europäische Gemeinschaft befrieden wollte, danach Stalins UdSSR. Heute empfindet man die EU aber als ein Vertragswerk Brüsseler Juristen, mit undurchschaubaren gesetzlichen Normen, oder als eine im globalen Markt zweckmäßige Wirtschaftseinheit oder als Verteilerin von Subventionen und bisweilen als eine diktatorische Macht. Das Gefühl einer „erlebten Interessengemeinschaft" kann man nirgends sehen. Irgendwie hat man vergessen, die „positive Kovarianz der Werte" beizeiten zu pflegen. Man sollte den EU-Politikern, besser gesagt den um den Fortbestand des europäischen Unionsgedanken besorgten nationalen Politikerinnen und Politikern, die Lektüre von Karl W. Deutsch verschreiben.

Der Gedanke von Karl Deutsch ist für eine liberale Demokratie sehr wichtig. Eine freiheitliche Gesellschaft ist nur dann möglich, wenn ihre Werte, ihre Gesetze, ihre Moralvorstellungen von einer großen Mehrheit der Menschen verinnerlicht und befolgt werden. Und zwar freiwillig, aus innerer Einsicht – oder Gewohnheit, wie man will. Müsste man zur Durchsetzung dieser Werte Zwang anwenden, so wäre die Gesellschaft nicht freiheitlich. Dieser Gedanke ist die Quintessenz des sogenannten Böckenförde-Diktums, wonach der freiheitliche Staat „von Voraussetzungen [lebt], die er selbst nicht garantieren kann", ohne dem „Totalitätsanspruch" zu verfallen. Etwas poetischer hat es Franz Borkenau ausgedrückt: Die freiheitlichen „politischen Strukturen [müssen] in den Herzen Wurzeln schlagen".

Erst wenn man immer wieder neu lernt, dass die Befolgung eines gemeinschaftlichen Kodex zweckmäßig ist und dadurch selbstverständlich, vorbewusst wird, erst dann wird die Gemeinschaft beständig. Umgekehrt verliert ein dekretiertes Verhalten, das als unnötig empfunden wird, an unterbewusster Zustimmung und muss erzwungen werden, durch Strafen, durch Bußen, durch

Verlust an Freiheit. Das ist ein wichtiger Gedanke. Und nachvollziehbar.

Als politisches Wesen erkauft sich der Mensch seine persönliche Freiheit durch den Verzicht auf Teile dieser Freiheit. Es hat etwas mit der Kultur der Disziplin zu tun. Der Mensch will aber nicht an diesen Freiheitsverlust erinnert werden, nicht bewusst denken müssen. Er will es ‚im Blut haben‘. Die Disziplin gehört irgendwie zur Existenz, unreflektiert, ‚es gehört sich halt so‘. Wir sind wieder einmal bei der Vermeidung des Denkens angekommen. Und das alles galt es zu bedenken bei der Gestaltung der liberalen Demokratie, in den Überlegungen der *Federalist Papers*. Obwohl dort aus taktischen Gründen das Wort ‚Dummheit‘ nicht vorkommt, allenfalls in der Umschreibung unvollkommen und sündhaft. Gehupft wie gesprungen – wie eine bekannte Redewendung lautet.

An den *Papers* fasziniert die systematische Sorgfalt, mit welcher die Thematik angegangen wurde, und die Art, wie eine breite Diskussion geführt und argumentative Abstützung gesucht wurde. Statt im Elfenbeinturm irgendwelcher Soziologen und Politologen – die gab es ja als akademische Disziplinen noch nicht – zu diskutieren, veröffentlichten die Protagonisten ihre Ansichten in insgesamt 85 Artikeln in der New Yorker Tagespresse, ein Beispiel für die Transparenz der Entscheidungsfindung. Aus heutiger Optik abstoßend ist selbstverständlich, dass die uns heute geläufige Interpretation der Menschenrechte entsprechend den Interessen der führenden weißen wohlhabenden Schichten verbogen wurde. Man hat sich billigerweise mit dem politisch Durchsetzbaren begnügt. Das Wahlrecht wurde an einen Mindestbesitz gekoppelt, Frauen, Schwarze und Ureinwohner waren ausgeschlossen. Bei der Festlegung der Anzahl von Parlamentsmitgliedern der jeweiligen Teilstaaten im Bundesparlament wurden dann aber die nicht stimmberechtigten Sklaven teilweise angerechnet, wodurch die Sklavenhalterstaaten im Bund quotenmäßig bevorteilt waren. Man ist schmutzige Kompromisse eingegangen, die erst nach dem Bürgerkrieg Norden gegen Süden, fast hundert Jahre später, 1865, bereinigt wurden. Die Folgen sind bis heute spürbar. Man darf allerdings den jeweils herrschenden Mainstream nicht vergessen, die *Federalists* haben das damals politisch Mögliche realisiert.

Das ist eben der Unterschied zwischen Ethik und Realpolitik. Er tut weh. Auch wenn die Väter der Union für ihre Zeit ein epochal neues Konzept staatlicher Institutionen entworfen haben. Barbara Zehnpfennig, die Herausgeberin der deutschen Übersetzung der *Federalist Papers,* nennt es „Entwurf und Rechtfertigung eines politischen Systems, das liberal nur noch den institutionellen Rahmen für individuelles Glücksstreben vorgibt" und keine Vorschriften dafür macht, was das persönliche Glück umfassen soll. Eben, in weiser Voraussicht dessen, dass der Mensch dumm ist und nicht weiß, was er eigentlich will, und in noch weiserem Verzicht auf Vorschriften, was man sich als *happiness* zu wünschen hat. Die Zeitungsartikel behandeln alle wichtigen Probleme des konstitutionellen Staates und des zugrundeliegenden liberalen Credos, „die geforderte Freiheit", so Zehnpfennig weiter, „bleibt [aber] inhaltlich unausgefüllt, die Frage nach der gerechten Ordnung, dem guten Leben, muss ausgeklammert werden. Gerade weil die *Federalist Papers* ein entscheidendes Dokument für die Selbstverständigung der freiheitlichen westlichen Demokratien sind, zwingen sie auch zur Auseinandersetzung mit ihren Aporien. Indem sie die politischen Entscheidungen hinter den verfassungsrechtlichen Bestimmungen sichtbar machen, liefern sie das Material, um über die Grundlagen der zwar sehr erfolgreichen, aber stets von innen her gefährdeten westlichen

Systeme nachzudenken". Was wir hier im bescheidenen Rahmen eben tun.

Ein Punkt muss hervorgehoben werden. Wir haben gesehen, dass eine freiheitliche Gesellschaft nur dann möglich ist, wenn die Freiheit nicht nur von der Gesellschaft gewünscht wird – frei sein wollen ja alle! –, sondern wenn auch die Gesetze und Regeln der Gemeinschaft, also auch die aus diesen folgende Einschränkung der individuellen Freiheit, von den Menschen großmehrheitlich freiwillig eingegangen werden. Nur ist der Mensch – auch gemäß der These dieses Essays – kein Engel und unvollkommen, und man muss ihm zum gewünschten Verhalten schon etwas nachhelfen, ganz so freiwillig und ohne Zwang geht es nicht. Das erwünschte freiheitliche System wird deshalb stets den Makel tragen, dass es trotz allem mit etwas Zwang gekoppelt ist, gekoppelt werden muss. Und das wird einigen von uns zu viel sein, und anderen wieder zu wenig, und wird zu Reibereien führen. Das ist die Bedeutung der Feststellung, dass die „erfolgreichen westlichen Systeme stets von innen her gefährdet sind".

> Unvollkommene Menschen benötigen zum Zusammenleben offensichtlich ein ebenso unvollkommenes freiheitliches System.

Die große Leistung der Väter der amerikanischen Verfassung war es, dass sie diesen Spagat fein austarierten, an das Gute im Menschen glaubten, ohne das Böse zu vergessen. Also: Freiheit so viel wie möglich, und Zwang so wenig als nötig. Und die Balance wird ständig nachjustiert.

Wenn man bedenkt, dass man damals in Amerika ein totales Neuland betreten hat, dass man de facto eine Utopie des freiheitlichen Zusammenlebens ohne die ordnende Rolle von König und Adel entwerfen musste, war das schon eine epochale Leistung. Die utopischen Gesellschaftsentwürfe streben sonst einen *vollkommenen* Zustand an, die meisten mit einem unerschütterlichen Glauben an das Gute im Menschen, an seinen Verstand. Ideologien setzen stets einen vollkommenen Menschen voraus. Niemand rechnet mit seiner Dummheit. Und wenn man bei der Umsetzung der Ideologie merkt, dass der Mensch unvollkommen ist, bleibt nur der Erziehungsterror, die Säuberungen, die Kulturrevolution von Mao, die Zwangskollektivierung von Stalin … In diesem Sinne hat man in Amerika damals eine ‚Utopie der Unvollkommenheit' entworfen.

Utopie der Unvollkommenheit! Es wurde zwar nicht so formuliert, aber es trifft den Nagel auf den Kopf. Wir werden uns mit der Unvollkommenheit später noch mehr befassen. In Amerika ist man seinerzeit zu der gefundenen Lösung aus religiösen Gründen gekommen. Winkler zitiert dazu eine Bemerkung, wonach sich die amerikanische Verfassung auf die Theologie von Calvin und die Philosophie von Hobbes stützt. Was wir heute als Unvollkommenheit bezeichnen, nannte der puritanische Geist des ausgehenden 18. Jahrhunderts die Sündhaftigkeit des Menschen.

Ist ja auch nichts anderes … Beides ist nur eine Manifestation der Dummheit.

Paradiese mannigfacher Unvollkommenheiten

oder das pursuit of ever-changing happiness

Den Entwurf der liberalen Demokratie in der Unabhängigkeitserklärung der USA nannten wir eine Utopie der Unvollkommenheit. Es ist ein System, in dem man das Gute durch die Erwartung einer stets möglichen Präsenz des Schlechten erkauft, aus der Einsicht, dass der Mensch zu dumm, zu unvollkommen ist, um eine vollkommen gute Ordnung aufzubauen. Doch diese Einsicht ist prekär – wollen wir zugeben, dass wir unfähig sind zu gedanklicher Perfektion? Können wir es zugeben, ohne unser Selbstbild als *Homo sapiens sapiens* in Frage zu stellen? Die intellektuelle Demut ist ein rares Gut.

Der Westen hat der Menschheit offensichtlich nicht nur die Fähigkeit beschert, ein überraschend stabiles System der liberalen Demokratie aufzubauen, eine offene Gesellschaft mit politischer Freiheit und wirtschaftlichem Wohlstand, sondern auch das schon von Sigmund Freud diagnostizierte Gefühl des *Unbehagens in der Kultur* – und die Bereitschaft, in Utopien vollkommener Welten zu schwelgen. Ist

© Springer-Verlag GmbH Deutschland, ein Teil von Springer Nature 2022
E. Kowalski, *Dummheit*,
https://doi.org/10.1007/978-3-476-05857-7_5

das kein Widerspruch? Es geht uns gut, doch wir sehen vor allem das Schlechte, lauter Probleme, nur das, was besser sein könnte. Unsere offene Gesellschaft leidet an der Diskrepanz zwischen der angestrebten Vollkommenheit der Gesellschaft und den Mängeln der Wirklichkeit, ihre Kritik drückt „eine tiefgefühlte Unzufriedenheit mit einer Welt aus […], die unseren moralischen Idealen und unseren Vollkommenheitsträumen nicht entspricht und nicht entsprechen kann". So formuliert es Karl Popper in seinem Werk *Die offene Gesellschaft und ihre Feinde.* Die Einsicht, dass es keine vollkommene Welt gibt, übersteigt die Intelligenz des dummen Menschen.

Der Westen hat mit dem Ideal des Fortschritts auch Pandoras Büchse der permanenten Unzufriedenheit mit dem Bestehenden geöffnet. Wie kann man dem *pursuit of happiness* je gerecht werden? Wissen wir, was *happiness* ist? Morgen werden wir darunter etwas anderes verstehen, als wir noch gestern geglaubt haben. Dem Glück sind keine Grenzen gesetzt, der Wohlstand von gestern ist das Elend von heute – und erreichte Ziele hinterlassen das flaue Gefühl des ‚Und das soll alles gewesen sein?'. Ernst Bloch nennt dieses Gefühl in seinem Buch *Das Prinzip Hoffnung* zutreffend „Melancholie der Erfüllung"[1].

Wir sollten eher vom pursuit of ever-growing happiness sprechen, oder genauer vom pursuit of ever-changing happiness[2].

---

[1] Ernst Bloch: *Das Prinzip Hoffnung,* II. Teil, Kap. 20.

[2] Beide Attribute sind strenggenommen ungenau, wie es unsere Sprache eben ist (wie war es mit dem Waschen dreckiger Teller?). *Happiness* – das Glück – ist nicht messbar und nur bedingt vergleichbar, es kann somit schlecht ‚growing' sein. Korrekter sollten wir von einer ‚changing perception of happiness' sprechen. Der Mensch ist nicht unbedingt glücklicher, wenn er mehr hat, schon eher, wenn sich sein Zustand ändert, zum Teil unabhängig von der

Die Kritik an der Realität, die nicht unseren Idealvor-
stellungen entspricht, war zu erwarten. Der Volksmund
sagt ja „Das Bessere ist der Feind des Guten". Die Suche
nach Verbesserungen und die daraus folgende Bereitschaft
zum Wandel ist eine der wichtigsten Komponenten der
westlichen Kultur. Folglich dürfen wir auch nicht überrascht sein, dass die Gesellschaft unzufrieden ist – unsere
Kultur erwartet es ja. Erstaunen muss allerdings die Bereitschaft, im Namen der Entwürfe vollkommener Welten
die Grundlagen der offenen Gesellschaft zu negieren,
die Verbesserung eines bereits guten Zustandes durch
seine Abschaffung zu erhoffen. Wir sind bereit, uns die
Beine abzuschneiden, in der Hoffnung, dass uns dann
Flügel wachsen werden – ein bekannter Aphorismus von
Gilbert Keith Chesterton. Dieser Mangel an Realismus
ist das eigentlich Erstaunliche, nicht die Unzufriedenheit
mit dem Bestehenden. Ist das Unbehagen in der westlichen Kultur so stark, dass es den klaren Blick trübt? Dass
es die Vision der Rückkehr in ein verloren geglaubtes,
aber nie vorhanden gewesenes Paradies begünstigt? Oder
ist es schlicht und einfach die Folge der diagnostizierten
menschlichen Dummheit?

Die offene Gesellschaft leidet an vielen Widersprüchen
und bietet zahlreiche Angriffsflächen. Die Bereitschaft
zum Wechsel, auch dem Wechsel der Ziele, Strategien
und Institutionen, ist ein wichtigstes Merkmal der westlichen Kultur. Die Steuerung komplexer Systeme – wenn
sie langfristig stabil bleiben sollen – muss man einem

Änderungsrichtung – auch eine Einschränkung im Interesse ‚höherer Werte'
kann zur *happiness* beitragen. Die Zufriedenheit hängt von vielen Faktoren ab.
Was wir ansprechen wollen ist, dass der Mensch selten mit dem zufrieden ist,
was er hat. Wir werden fortan der Kürze halber beim ungenauen *ever-changing
happiness* bleiben.

ebenso komplexen System der Zielfindung überlassen. Der freie Markt und das liberal-demokratische politische System sind solche selbststeuernden, selbstoptimierenden, selbstlernenden Systeme. Nur, wie soll sich ein als denkend erachteter, aufgeklärter, nach Selbstbestimmung trachtender *Homo sapiens* dem Spiel anonymer Regelkreise überlassen? Woher soll denn der ‚dumme‘ Markt ‚wissen‘, was gut und gerecht ist – für ihn persönlich? Die Frage taucht spätestens dann auf, wenn man von den regelnden Kräften des amoralischen Marktes einmal selbst betroffen wird, und zwar hart. Der kollektive Körper des Marktes steht im Widerspruch zum Anspruch des aufgeklärten Individuums, das sein Nichtwissen nicht realisiert und glaubt, über sein Schicksal sozusagen deterministisch denkend bestimmen zu können. Und auch die Demokratie, wo politische Entscheidungen durch die Mehrheit der Betroffenen und nicht der Wissenden und Informierten und Weisen getroffen werden, verlangt bisweilen eine Unterordnung, die hart ist. Lässt sich nicht ein System finden, wo ich von den Vorteilen der Konkurrenz durch die tiefen Warenpreise profitiere, von den Härten des Arbeitsmarktes aber verschont bleibe? Und wo ich vor dem Abstimmungsdiktat einer durch Populisten demagogisch verführten Masse sicher bin? Vor allem Intellektuelle möchten das Heft in eigene Hände nehmen und nichts dem Mysterium der Regelkreise überlassen. Die intellektuelle Demut, die Einsicht in die eigene Unvollkommenheit und Dummheit ist ein rares Gut.

Das Thema berührt die Widersprüchlichkeit des Daseins – und die Fähigkeit des Westens, die Aporien und Dichotomien des Lebens zu akzeptieren. Wir wollen unsere Werte erhalten – aber welche Werte? Die von gestern oder die von heute? Die sich entwickelt haben, wie sich alles entwickelt in ewiger Wechselwirkung des Menschen mit seiner Umwelt, seiner Gesellschaft? Und

– gibt es Werte überhaupt, wenn sie verhandelbar sind[3]? Wir wollen tolerant sein – tolerant, indem wir fremde Werte ignorieren und uns dabei naserümpfend das Unsere denken? Oder indem wir ihnen Wertschätzung zollen bis zur Selbstaufgabe unserer tradierten Werte? Oder indem wir uns in ein *anything goes* flüchten, aber im Namen der *political correctness* alle Ansichten, welche diesem Relativismus der Werte widersprechen, als verderblich und unkorrekt abqualifizieren[4]? In Abwandlung einer alten buddhistischen Weisheit kann man sagen: Wenn man mich *nicht* fragt, was richtig ist, weiß ich es. Aber wenn man mich fragt, was richtig ist, weiß ich es nicht. Wir haben gelernt, mit relativen Werten zu leben, und das ist eines der großen Werte der abendländischen Kultur, ihr elftes Gebot[5]. Auch eine Einsicht in die notwendige Akzeptanz unserer Dummheit.

Das Thema ‚Werte‘ berührt auch die individuelle Freiheit, die stets angestrebte Selbstbestimmung. Allerdings hat das Individuum auch Angst vor der persönlichen Verantwortung, die ihm die Freiheit in der offenen Gesellschaft aufbürdet. Es war interessant, wie nach der ersten Euphorie der Freiheit, die dem Untergang des Kommunismus im Osten folgte, dort plötzlich eine nostalgische Sehnsucht nach der geordneten, sicheren Welt des bescheidenen kleinen Glücks aufkam, das von oben verordnet war und dem Bürger keine Verantwortung, keine Pflicht zum Selbstdenken auferlegte. War die gewohnte

---

[3] Andreas Urs Sommer hat es im Titel seines Buchs zutreffend ausgedrückt: *Werte – warum man sie braucht, obwohl es sie nicht gibt.*

[4] Andreas Rödder nennt es schön „repressive Toleranz".

[5] Es gibt zwei elfte Gebote, das von den relativen Werten und das von der Ehrung und Parallelanbetung des Disparaten (siehe das Kapitel „Metamorphosen und Dichotomien"). Beide besagen im Grunde dasselbe, und es stört deshalb nicht, dass sie beide die Nummer 11 tragen. Es wäre dumm, auch noch ein zwölftes Gebot einzuführen.

Verwaltung des Mangels am Ende nicht der Freiheit des Wohlstands mit allen seinen ungewohnten Verführungen und Auswüchsen vorzuziehen? Man hat eben Angst vor der Freiheit, davor, dass sich der Schmied des eigenen Glücks ungewollt zum Schmied des eigenen Unglücks verwandeln könnte, und will beschützt sein. Die von der Natur, von der anonymen Gesellschaft, vom Schicksal zugefügten Niederlagen sind leichter zu ertragen, als wenn man sich seiner eigenen Verantwortung stellen muss. Im Wettbewerb versagt zu haben, das ist nicht leicht zu akzeptieren – es ist viel leichter, es dem System anzulasten. Die kollektive Daseinsvorsorge ist verlockend, auch wenn sie mit Abstrichen an individueller Freiheit zu erkaufen ist. Die Dichotomie der Freiheit und Gleichheit will um den Begriff der Gerechtigkeit erweitert werden – und um das Postulat der Glückseligkeit. Doch wem die Entscheidung überlassen, was gerecht ist? Und wie misst man Glückseligkeit? Das ist der Nährboden, auf dem Entwürfe utopischer Lösungen gedeihen können, denn in einer vollkommenen Welt gäbe es solche Probleme nicht.

Auf der anderen Seite hat der ewige Ruf der Liberalen nach der Selbstverantwortung, der Imperativ, sich selbst zu ernähren und zu bekleiden und nicht vom Staat ein garantiertes Grundeinkommen zu erwarten, eine solche Selbstverantwortung hat schon einen Haken. Sie funktioniert nur dann, wenn jedermann auch die Voraussetzungen vorfindet, sich um sich selbst kümmern zu *können*. Das war wohl in einer primitiven Naturgesellschaft noch möglich, fern jeder Zivilisation, als man in den Wald gehen und Beeren sammeln und Hasen jagen konnte. Aber bereits dort war man zumindest zeitweise auf die Hilfe der Gemeinschaft angewiesen – als Säugling, bei einer Verletzung oder als Greis. Und es geht definitiv nicht in unserer monetären Zivilisation, wo der Erwerb reglementiert ist und jeder Quadratmeter Boden im

Grundeigentum einer Person oder einer Institution steht, was Hasenjagen verunmöglicht, und wo die Selbstverantwortung nur innerhalb der Teilnahme an einer hochkomplexen arbeitsteiligen Gemeinschaft wahrgenommen werden kann. Wenn die Gesellschaft die Wahrnehmung der Selbstverantwortung verlangt, so muss sie auch die Bedingungen schaffen, dass man sich um sich selbst kümmern kann.

Das stimmt. Und wird von Populisten rechter Provenienz beim Ruf nach Selbstverantwortung verschämt verschwiegen. Es bedeutet, dass man eine echte Chancengleichheit realisiert, den Zugang zu Bildung frei macht, Lehrstellen garantiert, bei strukturellen Änderungen in der Wirtschaft mit Umschulungen hilft etc. und bei Arbeitsplatzverlust, Unfall und Krankheit sowie im Alter eine Unterstützung zum Erhalt einer angemessenen Lebensqualität gewährt. Und auch, dass man Startkapital für Start-ups bereitstellt … Es bedeutet selbstverständlich nicht, Arbeitslose in den Wald auf Hasenjagd zu schicken. Es bedeutet aber, dass man die Bereitschaft zum Lernen verlangt, ein verantwortliches Nutzen der Angebote der Gemeinschaft, das notwendige Pflichtbewusstsein, ausreichende Disziplin, Leistungswillen. Das, was Max Weber die protestantische Arbeitsethik genannt hat, und was Neil Postman in die folgende kleine Erzählung kleidete: „Harte Arbeit und Bereitschaft, Befriedigung der Wünsche aufzuschieben, ist der sicherste Pfad, um sich Gottes Gunst zu verdienen – müßige Hände tun die Arbeit des Teufels und man stiehlt dem Herrgott keine Zeit". Haben wir nicht auf das Paradoxon hingewiesen, dass der Westen eine Charta der Menschenrechte kennt, aber keine Charta der Menschenpflichten? Da hat einmal mehr das Rechnen mit der Unvollkommenheit des Menschen gefehlt.

Der westliche Staat hat sich in die Richtung der sozialen Absicherung bewegt, mit ersten zaghaften

Schritten im 19. Jahrhundert, und massiv in der Periode der wirtschaftlichen Prosperität in der zweiten Hälfte des 20. Jahrhunderts. Trotz forcierter und teurer Rüstung am Vorabend des Ersten Weltkriegs überschritt damals der Anteil der Staatseinnahmen am Bruttosozialprodukt in Europa kaum irgendwo die Grenze von 15 %, in den USA lag dieser Wert unter 10 %. Das hat sich wesentlich zu Gunsten der sozialen Umverteilungsfunktion des Staates verschoben – heute, hundert Jahre später, liegt die Staatsquote in westlichen Demokratien um 50 %. Ausgebaute Sozialwerke sind selbstverständlich. In der Schweiz hat man 2016 über ein garantiertes arbeitsfreies Einkommen abgestimmt, man sprach von 2500 CHF monatlich; die Initiative wurde zwar abgelehnt, rund ein Viertel der Stimmenden bejahten sie aber. Und in Finnland hat man mit einem solchen vorbehaltlosen arbeitsfreien Einkommen gar ein Pilotprojekt gewagt. Die Gesellschaft ist dabei nachzudenken, wie man die Probleme lösen soll, welche die Digitalisierung und Robotisierung der Arbeitswelt in der Zukunft bringen wird, mit zunehmender Divergenz zwischen Arbeitskräftemangel bei hochqualifizierten Berufen und der Arbeitslosigkeit am unqualifizierten Ende der Kompetenzskala.

Trotz aller sozialen Fortschritte, den einen geht die Unterstützung des Einzelnen durch die Gesellschaft zu weit, den anderen entschieden zu wenig weit. Es gibt keine Lösung, keine mathematisch bestimmbare Gerechtigkeit – die Gemeinschaft muss mit solchen Problemen leben. Die Lösung liegt im steten Wandel in die von der Gesellschaft erwünschte Richtung, die immer knapp über der gerade herrschenden Leistungsfähigkeit ihrer technisch-wissenschaftlichen wirtschaftlichen Basis liegt. Das *pursuit of happiness* sorgt dafür, dass die Triebfeder für die stete Steigerung der Leistungsfähigkeit der materiellen Basis nicht erlahmt. Die protestantische Arbeitsethik hat nichts von ihrer Bedeutung verloren. Man muss sie nur um das Wörtchen ‚Flexibilität' ergänzen.

Der Wandel selbst trägt zum diagnostizierten Unbehagen in der westlichen Kultur bei. Der Wandel kann stets als Veränderung zum Guten hin interpretiert werden, aber auch zum Schlechten. Es gibt einen Aspekt des Wandels, der auf eine triviale Art Sorge bereitet. Jeder Wandel, auch der Wandel zum Besseren, hat zwingend eine destruktive Komponente, denn nur durch die Zerstörung[6] und Überwindung des Alten, Gewohnten, ja Liebgewonnenen ist etwas Neues möglich. Das Alte muss dem Neuen weichen, und das tut oft weh. Das Neue ist noch unsicher, ungewohnt, man möchte nicht ‚Brücken abbrechen', und der Ruf ‚keine Experimente' ist schnell zur Hand. Der konservativen Denkweise erscheint der Wandel zumindest als verdächtig, wenn nicht als verderblich. Vielleicht kommt dazu auch die allzu menschliche Erfahrung des biologischen Alterns. Der Mensch pflegt die goldene Zeit der Jugend zu idealisieren, der Verlust der Anpassungsfähigkeit im Alter lässt ihn die Welt als zum Schlechten hin verändert erleben. Ja eben, früher war doch alles besser.

Von den Intellektuellen wird die Suche nach der wirklich guten alten Zeit oft radikal weitergedacht. Wo und wann ist das wirklich wahre Paradies verloren gegangen? Irgendwann muss es ja doch gut gewesen sein, bevor der Verfall eingesetzt hat. Wenn man Jean-Jacques Rousseaus „Rückkehr zur Natur" konsequent weiterdenken würde, so müsste man in einem neolithisches Paradies vor der Entdeckung der Metallurgie landen – wie Arnold Toynbee insinuierte. Aber, ist die Nutzung der Feuersteine wirklich

---

[6] Joseph Schumpeter hat für diesen Aspekt der Entwicklung den schönen Begriff der „schöpferischen Zerstörung" geprägt.

nachhaltig? Sie sind doch nicht erneuerbar, sie wachsen nicht nach.

Man durfte hoffen, dass sich spätestens mit der Aufklärung ein offenes Weltbild der Gesellschaft bemächtigt, dass sich das Gefühl einer steten Besserung statt Verschlechterung der Situation durchgesetzt hat. Diese Hoffnung wurde enttäuscht. Der Fortschrittsglaube, das Weltbild eines ,progressiven Paradieses'[7], existiert immerhin in den technisch-industriellen Denkmustern der Gesellschaft, als Erwartungshaltung des Konsumenten und des Arbeitnehmers, doch die unterbewusste Grundhaltung des Menschen beherrscht das Gefühl der ,guten alten Zeit'. Die Aufklärung hat das Unbehagen in der offenen Gesellschaft – die sie selbst herbeigeführt hat – nicht zu beherrschen vermocht. Man wird dem Anspruch des eigenen kritischen Denkens nicht gerecht. Das alte magische Weltbild der bequemen Dummheit lebt im kollektiven Unbewussten weiter.

Die Technik, die unverstandene Digitalisierung etwa oder die Klimaproblematik, machen uns Angst, vor der wir uns in alte Gewissheiten flüchten möchten. Wie treffend schrieb es Popper in der Einleitung zu seinem erwähnten Buch schon vor 1950:

Dieses Werk [...] beschreibt einige der Schwierigkeiten, denen unsere Zivilisation ins Auge zu sehen hat – eine Zivilisation, von der man vielleicht sagen kann, dass sie Menschlichkeit, Vernünftigkeit, Gleichheit und Freiheit zum Ziele hat; eine Zivilisation, die noch immer in ihren Kinderschuhen steckt und die sich allem zum Trotz weiterentwickelt, obwohl sie so oft und von so vielen der geistigen Führer der Menschheit verraten worden ist. Es

---

[7] Siehe dazu das Kapitel „Der Pfeil der Zeit".

versucht zu zeigen, dass sich diese Zivilisation noch immer nicht von ihrem Geburtstrauma erholt hat – vom Trauma des Übergangs aus der Stammes- oder ‚geschlossenen‘ Gesellschaftsordnung, die magischen Kräften unterworfen ist, zur ‚offenen‘ Gesellschaftsordnung, die die kritischen Fähigkeiten des Menschen in Freiheit setzt.

Die angestrebte Freiheit wird durch das Korrelat der Eigenverantwortung erkauft, das gewünschte Wissen durch die Verpflichtung, es zum eigenen Wohle zu verwenden. Doch – was tut dem Menschen wohl, welchen Zielen soll er sich verpflichten? Der Schock der Freiheit, die Verderbnis des Wissenserwerbs wird von allen Menschheitsmythen thematisiert, und der Westen trägt offensichtlich immer noch schwer an Adams Ursünde, vom Baum der Erkenntnis genascht zu haben. Peter Sloterdijk bemerkt dazu: „Zuviel ‚Wissen‘ gibt es, von dem man aus den verschiedensten Gründen wünschen dürfte, wir hätten es nicht gefunden und keine ‚Aufklärung‘ darüber gewonnen“. Hört man da eine Aufforderung, dumm zu bleiben? Zumindest partiell?

Leicht hat es die liberale Demokratie des Westens nicht. Sie hat zwar gelernt, mit der Unvollkommenheit und Dummheit des Menschen zu rechnen, ihm aber kein Ziel gesetzt, keinen paradiesisch-festen Zustand als Ziel, sondern das Versprechen der Erfüllung seines *pursuit of happiness,* des *pursuit of ever-changing happiness,* die subjektiv empfunden immerwährende Besserung der Lage, den Prozess selbst, ja den Prozess der Zielfindung. Das ist die sozusagen konzeptionelle, philosophische Komponente des Unbehagens – und dazu kommt noch, dass der ökonomische Teil der westlichen Zivilisation, seine Wirtschaft, Anlass zur Kritik auf einem wesentlich tieferen Niveau gibt, profan und praxisnah. Der Preis, den die freie Marktwirtschaft für ihre Effizienz, für den erbrachten Gesamtwohlstand verlangt, erscheint unter vielen Gesichtspunkten als zu hoch. Man kann die zum Teil gravierenden Ungerechtigkeiten in der Verteilung der Einkommen und Vermögen ansprechen, die Arbeitslosigkeit, die letzte Bankenkrise. Die Zustandsbeschreibung stimmt, und somit überrascht nicht die geübte Kritik, die berechtigte und die weniger berechtigte. Die wird es immer geben, unabhängig vom jeweiligen Zustand. Alles Gute kann noch verbessert werden. Und wir leben in einem unvollkommenen Gesellschaftssystem, gemacht für unvollkommene Menschen.

Es ist etwas anderes, was zu beachten ist. Grundsätzlich gibt es für ein gesellschaftliches System zwei Möglichkeiten. Entweder man setzt den individuellen Ansprüchen eine Grenze – durch den Staat, durch die Religion, wie auch immer, stets dirigistisch. Oder aber man bekennt sich zum *pursuit of happiness* (und das heißt eben *ever-changing happiness*), zum vorbehaltlosen Streben nach Glück, was wir heute als verbrieftes Menschenrecht erachten – und dann muss man in Kauf nehmen, dass der unvollkommene Mensch nie zufrieden ist und immer etwas mehr, oder etwas Besseres, oder etwas anderes will, jedenfalls kaum mit dem Vorhandenen glücklich ist[8]. Dann gibt es keine Grenze und der Prozess wird offen. Wir haben das ‚Jammertal‘, seit Jahrhunderten die gewohnte Lebensweise der Massen, verlassen zugunsten des Strebens nach einem grundsätzlich unbegrenzten Glück.

> Abendland erklärt in einem Satz: Vom Jammertal zum *pursuit of happiness* als einklagbares Menschheitsrecht. Und das in drei Generationen.

---

[8] Der österreichische Kabarettist Georg Kreisler hat in einem seiner Songs gedichtet „Keiner will die Zukunft wie sie war".

Der Westen hat sich für diesen liberalen Weg entschieden und genießt ihn – deshalb muss er auch mit dem Unbehagen an dem permanenten ‚Noch-nicht-erreicht‘, an dem grundsätzlich nicht Erreichbaren leben. Es ist nicht die resultierende, zu erwartende Kritik, die erstaunt, es erstaunen die Rezepte zur Behebung der kritisierten Mängel. Sie orientieren sich praktisch ausschließlich an utopischen Gegenentwürfen der Gesellschaft, welche die Unvollkommenheit und Dummheit des Menschen negieren, an dirigistischen marktfernen Wirtschaftsmodellen, die in der Praxis alles andere als erfolgreich sind und in der realen Politik des Ostens kläglich versagt haben.

Nicht nur in unserer ‚postfaktischen‘ Zeit sperren wir uns dagegen, die Unmöglichkeit eines optimalen, vollkommenen Systems zu akzeptieren. Wir haben eine tiefgefühlte Unzufriedenheit mit der Welt diagnostiziert, die unseren moralischen Idealen und unseren Vollkommenheitsträumen nicht entspricht und gemäß unserer Überlegung auch nicht entsprechen kann. Aber was hindert uns daran, nach der Vollkommenheit zu trachten? Die überraschende Antwort lautet: Die Gefahr, dass sich jemand findet, dem es gelingt, die Utopie einer vollkommenen Welt auch zu verwirklichen. Denn ein vollkommenes Paradies gibt es nicht – es gibt nur Paradiese mannigfacher Unvollkommenheiten. Utopien führen stets ins Verderben, das absolut Gute pervertiert zum Bösen, sobald es realisiert wird.

Das Streben nach Perfektion, der Glaube an eine irgendwie, irgendwann erreichbare Vollkommenheit sitzt uns Menschen tief in den Knochen. Der Perfektionismus ist übrigens kein spezifisches Merkmal des Westens, die Bereitschaft zu makelloser handwerklicher Leistung charakterisiert auch Japan, China, Indien und andere arbeitsteilige Hochkulturen. Aber es war das Abendland, das die angestrebte Perfektion von den handwerklich-technischen Artefakten auf die Organisation der Gesellschaft übertrug und Utopien vollkommener sozialer Zustände postulierte, vielleicht weil seine Techniker so erfolgreich waren und man deshalb vom Beginn der Aufklärung bis zum modernen *social engineering* hoffte, das bewährte technokratische Rezept auch zur Lösung der Probleme der Polis anwenden zu können. Vermutlich greift aber die technozentrische Sicht des Autors zu kurz, denn die erste soziale Utopie wurde schon von Platon gedacht.

Woher das Streben nach vollkommener Gesellschaft auch kommen mag, es ist kontraproduktiv – überall dort, wo Utopien eine Chance der Realisierung bekommen haben, endete der Versuch im totalitären Desaster, unabhängig davon, ob die Vollkommenheit im Namen egalitärer Kollektivismen oder elitärer Rassenherrschaft angestrebt wurde. Utopien sollen gedacht werden, Gott bewahre uns jedoch vor ihrer Realisierung.

Die Kritik an den Utopien einer planmäßigen Vervollkommnung des Menschen ist vor allem mit den beiden Namen Aldous Huxley und George Orwell verknüpft. Sie warnten davor, dass die konsequente Umsetzung der Rezepte des vollkommenen Glücks zu einer trostlosen Welt der totalitären Beherrschung des Menschen durch den Staat führen muss. Die Mittel der Vervollkommnung mögen unterschiedlich sein, das Resultat bleibt gleich. In der *Schönen neuen Welt* von Huxley aus dem Jahr 1932 spielt die Eugenik die entscheidende Rolle, die Methoden der pränatalen und postnatalen Prägung und die Beeinflussung durch Psychopharmaka. In der 1947 geschriebenen Orwellschen Vision des Jahres *1984* ist dann die Perversion der sich abzeichnenden modernen Informatik ausschlaggebend, der Überwachungsstaat des Big Brothers. Heute sind wir technisch zu beidem fähig.

Doch es ist weder der Missbrauch der Eugenik noch der Technik oder der Organisation an sich, der als eigenständiges Übel Sorgen macht. Der Missbrauch resultiert vielmehr zwangsläufig aus dem Streben nach Vollkommenheit. In Huxleys Welt wird das vollkommene Glück ohne Schmerz letztlich unerträglich.

Unsere Welt ist offenbar so beschaffen, dass sie nur Unvollkommenes erträgt. Das suggeriert zumindest eine sehr frühe und wenig bekannte gentechnische Phantasie, die sich im kleinen Drama *R. U. R. – Rossum's Universal Robots* des tschechischen Schriftstellers Karel Čapek aus dem Jahr 1920 findet. Das ist übrigens dasjenige Büchlein, dem die Welt das Wort *Roboter*[9] für Arbeitsmaschinen verdankt – in dieser Beziehung ist es allgemein bekannt. Nur dass Čapeks Robots keine Maschinen sind, sondern biotechnisch synthetisierte menschenähnliche Wesen (heute würden wir sie vielleicht Androide nennen). Die Wissenschaftler um Professor Rossum lassen sich bei der Synthese die Chance der Optimierung der Schöpfung nicht entgehen, die jeweiligen Roboter werden nach Pflichtenheften und Eigenschaftsprofilen gezielt entwickelt, vollkommen auf ihre Arbeitsaufgaben zugeschnitten. Es gibt Arbeiterroboter, Sekretariatsroboter usw. Die psychische und physische Grundausstattung eines Roboters ist normiert, ohne menschliche Schwächen wie Egoismus, Triebe, Schmerzempfindlichkeit, Anfälligkeit für Krankheiten und Ähnliches. Sie sollen für die Erfüllung ihrer Aufgabe optimal geeignet sein. Nach und nach zeigt sich jedoch, dass die Unvollkommenheit des Menschen eine tiefere Bedeutung hat. So muss man den Robotern schon aus wirtschaftlichen Gründen Schmerzgefühl ‚einbauen‘, weil

---

[9] ‚Robot‘ kommt vom tschechischen Wort *robota,* was harte Arbeit, Fronarbeit bedeutet.

sie sonst bei der Arbeit nicht aufpassen und sich allzu oft verletzen – der Ersatz durch neue Roboter ist ein Kostenfaktor. Um sie team- und durchsetzungsfähig zu machen, muss man ihnen eine gehörige Portion Egoismus, Eitelkeit und Selbstwertgefühl[10] zugestehen, weil sie sich sonst in der Organisation nicht zurechtfinden. Die Roboter kommen erst dann mit dieser Welt zurecht, als man sie so ‚unvollkommen' gemacht hat, wie es der Mensch ist. Čapek ging es nicht etwa um die damals noch in weiter Ferne liegende Biotechnik, sondern um das Problem der Vollkommenheit. Und so verdanken wir paradoxerweise das Sinnbild vollkommener Arbeitsperfektion – den Roboter – einer Parabel über die Zweckmäßigkeit der Unvollkommenheit. Vielleicht sollten wir darüber, dass uns weder die Aufklärung noch die Gentechnik ganz so vollkommen und klug gemacht haben, wie ursprünglich erhofft, nicht allzu unglücklich sein.

Schöne Fabel, früh geschrieben. Dabei ist die Geschichte der Menschheit voll von Manifesten der Vollkommenheit, der edlen Absichten, des perfekten Lebens. Wo liegt der Fehler, wenn alle Leute stets das Gute wollen – und dieser Wille schließlich zu Katastrophen führt? Warum versagen logisch schlüssige Systeme, sobald man sie durchzusetzen versucht? Eben, an der Unvollkommenheit des dummen Menschen. Gerhard Szczesny hat anfangs der 1970er Jahre *Das sogenannte Gute* geschrieben, eines der wenigen Manifeste der Unvollkommenheit[11]. Das gegen totalitäre Ideologien gerichtete

---

[10] Und gemäß unserer These auch Dummheit. Zumindest einer kreativen Insubordinationsdummheit. Klingt da nicht plötzlich die heutige Hochschätzung des Whistleblowers an?

[11] Eine fast schon skurrile Ausnahme von dieser Feststellung stellt Oscar Levys 1937 geschriebenes Werk *Der Idealismus – ein Wahn* dar. Levy, von G. B. Shaw als ‚tactless Nietzschean Jew' gewürdigt, zieht Parallelen zwischen den religiösen und politischen Heilsverkündern, vom Propheten Esra, über Jesus Christus bis

Buch diagnostiziert zutreffend, dass die großen Übel dieser Welt nicht die Folgen böser Absichten sind, sondern eines unbändigen Willens zum Guten. Für Mord und Totschlag im großen Stil sind immer die Idealisten und Rigoristen von rechts und links verantwortlich gewesen. Der unbegrenzte, nicht an der Unvollkommenheit der menschlichen Natur, sondern an der abstrakten Vollkommenheit des theoretischen Denkens ausgerichtete Wille zum Guten bringt unentwegt das Schlechte hervor: „Es gibt einen Terror des Guten, dessen Resultate schrecklicher sind als die Irrtümer und Vergehen, die er ausmerzen will". Der Preis, „den wir für die Überschätzung und Überforderung der menschlichen Möglichkeiten zu zahlen haben, ist sehr viel höher als die Übel im Gefolge von Geschichtsphasen, in denen man vom Menschen bescheidener dachte".

Es ist ausgesprochen bequem, die Welt in Vollkommen und Unvollkommen, in Gut und Böse einteilen zu können. Der Ferne Osten akzeptierte früh die Aussichtslosigkeit, den Menschen vollkommen zu machen. Seine Antwort auf die immanente Unvollkommenheit des Lebens bestand in der Empfehlung einer resignativen Suche nach dem Nirwana. Das hat auch nicht zum großen, breitgestreuten Glück geführt. Dem Westen liegt das Kontemplative weniger, unsere jüdisch-christliche Tradition verlangt nach Aktivität, nach Erlösung, im Jenseits und nach der Säkularisierung des Lebens im Gefolge der Reformation und der Aufklärung möglichst hier und heute. Der Westen erfand Utopien und träumte vom

---

zu Karl Marx, zwischen der „Rassenreinheit" des auserwählten Volkes Israel, Hitlers rassistischem Judenhass und Stalins proletarischem Bolschewismus, mit dem Ergebnis der Verdammung eines jeden utopischen Idealismus – „Je heiliger der Mann, desto unheiliger seine Taten".

besseren Menschen, von Freiheit und Gleichheit, von der Befreiung vom religiösen Aberglauben und „selbst-verschuldeter Unmündigkeit", von der Demokratie. An der Wende zum 19. Jahrhundert hat das Volk in den Revolutionen von Amerika und Frankreich die Herrschaft an sich gerissen und man hat nach und nach, mit viel Aufwand und Zeitverlust, eine offene Gesellschaft realisiert – das bisher einzige Beispiel einer Utopie, die trotz ihrer Realisierung nicht enttäuscht hat. Wir wissen warum – weil sie mit der Unvollkommenheit, mit der Dummheit des Menschen rechnet. Dabei wusste schon die Antike: „Errare humanum est".

Die Demokratie behauptete sich. Sie hat sich eigentlich als äußerst stabil erwiesen, durchaus unerwartet, was nicht zuletzt der technisch-industriellen Revolution und dem resultierenden Massenwohlstand zuzuschreiben ist, der viele der historisch akuten Existenzprobleme zu lösen half, vor allem aber dem Umstand, dass die Demokratie als offenes soziales System eine Antwort auf die Unvollkommenheit des Menschen zu geben imstande war. Die liberale Demokratie ist die einzige Utopie, die das Heil im Prozess, im Wandel sucht, in der Korrektur begangener Fehler – und nicht im finalen Zustand der irreversiblen paradiesischen fehlerlosen Vollkommenheit. Wie war das mit dem Waschen dreckiger Teller?

Das eigentliche Wesen der freiheitlichen, demokratischen Ordnung liegt nicht in der angestrebten, aber so nicht erreichbaren Gleichheit oder Brüderlichkeit, sondern in der Offenheit des politischen Systems, im Mut zur Unvollkommenheit. Wir nennen die liberale Demokratie Utopie der Unvollkommenheit – Demokratie ist letztlich eine Utopie, und zwar eine offene Utopie mit eingebauten Korrekturoptionen. Die Ordnung ist durch Gesetze und Konventionen geregelt, die Macht wird ausgeübt, doch sind die Regierenden nur auf Zeit gewählt und haben ihre Macht abzutreten, sobald ihre Auffassung von Zielen und Wegen von derjenigen der Regierten abweicht – und zwar auch dann, wenn sich nicht die Absichten der Regierung, sondern die Ansichten des Volkes geändert haben. Ebenso können alle Gesetze geändert werden, mit der wichtigen Ausnahme, dass kein Gesetz zugelassen wird, *zugelassen sein darf*[12], welches diese Offenheit in Frage stellt. Demokratie kann als ein Wechselspiel zwischen Theorie und Praxis, zwischen dem (bisweilen utopischen) Denken und dessen realer Anwendung aufgefasst werden. Ihre Stabilität liegt in ihrer Anpassungsfähigkeit begründet, in der ungestörten Funktion soziopolitischer Regelkreise. Ideen, die sich in der Praxis nicht bewähren, werden als unerwünscht eliminiert. Szczesny bemerkt: „Solange und soweit der Informationsprozess zwischen Sein und Bewusstsein funktioniert, definiert der Mensch [...] durch seine Geschichte, was für ihn gut ist". Die Erkenntnis, dass Korrektur begangener Fehler, die Überprüfung getroffener Entscheidungen stets nötig ist, ist nicht neu. Wir sind bei Popper schon dem Perikles-Zitat begegnet: „Zugegeben, nur wenige sind fähig, eine politische Konzeption zu entwerfen und durchzuführen, aber wir alle sind fähig, sie zu beurteilen". Nach zwei Jahrtausenden Erfahrung mit verschiedenen Gesellschaftsordnungen sollte dies eigentlich klar sein.

Finale Utopien, Ideologien mit dem Anspruch auf Besitz der vollkommenen Wahrheit müssen zum Totalitarismus und zur Bildung von Machteliten führen. Denn wenn irgendeine Elite im Gegensatz zum ‚einfachen'

---

[12] Demokratie schützt nicht a priori vorm Abgleiten in eine Diktatur – auch Hitler ist durch Abstimmungsgewinne in die Startlöcher seiner unheilvollen Führerkarriere und später zu seinem Ermächtigungsgesetz gekommen. Andere Beispiele gibt es – auch heute. Siehe dazu mehr im Epilog.

Volk weiß, was richtig ist, dann ist es ja nur folgerichtig, dass man sie regieren lassen sollte. Und wie könnte das einfache, dumme Volk ohne Besitz der Wahrheit die wissenden Eliten wählen, berufen oder absetzen? Die Machtverhältnisse werden gefestigt, das ideologische Denkgebäude entzieht sich dem Test durch die Praxis in einer freien Wahl, das Regelsystem wird unterbrochen, das Sein wirkt nicht mehr auf das Bewusstsein zurück. Das logisch funktionierende System vollkommener Gerechtigkeit und Freiheit scheitert schließlich daran, dass nicht zugleich auch der dazu passende perfekte Mensch vorhanden ist, als Regierter und als Regierender, für den allein ein solches System erstrebenswert wäre und der allein es funktionsfähig machen könnte. So macht man sich an die Vervollkommnung des Menschen heran, mit welchen Mitteln auch immer.

Eigentlich könnte man den Herrschenden in ideologisch basierten Diktaturen ein zynisch zu nennendes Verständnis entgegenbringen – sie sind zum Terror aus der Überzeugung ihrer historischen Sendung verurteilt, um ihre Macht zu erhalten. Doch nicht einmal das zynische Verständnis für die Diskrepanz zwischen dem hehren Ziel und der verwerflichen Praxis verdienen diejenigen Denker, welche ihren utopischen Systemen den Anspruch auf Vollkommenheit verleihen und über das Potential, ja die Notwendigkeit der Vervollkommnung[13] des Menschen laut nachdenken. Der Zwang zur Perversion der Ideologie zum Machtwerkzeug ist so leicht durchschaubar, und jede Ideologie muss sich dem altbekannten Problem stellen: Wer entscheidet, was vollkommen und richtig ist? Es ist das nicht zu lösende Dilemma der Ideologen:

---

[13] Heute – nach vielen missglückten Versuchen im Bereich des Sozialen – vor allem auf dem Feld der ökologischen Verantwortung des Menschen zu finden.

> Sie vertrauen dem Menschen nicht, wenn sie ihn als Volk
> denken, und sind gleichzeitig zu grenzenlosem Vertrauen
> in die Unfehlbarkeit des Menschen fähig, sobald sie ihn in
> der Führungsrolle betrachten.

Utopische Konstruktionen mit Anspruch auf Vollkommenheit scheitern bereits an ihrer Inkonsistenz, nicht
erst in der Umsetzung.

Es ist ein Mysterium der *conditio humana,* dass sich die
Menschen so oft in die utopische Falle der Vollkommenheit begeben, sobald sie anfangen über ihr Zusammenleben nachzudenken. Es liegt in ihrer unbewussten
Abneigung, ihr Unwissen, ihre Dummheit zu akzeptieren.
Szczesny, einer der wenigen, die der Unvollkommenheit
das Wort reden, hat es treffend zusammengefasst:

Der Motor allen Fortschritts ist die Utopie einer Gesellschaft, in der Gerechtigkeit und Freiheit herrschen. Einen
wirklichen Fortschritt gesellschaftlicher und einzelmensch-
licher Humanität aber zeitigt die Utopie nur dann, wenn
man sie eben als Utopie begreift, wenn man nicht vergisst,
dass das Land Nirgendwo immer das Land Nirgendwo
bleiben wird, der Mensch also nicht aufhören wird, sich
zu irren, sich und anderen Leiden zuzufügen [...] Und
deshalb ist die vollkommene Gesellschaft jene, die es dem
Menschen erlaubt, unvollkommen zu sein, seine Widersprüchlichkeit nicht zu verdrängen und auf irgendwelche
Feinde oder Verhältnisse zu projizieren, sondern auszu-
leben.

Eine Gesellschaft nähert sich nur dann der Vollkommenheit, wenn sie der menschlichen Unvollkommenheit
gerecht wird – vollkommene Gesellschaft erträgt unvollkommene Menschen. Und akzeptiert, dass auch die

Regierenden nur Menschen und somit unvollkommen sind, und meist nicht wissen, welche Strategie richtig ist, welche Entscheidung die beste, welche Variante alternativlos. Gut, wir haben ja demokratische Wahlen und in der schweizerischen direkten Demokratie sogar Abstimmungen zu Sachfragen, die bringen die Wünsche des Volkes zur Geltung. Aber – hat auch das Volk immer Recht? Es gibt ausreichend Beispiele dafür, dass Entscheide getroffen werden, die nicht optimal sind. Und was dann?

Dann muss man sich durchwursteln – und man landet bei der Strategie des *muddling through*. Es ist zum Verzweifeln, nicht wahr? Und trotzdem entwickelt sich die Gesellschaft alles in allem in die richtige Richtung, bisweilen auch in eine Richtung, die erst nachträglich als die richtige erkannt wird, oder vielmehr auch erst nachträglich akzeptiert und somit als richtig empfunden wird – nicht nur die Ansichten der Regierenden ändern sich, auch diejenigen der Regierten.

Man darf nur nicht nachlassen.

Abendland light
oder Wohlstand ohne Demokratie

Nach der Apotheose der Unvollkommenheit ist es an der Zeit für einen Zwischenhalt, um die Geschichte des Westens systematisch, wenn auch kurz, zu rekapitulieren. Selbstverständlich unserer Maxime verpflichtet und unter dem Blickwinkel der Dummheit. Oder etwas vornehmer – in Abwandlung eines Ausdrucks von Baruch Spinoza – *sub specie stupiditatis.* Es ist eine Geschichte des Lebens mit Dummheit, Irrtümern, Irrationalität und Illusionen, mal zum Vorteil der Freiheit der Gesellschaft, wenn man sich mit dem Unausweichlichen arrangiert hat, mal zu deren Nachteil, wenn die Mächtigen in ihrem Machtstreben die Ignoranz der Masse schamlos nutzten.

Einige Aspekte haben wir bereits angetippt. Extrem vereinfacht und holzschnittartig können wir folgendes Bild zeichnen: In der griechisch-römischen Antike hofften die Philosophen die Welt durch logisches Nachdenken zu verstehen. Weil der *cosmos* vollkommen und gleichzeitig göttlich war, hatte der Mensch als Teil des *cosmos*

© Springer-Verlag GmbH Deutschland, ein Teil von Springer Nature 2022
E. Kowalski, *Dummheit,*
https://doi.org/10.1007/978-3-476-05857-7_6

Anteil an der Weisheit der Götter. Dass er nicht alles wusste – das wusste er, und es störte ihn nicht. Die Götter haben seine Talente und sein Schicksal bestimmt, es gab eine Hierarchie des Verstandes und der Fähigkeiten, und man hatte aus den ihm zugemessenen göttlichen Gaben das Beste zu machen, sich ‚strebend zu bemühen‘, wie es später hieß.

> Man könnte dies als die antike Phase der Bestrebungen zur Überwindung der Dummheit bezeichnen. Zumindest für die Eliten.

Die Welt war antiegalitär, es gab Sklaven und Freie, Arme und Reiche, Gescheite und Dumme. Neben dieser sozialen Problematik bereitete das nebulöse Schicksal des Menschen nach seinem Tode Kopfzerbrechen. Der jüdische Monotheismus hatte zwar einen allwissenden Gott, vor dem alle Menschen gleich – gleich dumm – waren, aber die Religion befriedigte die Frage nach dem Tode nicht zufriedenstellend. Sie bot keinen Ausweg aus dem antiken sozialen und psychologischen Dilemma.

Das aufkommende Christentum übernahm vom Judentum die Gleichheit der dummen Menschen vor einem allwissenden Gott und postulierte sie im Ansatz auch für das zivile Leben. Gleichzeitig löste es durch den Opfertod und die Auferstehung Christi auch die Frage nach dem Leben post mortem. Es galt, zu glauben, die unverständliche Dreieinigkeit etwa, und nicht zu denken – zumindest nicht am Glauben zu zweifeln. Als mit dem römischen Kaiser Konstantin ab dem Jahr 312[1] das Christentum zur

---

[1] Man kann auch ein, zwei Jahrzehnte zugeben – wir wählen hier das Jahr der Schlacht an der Milvischen Brücke bei Rom, wo Konstantins Heer angeblich ‚im Zeichen des Kreuzes‘ siegte, was Konstantin als göttlichen Wink erachtete. Seitdem ist die Bedeutung des Christentums stetig gewachsen.

Staatskirche des Römischen Imperiums geworden ist, trat die aufkeimende weltliche Gleichheit allerdings schnell in den Hintergrund, schon aus wirtschaftlichen Gründen[2]. Den Nutzen der dummen Untertanen hat die Obrigkeit schnell erkannt. Und die Betonung der im Urchristentum präsenten ethischen Rolle des eigenen Gewissens – man denke an das Gleichnis von der Steinigung der Ehebrecherin – wurde durch dogmatische Sittenvorschriften nach und nach erstickt.

> Es war der Beginn einer Epoche, in der sich die kirchliche wie weltliche Macht die Herrschaft über die Dummheit des regierten Menschen zunutze machten. Man könnte die folgende Zeit als die autoritäre Phase der Nutzung der Ignoranz bezeichnen.

Gönnen wir uns eine kleine Abschweifung. Die Crux des aufgeklärten Denkens ist, dass es keine schlüssigen Antworten auf die letzten Fragen des Menschen geben kann, die auf die alles entscheidende Sinnfrage hinauslaufen. Hinter einer jeden naturwissenschaftlichen Erkenntnis steht die Frage nach der inneren Ursache der gefundenen Gesetzmäßigkeit und nach dem Zweck des Ganzen, also die Bereitschaft, ewig dumm zu bleiben. Man kommt an kein Ende. Es bleibt lediglich der Ausweg des Glaubens. Uwe Justus Wenzel hat in einem Zeitungsartikel zu Ostern 2017 den (christlichen) Glauben als „Wagnis der Torheit" apostrophiert, man erkauft sich die Sicherheit der Antwort auf die Sinnfrage durch den

---

[2] Denn irgendjemand – zumindest die Armen und die Sklaven – musste ja arbeiten, man hatte noch keine mechanisierte Warenproduktion und keine Aussicht auf baldige Einführung von Robotern und eines staatlich garantierten Grundeinkommens.

Verzicht auf die Suche nach ihrer ‚logischen' Ableitung, durch den Verzicht auf den Stolz des Menschen, seinen rationalen Verstand. So oder so, dumm bleibt der Mensch in beiden Fällen – die von der Schlange im Paradies in Aussicht gestellte göttliche Weisheit („Ihr werdet sein wie Gott") ist nicht erreichbar. Und der Trost des Glaubens wird getrübt durch den Missbrauch, den die Mächtigen mit dem Glauben, der verordneten Dummheit, treiben können.

Die Priorität des Glaubens vor dem Denken hielt sich über tausend Jahre, bis mit dem italienischen Humanismus im 14. Jahrhundert die Renaissance eingeläutet wurde, mit ihrem Rückgriff auf antike (zumindest als antik wahrgenommene) Gedanken. Das mittelalterliche, auf Gott und das Jenseits ausgerichtete Weltbild begann säkularem Denken Platz zu machen, der Mensch suchte denkend seine Bestimmung in dieser Welt. Die religiöse Demut wurde durch das Streben nach Wissen und Tugend ersetzt.

Das 15. Jahrhundert hielt einige epochale Einschnitte bereit: 1453 haben die Osmanen Konstantinopel erobert, wodurch das Oströmische Reich untergegangen ist. Um das gleiche Jahr herum hat Gutenberg die Druckerpresse[3] erfunden. 1492 hat Kolumbus den Weg nach Amerika entdeckt und im gleichen Jahr wurde mit der Zerschlagung des Emirats von Granada die Reconquista gegen

---

[3] In der nächsten Fußnote wird die (unbeabsichtigte) Hilfsrolle des Islams als Geburtshelfer der Renaissance gewürdigt, hier soll der gleichzeitige Stillstand der islamischen Welt angesprochen werden. Ein Buch von Dan Diner prägt dafür das Titelwort *Versiegelte Zeit*. Während in Europa fünfzig Jahre nach Gutenbergs Erfindung bereits rund 8 Mio. gedruckte Bücher vorlagen und eine Wissensexplosion und Denkeuphorie einsetzte, haben islamische Gelehrte die Einführung der Druckerpresse aus religiösen Gründen verhindert. Die erste Buchdruckerei wurde im Osmanischen Reich erst dreihundert Jahre nach Gutenberg in Betrieb genommen – für Korandruck.

die letzten muslimischen Besitzungen auf der Iberischen Halbinsel siegreich beendet[4]. Und es ging weiter so: 1517 hat Martin Luther seine 95 Thesen an den Erzbischof von Mainz und Magdeburg abgeschickt (und gemäß Legende an die Kirchentür in Wittenberg genagelt), womit die Reformation mit der Rückbesinnung auf die Ursprünge des Christentums eingeläutet wurde. Und 1543 hat Kopernikus *De revolutionibus orbium coelestium* über die Himmelsmechanik veröffentlicht, womit die antike Kosmologie zur Makulatur wurde. Damit geriet aber auch die christliche Religion unter Beschuss – es rächte sich, dass sich die Kirche im Bestreben, den Menschen dumm zu halten, in die weltliche Wissenschaft eingemischt und das geozentrische System zum Dogma erhoben hatte. Plötzlich war der Mensch seines Weltbildes beraubt und desorientiert. Die Harmonie der kosmischen Sphären hat einer Unübersichtlichkeit von Kräften und Gravitationsfeldern Platz gemacht, und der menschliche Geist wurde genötigt, nach Gesetzen zu suchen, welche ,die Welt zusammenhielten'. Statt der göttlichen Essenz im *cosmos* regierte nun die Newtonsche Mechanik.

Das war der Beginn des Versuchs, die Unwissenheit und Irrationalität des Menschen auszurotten, seine ,selbstverschuldete Unmündigkeit'. Man darf es als den Auftakt

---

[4]Zwischen der Neurezeption antiker Gedanken und den erwähnten Ereignissen besteht ein gewisser Zusammenhang: Nachdem Konstantinopel 1453 fiel, kamen von dort griechische Gelehrte als Flüchtlinge nach Italien und brachten ihr Wissen über die in Byzanz konservierte Kultur der griechischen Antike und Texte antiker profaner Literatur aus dortigen Bibliotheken mit. Auch fielen bei der Vertreibung der Mauren von der Iberischen Halbinsel viele Werke griechischer und arabischer Autoren in die Hände westlicher Eroberer. Der Bestand der Bibliothek von Cordoba allein soll 400 000 Bücher umfasst haben. So gesehen verdankt der Westen die Renaissance dem Islam und der Reconquista der spanischen Reyes Católicos.

einer zweiten Phase der Bestrebung zur Überwindung der Dummheit bezeichnen, der Aufklärung.

Es ist interessant, dass der Mensch die Vorsilbe ‚Re-‘ benutzt, die eigentlich ‚Zurück‘ bedeutet, wenn er etwas Neues machen will – so die Renaissance, die Reformation, in modernen Zeiten die Restrukturierung oder Redimensionierung. Als ob er das Neue nur im Rückgriff auf das Alte zu denken vermöchte. Immerhin kommt die Aufklärung ohne ‚Re-‘ aus. Als Folge der Umbrüche der drei Jahrhunderte zwischen 1300 und 1600 entstand das Bedürfnis, das ganze geistige Gebäude des Westens auf eine neue, belastbare Grundlage zu stellen. Es konnte sich der Begriff des Fortschritts etablieren, und das Bestreben, diesem Fortschritt durch rationales Denken zum Durchbruch zu verhelfen. Wikipedia nennt folgende wichtige Kennzeichen der geistigen und sozialen Reformbewegung der Aufklärung ab etwa 1680 bis 1830, nachklingend bis heute: „die Berufung auf die Vernunft als universelle Urteilsinstanz, der Kampf gegen Vorurteile, die Hinwendung zu den Naturwissenschaften, das Plädoyer für religiöse Toleranz und die Orientierung am Naturrecht. Gesellschaftspolitisch zielte die Aufklärung auf mehr persönliche Handlungsfreiheit, [...] Bildung, Bürgerrechte, allgemeine Menschenrechte und das Gemeinwohl als Staatspflicht".

Wir verstehen die Aufklärung als den heroischen Versuch, die Dummheit des Menschen in einer zweiten geschichtlichen Phase zu überwinden. Glücklicherweise merkten einige der Vordenker der Aufklärung bereits Mitte des 18. Jahrhunderts, dass das Vorhaben in bestimmter Hinsicht aussichtslos war. Und die Väter der amerikanischen Revolution 1776 waren – wie wir gesehen haben – intelligent genug, vom utopischen Vorhaben abzulassen, und stattdessen die realistische Variante der Akzeptanz der Ignoranz zu wählen. Mit der Unabhängigkeitserklärung 1776, genauer mit der Bundesverfassung der USA von 1787,

> begann eine Epoche des konsequenten Rechnens mit Dummheit, aber nicht nur mit der Dummheit der schwachen Regierten, sondern auch mit der Dummheit der mächtigen Regierenden. Die Epoche der liberalen Demokratie[5].

Statt des obrigkeitlichen „Seid ruhig und gehorcht, ihr unwissendes Volk, lasst uns für euch denken und hofft auf euer Lohn im Jenseits!" galten neu Meinungsfreiheit[6], die *checks and balances* und Pressefreiheit mit aggressiven investigativen Medien, die den Regierenden auf die Finger schauten, und das Impeachment für Mr. President, falls er sich nicht an die demokratisch vereinbarten Regeln hielt. Diese Gesellschaftsform fand Nachahmer in Europa und sukzessive auch auf anderen Kontinenten, bewährte sich und musste bis heute keinem besseren Gegenentwurf weichen. Obwohl sie sich das gefährliche *pursuit of happiness* auf ihr Banner geschrieben hat, was, wie wir gesehen haben, ein *pursuit of ever-changing happiness* bedeutet und somit eine Dynamik der wechselnden

---

[5] Die utopischen Versuche, beim alten asymmetrischen Schema – Volk dumm, Machthaber allwissend – zu bleiben, sind damit nicht beendet worden, siehe Hitler oder Stalin und andere weniger prominente Diktatoren. Aber die liberale Demokratie hat ihre Stärke in allen Fällen überzeugend bewiesen.

[6] Übrigens, auch die Meinungsfreiheit wurde als Recht auf Ignoranz konzipiert. Bewusst eine Unwahrheit, d. h. eine Lüge, zu verbreiten ist strafbar oder zumindest anrüchig (galt leider nicht für Donald Trump, der trotz einiger Tausend durch Faktenchecks belegten Lügen den Support seiner Partei nicht verloren hat). Etwas Dummes aus Mangel an Kenntnissen zu behaupten, wird als freie Meinung geschützt. Das ist bis heute so und hat sich bewährt.

Wünsche und der Steigerung der Ansprüche in Gang setzte.

Sehen die historischen Epochen nicht sofort logisch und verständlich aus, sobald man die Unvollkommenheit und Dummheit des Menschen als ordnendes Prinzip einführt und in Rechnung setzt? Nur müssen wir noch verstehen, warum das Segen bringende Prinzip der Akzeptanz der Ignoranz nicht an den steigenden Ansprüchen der westlichen Gesellschaft gescheitert ist.

Wie würden wir einem Wesen vom Mars oder einem anderen, mit unseren Gepflogenheiten nicht vertrauten Fremden unsere westliche Zivilisation erklären? Wir würden einfach sagen: „Wir sind frei und es geht uns gut". Das sind die zwei Komponenten unserer Gesellschaft, auf die es ankommt. Die liberale Demokratie einer offenen Gesellschaft, welche die Befriedigung der Wünsche ihrer Mitglieder anstrebt, einerseits, und die technisch-industrielle Wirtschaft, welche ihr die materiellen Mittel dazu liefert, anderseits. Die wissenschaftsbasierte Technik unserer Welt hat uns zwar auf die Spuren unserer Ignoranz gebracht, wir haben aber die sozialpolitische Komponente der Technik bisher sträflich außer Acht gelassen.

Es sind diese zwei *einander bedingenden* Bestandteile, welche das Wesen unserer Gesellschaft ausmachen. Die Betonung liegt auf ihrer Kopplung, ihrer gegenseitigen Verstärkung. Ohne die politische Freiheit zum selbständigen Denken, die Wirklichkeit ohne dogmatische Schranken zu hinterfragen, kreativ zu irren, frei nach Zusammenhängen und Lösungen zu suchen und gefundene Lösungen und neue Ideen in der wirtschaftlichen Praxis des freien Marktes umzusetzen, hätten wir keine leistungsfähige wirtschaftliche Basis, welche uns erst erlaubt, demokratische Zustände *für alle* zu realisieren. Oder dies zumindest anzustreben. Ohne die freiheitliche Demokratie, mit Meinungsfreiheit und Bildungszugang für alle, würde das komplizierte Gebilde der innovativen technischen Zivilisation stagnieren und eingehen. Die westliche Zivilisation ist ihrem Wesen nach ein dynamisches Zwillingswesen.

Selbstverständlich werde ich mir hier (und nicht nur hier, sondern im ganzen Essay) den Vorwurf einer argen Vereinfachung und tendenziösen Darstellung der Situation einhandeln. Der Vorwurf mag durchaus zutreffen, insbesondere soweit er die soziale Gerechtigkeit berührt. Die Formulierung „demokratische Zustände *für alle*" ist in Bezug auf die wirtschaftliche Realität nicht zutreffend. Wir sollten besser formulieren, dass es der westlichen Zivilisation gelungen ist, das wirtschaftliche Niveau *insgesamt* massiv zu steigern, dass aber die Früchte dieses Fortschritts ungleich verteilt sind, und dass in letzter Zeit das Gefühl der Ungleichheit besorgniserregend zugenommen hat. Mir geht es aber um eine grobe Skizze der geschichtlich wirkenden Kräfte – dass das Projekt noch nicht abgeschlossen ist, und genaugenommen nie abgeschlossen sein wird, ist mir bekannt. Es ist Aufgabe der politischen Auseinandersetzungen, die Verteilung des Kuchens angesichts der Dynamik des Systems laufend so anzupassen, dass größtmögliche Zufriedenheit herrscht – einen idealen Zustand zu erreichen ist schon angesichts der *ever-changing happiness* unmöglich. Auch die technisch-industrielle Zivilisation ist nicht per se stabil, die Sozialpolitik muss Schwankungen mit potentiell disruptivem Charakter nicht nur im Interesse der Ethik, sondern auch unter dem Aspekt der Stabilität Sorge tragen. Es scheint, dass es derzeit wieder einmal so weit wäre.

Nach diesem *caveat* und Ausflug in die Tagesaktualität wollen wir uns wieder der Betrachtung der zwei Komponenten der westlichen Zivilisation zuwenden. Die Erkenntnis ist nicht neu, man kann sie bereits in einem bald hundert Jahre alten Essay von José Ortega y Gasset aus dem Jahr 1930 finden, einem konservativen spanischen Philosophen. Und auch er war kaum der erste. Ortega y Gasset stellt fest, dass das radikal Neue, welches das 19. Jahrhundert zur westlichen Kultur beigesteuert hat, die freiheitliche Demokratie und die Technik sind, und bemerkt dazu: „Streng genommen sind liberale Demokratie und Technik so eng verflochten und aufeinander angewiesen, dass die eine nicht ohne die andere denkbar ist und daher ein dritter allgemeinerer Ausdruck erwünscht wäre, der beide umfasste. Er wäre der wahrhafte Name, das Kennwort des vorigen Jahrhunderts". Obwohl sich mit dem Begriff der westlichen industriellen Zivilisation ein solcher inzwischen eigentlich etabliert hat, ist der enge Zusammenhang zwischen dem freien, offenen politischen System und der Leistungsfähigkeit seiner technisch-wirtschaftlichen Basis nicht immer so präsent, wie es diese Beziehung verdient hätte.

Ortega y Gasset ist trotz seiner elitären Diktion ein scharfer Denker. Seine Fokussierung auf die zwei Komponenten ist jedenfalls richtig: die Demokratie, welche das normative Projekt[7] des Humanismus, die Menschenwürde, die unveräußerlichen Menschenrechte, die Eigentumsgarantie, soziale Gerechtigkeit und die praktische Umsetzung des Projekts in der Politik und in den Institutionen des Staates umfasst, einerseits, und die wissenschaftsbasierte Technik, die technisch-industrielle Wirtschaft, welche die für diese Umsetzung erforderlichen materiellen Mittel bereitstellt, anderseits.

Die zwei Säulen der westlichen Gesellschaft umspannen zum einen das Gesellschaftspolitische, Soziale, Rechtliche

---

[7] Den schönen Begriff ‚normatives Projekt' habe ich bei Heinrich August Winkler entlehnt.

– das, worüber man abstimmen, diskutieren und verschiedener Meinung sein kann, das, wozu Freiheit und Gleichheit und Brüderlichkeit gehören und Humanismus und Philosophie, Empathie und Aufregung, konträre Wahrheiten und unlösbare Gegensätze, Institutionen und Barrikaden und das *muddling through* der Politik. Zum anderen die gefühlsmäßig sterile Welt der Technik, mit zumindest auf den ersten Blick empirisch überprüfbaren Tatsachen, deterministisch lösbaren Fragestellungen, der Befriedigung der (nie zufriedenzustellenden) Wünsche des Menschen dienend.

Zwei Punkte verdienen eine vertiefte Reflexion. Zunächst Ortega y Gassets Hinweis auf das aus seiner Sicht ‚vorige‘, d. h. das 19. Jahrhundert, oft das ‚lange Jahrhundert‘ genannt, von den beiden Revolutionen in Amerika (1776) und Frankreich (1789) an bis zum Ersten Weltkrieg (1914/18). Wir sind so fixiert auf die Gegenwart, in der Generation des Autors auf das 20. Jahrhundert, dass wir vergessen, dass die Moderne im 19. Jahrhundert erfunden wurde, sowohl bezüglich der technisch-wissenschaftlichen Grundlagen als auch bezüglich der politisch-weltanschaulichen Wurzeln. Alle prägenden Entwicklungen der Moderne lassen sich in ihrem Ursprung auf das 19. Jahrhundert datieren. Vor einigen Jahren veröffentlichte Jürgen Osterhammel seine brillante Geschichte des 19. Jahrhunderts unter dem zutreffenden Titel *Die Verwandlung der Welt*. Es lohnt definitiv, einige – viele! – Nächte zu investieren und sich durch die anderthalb Tausend Seiten durchzuarbeiten, man profitiert enorm. Das 19. Jahrhundert war für die moderne Welt entscheidend, im Guten wie im Schlechten.

Der zweite Punkt betrifft das Verhältnis der beiden Komponenten der industriellen Zivilisation – die liberale Demokratie und die Technik. Es ist nicht nur die Kumulierung der beiden, es ist ihre gegenseitige

Beeinflussung, welche die Einzigartigkeit der Dyade ausmacht. Das liberale, vom religiösen Dogmatismus befreite Denken der Aufklärung erlaubt naturwissenschaftliche Entdeckungen, welche leistungsfähige Technik ermöglichen, die zu produktiver industrieller Wirtschaft führt, welche ihrerseits die materiellen Voraussetzungen der Demokratisierung und Liberalisierung der Gesellschaft bereitstellt, mit der Folge breiterer und besserer Bildung und weiterer wissenschaftlicher und technischer Innovationen – eine Spirale der Entwicklung, von der wir heute profitieren. Man vergisst gerne, dass die beiden Komponenten als Paar – und nur als Paar – so epochal wirksam sein können. Sie sind sozusagen die siamesischen Zwillinge unserer Kultur.

Wir wiederholen gerne schöngeistige Apologien des Ideals der altgriechischen Demokratie in Athen, und wundern uns, warum man diese nicht auch den Sklaven – damals der großen Mehrheit der Bevölkerung – eröffnet, sondern nur den Bürgern der antiken Stadtstaaten vorbehalten hat. Dass die Sklaven die *materielle Basis* der altgriechischen Zivilisation bildeten, das menschliche Äquivalent unserer maschinellen Industrie, das vergisst man. Im Verständnis der Antike waren sie ‚Produktionsmittel‘, ähnlich den Pferden oder Elefanten, und keine Menschen. Man konnte keine echte Demokratie *für alle* realisieren, solange es keine energiebasierte Industrie gab, welche die Sklavenarbeit unnötig (und unwirtschaftlich) machte. Auch die Väter der modernen amerikanischen Verfassung haben um 1787 ihre Demokratie – der athenischen nicht unähnlich – nur für vermögende weiße Männer denken können. Die schwarzen Plantagensklaven des Südens mussten warten, bis die Mechanisierung der Landwirtschaft dem humanistischen Ideal der Gleichheit aller Menschen zum Durchbruch verholfen hat.

Erst danach konnte sich langsam der humanitäre Universalismus durchsetzen. Auch die Werte der Gesellschaft ändern sich und widerspiegeln viel von ihren praktischen Möglichkeiten – die technische Bewältigung des materiellen Daseins war jedenfalls eine wichtige Voraussetzung der liberalen Demokratie.

So führt der geschichtliche Weg von der Antike mit ihrer Entdeckung des *logos* und ihrem Versuch, die Geheimnisse der Welt denkend zu entwirren, über das Mittelalter mit seiner Unterwerfung des Denkens unter einen dogmatischen Glauben, den Epochenbruch der Renaissance, Reformation und der Aufklärung – als man hoffte, dem Denken erneut zur Geltung zu verhelfen – bis zum Wechsel vom 18. zum 19. Jahrhundert, als man die Aussichtslosigkeit erahnte, das Nichtwissen zu besiegen, und sich in intellektueller Demut mit einem System begnügte, das der Ignoranz der Regierten wie der Regierenden Rechnung zollte (aber gleichzeitig die Anstrengungen zur Bildung der Massen intensivierte). Die Einsicht in die Grenzen des Denkens war genaugenommen zweifach – zum einen politisch, bezüglich der Machtausübung, und zum anderen hat die (Natur-) Wissenschaft auf das rein spekulative scholastische Denken zugunsten des Experiments verzichtet[8] und sich so in den Dienst der Technik gestellt. Das Ergebnis waren die zwei Komponenten unserer westlichen Zivilisation, die liberale Demokratie und die wissenschaftsbasierte Technik.

---

[8] Ohne diese Feststellung müsste man uns den Vorwurf der Inkonsequenz machen, dass wir einerseits in der Gesellschaftslehre die Dummheit des Menschen anprangern und in der liberalen Demokratie mit ihren *checks and balances* etc. nutzbringend zu neutralisieren trachten, und anderseits in der Naturwissenschaft die Intelligenz des Menschen hervorheben und dieser huldigen. Nein, auch dort musste man den begrenzten Denkfähigkeiten Rechnung tragen – die Spekulation musste dem intelligenten, aber letztlich handwerklichen Experiment untergeordnet werden. (Der Autor hofft, dass kein theoretischer Physiker diese Bemerkung liest.)

Hier taucht die nächste Frage auf – warum hat sich dies im Westen ereignet – und nur dort? Warum nicht im damaligen China? Oder im arabischen Mittelmeerraum? Die uns im ‚dunklen Mittelalter‘ des Christentums wissenschaftlich weit voraus waren und sich politisch von den europäischen Verhältnissen nicht wesentlich unterschieden haben? Waren sie weniger dumm? Anders dumm? Warum konnten sie die Ressource Dummheit nicht so intelligent nutzen, wie der Westen seit der Aufklärung? Jedenfalls hat sich der Westen anders entwickelt als der Rest der Welt[9]. Heinrich August Winkler fasst an einer Stelle seiner Geschichte des Westens die westliche Kultur so schön zusammen, dass ich die Stelle voll zitieren will:

> Nur im Westen hatte sich in einem langen Prozess jenes Klima des bohrenden Fragens entwickelt, das im wörtlichen wie im übertragenen Sinn den Aufbruch zu neuen Ufern erlaubte. Nur im Westen hatte sich eine Tradition christlicher Selbstaufklärung herausgeformt, die von der Kirche aufs schärfste bekämpft wurde, aber nicht ausgerottet werden konnte. Nur im Westen war durch die Trennung erst von geistlicher und weltlicher, dann von fürstlicher und ständischer Gewalt der Grund gelegt worden für das, was wir Pluralismus und Zivilgesellschaft nennen. Nur im Westen gab es den Rationalisierungsschub, der von der Rezeption des römischen Rechts ausging. Nur im Westen entstand ein städtisches Bürgertum, das wagemutige Kaufleute und Unternehmer in großer Zahl hervorbrachte. Nur im Westen konnte sich der Geist des Individualismus entfalten, der eine Bedingung allen weiteren Fortschritts war.

---

[9] Ich spiele auf das Buch von Niall Ferguson *The West and the Rest* an.

Eine wahre Apotheose des Westens, und eine durchaus verdiente – auch wenn sie den Beitrag der Akzeptanz der Ignoranz noch nicht erfasst hat und die Fehlentwicklung des Kolonialismus verschweigt. Viele Autoren sind der Frage der singulären Entwicklung des Westens nachgegangen, so David Landes, Jared Diamond, Carroll Quigley oder Max Weber, um nur einige zu nennen, deren Lektüre auch von Nichtfachleuten bewältigt werden kann. Wir wollen im Weiteren Niall Ferguson folgen, seiner faszinierenden Geschichte vom Wettstreit der Kulturen seit dem Epochenbruch um die Mitte des letzten Jahrtausends. Im Vergleich zu außereuropäischen Imperien bilanziert er für 1500 ein Nachhinken Europas auf nahezu allen wissenschaftlichen Gebieten. Die chinesische Technik, die indische Mathematik und die arabische Astronomie waren der europäischen Wissenschaft seit Jahrhunderten deutlich überlegen. Der chinesische Ming-Kaiser Yongle gab um 1420 eine Enzyklopädie des chinesischen Wissens in Auftrag, die sich zur größten Enzyklopädie der Welt entwickelte (und im Umfang erst 2007 von Wikipedia übertroffen wurde). Die Osmanische Militärmacht bereitete sich auf die Eroberung Wiens vor. Die geschätzten Anteile am globalen BIP betrugen:

	um 1500 (%)	um 1900 (%)
Westeuropa und USA*	16	48
China	25	11
Indien	24	9
*Beziehungsweise um 1500 das Gebiet der künftigen USA		

Meist wird der Vorteil des Westens im globalen Wettbewerb in seiner Kultur, in der individuellen Freiheit gesehen, welche die Innovationskraft der Gesellschaft begünstigt, in der protestantischen (Arbeits-)Ethik, welche die Leistungsfähigkeit der Gesellschaft prägt, und in den Institutionen, welche das Recht und das Eigentum garantieren. Ferguson ergänzt die Parameter um Wettbewerb, Wissenschaft, Medizin und die Konsumgesellschaft. Die Punkte lassen sich zwanglos unter unsere zwei Hauptkomponenten der abendländischen Zivilisation subsumieren – der liberalen Demokratie als politisches und wirtschaftliches Credo und der wissenschaftsbasierten Technik als der notwendigen materiellen Basis dieses erfolgreichen Gesellschaftsmodells. Der Westen hat offensichtlich einen kulturellen Vorteil. Man machte Niall Ferguson den Vorwurf der *political incorrectness,* weil er sich gegen den heute vorherrschenden Relativismus der Gleichstellung der Werte aller Zivilisationen wendet. Er hat diesen Vorwurf zurückgewiesen, ein „solcher Relativismus ist nachweislich widersinnig. Keine andere Zivilisation erlangte eine derart umfassende Vormachtstellung wie der Westen". Und dies erfolgte nur zum Teil durch imperiale Machtpolitik der Kolonialzeit, vielmehr indem die politischen Errungenschaften und die technischen Erleichterungen des täglichen Lebens im Westen ganz einfach verführerisch waren.

Haben wir einleitend Ortega y Gasset zitiert, wollen wir nun noch das Zitat eines Autors vom Anfang des 20. Jahrhunderts hinzuziehen. Stephan Zweig hat schon im Jahr 1925, noch weit vor unserer bequemen IT-Gesellschaft, prophetisch geschrieben: „… in all diesen neuen Mechanisierungsmitteln der Menschheit liegt eine ungeheure Kraft, die nicht zu überwältigen ist. Denn sie alle erfüllen das höchste Ideal des Durchschnittes: Vergnügen zu bieten, ohne Anstrengung zu fordern. Und ihre nicht zu versiegende Stärke liegt darin, dass sie unerhört bequem sind". Für Stefan Zweig war schon die (Elektro-) Mechanik faszinierend, die Digitalisierung kannte er ja noch nicht. Der westliche Lebensstil hat gesiegt, zumindest was die materielle Seite der Befriedigung der Ansprüche des Menschen angeht.

Die These dieses Essays ist, dass die zwei Komponenten liberale Demokratie und wissenschaftsbasierter Wohlstand untrennbare Zwillinge sind, dass die „unerhört bequeme" materielle westliche Lebensweise nur zu haben ist, wenn man auch die westliche Zivilgesellschaft und westliche Institutionen übernimmt. Japan (und jüngst Südkorea) haben den Versuch gewagt, einigermaßen integral die westliche Zivilisation zu übernehmen. Die meisten anderen Länder folgten nicht diesem Weg – sie befolgten das abendländische Rezept nur mit größeren Abstrichen, am meisten bei der wichtigsten Komponente der liberalen Demokratie. Und es scheint zu funktionieren. Seitdem China den freien Markt eingeführt hat, steigt ihre wirtschaftliche Potenz, trotz der nur rudimentären Zugeständnisse bei den bürgerlichen Freiheiten. Aber zumindest die rechtliche Sicherung des Eigentums erwies sich als nötig. Gepaart mit dem sprichwörtlichen Fleiß der Chinesen genügte schon dies, um die USA wirtschaftlich herauszufordern. Unsere Tabelle sieht heute etwa so aus (Angaben aus Ferguson):

	um 1500 (%)	um 1900 (%)	um 2010 (%)
Westeuropa und USA*	16	48	33
China	25	11	17
Indien	24	9	7
*Beziehungsweise um 1500 das Gebiet der künftigen USA			

Vielleicht müssen wir die These vom Zwillingswesen der liberalen Demokratie und der wissenschaftsbasierten Technik revidieren?

> Will man in der (nichtwestlichen) Welt ein ‚Abendland light'? Wissenschaftlich-technischen Wohlstand ohne liberale Demokratie?

Es scheint, dass die nichtwestliche Welt die Erfolgsfaktoren des Westens als eine Art Menü-Karte betrachtet – je nach Land wählt man à la carte einige Gerichte aus, und verschmäht andere. Überall realisiert man die Bedeutung der Wissenschaft – einige Länder sehen hier den Schwerpunkt primär auf der militärischen Seite und versuchen die Nukleartechnologie zu beherrschen. Die meisten streben eine Konsumgesellschaft an – auch die Theokratien des Nahen Ostens haben bemerkt, dass dies für die soziale Stabilität ihrer Regimes unerlässlich ist. Im nachsowjetischen Russland hat man es nicht geschafft, den Faktor Arbeitsethik zu aktivieren – als Erbschaft des Sowjetsystems, in dem nicht individuelle Leistungsunterschiede, sondern politische Konformität honoriert wurden. Notgedrungen macht man meist Zugeständnisse bei den Eigentumsrechten, denn diese sind der Schlüsselfaktor für florierende Wirtschaft. Aber die Freiheit ist nicht teilbar, eine Unterdrückung muss konsequent sein, das wissen alle Despoten, und das macht es den Machthabern von undemokratischen Staaten so schwer, eine ‚kupierte' Demokratie einzuführen. Und Demokratie bedeutet – wie wir gesehen haben – nicht allein von Zeit zu Zeit abstimmen zu lassen, obwohl bereits das verschiedentlich schwerfällt.

Ferguson schreibt über die geschichtliche Entwicklung in Nordamerika zutreffend: „In Wahrheit war die Demokratie der Schlussstein in einem Gebäude, dessen Fundament die Rechtsstaatlichkeit war – genauer gesagt, die

Unantastbarkeit der individuellen Freiheit und die Sicherheit des privaten Eigentums, die von einer repräsentativen, konstitutionellen Regierung gewährleistet wurden". Die Klarheit des Urteils eines Autors, der in England, im Land der *Magna Charta* und der *Glorious Revolution,* politisch sozialisiert wurde. Vermutlich sind sich autoritäre Staatsführer nicht bewusst, dass wirtschaftliche Freiheiten stets den ersten Schritt zu einer umfassenden Freiheit bedeuten und damit eine Entwicklung einleiten, die ihre Herrschaft langfristig untergräbt. Das würde für die Fortdauer der globalen Überlegenheit des westlichen Gesellschaftsmodells sprechen.

Aber wahrscheinlich ist diese Feststellung eine Illusion und mithin nur eine unproduktive Dummheit. Auf jede Publikation, welche dem Abendland und seiner Denkweise eine weitere Existenz in Prosperität ohne absehbare zeitliche Beschränkung vorhersagt, kommen hunderte, welche einen vor uns stehenden Untergang prognostizieren. Fukuyamas Prognose des nach dem Zusammenbruch des Ostblocks um 1990 ausbrechenden ,immerwährenden' Fortbestandes der westlichen Kultur – und das weltweit – hat sich nicht erfüllt, und seitdem gehört es wieder zum guten Ton, pessimistisch zu sein.

Ich vertrete hier die These, dass das weitere Schicksal des Westens davon abhängt, ob es konkurrierenden Zivilisationsmodellen gelingt, mit der Dummheit des Menschen ebenso kreativ und konstruktiv umzugehen, wie es der Westen tut. Und vor allem davon, ob der Westen im Übermut angesichts seiner Erfolge nicht aufhört, das Gebot der intellektuellen Demut zu befolgen. Leider mehren sich die Anzeichen, dass dies nicht als gesichert gelten kann. Doch alle Prognosen sind unsicher, vor allem wenn sie die Zukunft betreffen – wie ein altes Bonmot besagt, das sich bis auf die ägyptischen Pharaonen[10] verfolgen lässt. Deshalb ist es angezeigt, sich im nächsten Kapitel mit der Problematik der Zukunftsvorhersage zu befassen.

---

[10] Das darf man unbestraft behaupten, weil man es nicht nachprüfen kann.

Das Steigbügel-Orakel
oder über die richtigen Institutionen

Die westliche Zivilisation beruht darauf, dass sich die Regierenden verpflichten, für das *pursuit of happiness* der Regierten richtige Entscheide zu treffen und richtige Maßnahmen einzuleiten und diese laufend den sich ändernden Umständen anzupassen. Die stete Anpassung ist essentiell, weil sich sowohl die natürliche Umwelt ändert, als auch die vom Menschen selbst erschaffene. Und es ist vor allem die letztere, die sich schnell wandelt, weil ein komplexes System, wie es die menschliche Gesellschaft ist, weder leicht zu steuern ist, noch sind die Auswirkungen von spontanen Steuerungseingriffen zuverlässig zu beurteilen. Die liberale Demokratie ist gleich doppelt auf Zukunftsvorhersagen angewiesen – bezüglich der Auswirkungen der Steuerungsstrategien und bezüglich der Reaktion der Regierten auf diese. Komplexe Systeme reagieren antiintuitiv, und kleine Ursachen haben oft große und unerwartete Wirkungen. Vor allem unerwartete.

© Springer-Verlag GmbH Deutschland, ein Teil von Springer Nature 2022
E. Kowalski, *Dummheit*,
https://doi.org/10.1007/978-3-476-05857-7_7

Kann man denn in der heutigen digitalen Welt, mit nahezu unbegrenzten Rechenkapazitäten, die Wirkung von Steuerungsstrategien nicht durch Modellrechnungen vorhersagen? Nun, der Erfolg hängt davon ab, ob man die überkomplexe Wirklichkeit im stets unterkomplexen Modell richtig abbilden kann, die Rechenkapazität ist das kleinere Problem. Und die Modellierung gelingt selten mit der erforderlichen Genauigkeit, weil man die Abhängigkeiten der vielen Variablen untereinander nicht kennt – die Wirklichkeit ist kaum je deterministisch erfassbar.

Aber man kann doch zumindest Szenarien aufstellen und ihre Wahrscheinlichkeit berechnen? In gewissem Umfang schon. Die moderne Gesellschaft versucht zum Beispiel, die Folgen von beabsichtigten technologischen Innovationen abzuschätzen, vor allem durch das Instrument des Technology Assessment[1], mit diversen explorativen, intuitiven und normativen Vorhersagen, Extrapolationstechniken, morphologischen Analysen, Delphi-Methoden und was es an Verfahren sonst noch gibt. Aber alle diese Instrumente leiden an der prinzipiellen Unzulänglichkeit einer jeden Aussage über die ungewisse Zukunft, und die Geschichte bietet eine Fülle von Beispielen für unerwartete Folgen kleiner Ursachen. Das vielleicht interessanteste Beispiel ist von Lynn White im Jahre 1962 beschrieben worden. Es betrifft den Zusammenhang zwischen der Erfindung des Steigbügels und dem Aufkommen des Feudalismus. Ich illustrierte an diesem Beispiel vor Jahren einige Probleme des Technology Assessment. Folgen wir Lynn Whites anregender Interpretation der Geschichte, auch wenn seine Schlussfolgerungen von der Fachwelt nicht ohne

---

[1] Deutsch etwas holprig Technikfolgenabschätzung genannt.

Kritik aufgenommen worden sind – wie es in der Gilde der Historiker so üblich ist.

Der Mensch benutzte das Pferd seit prähistorischen Zeiten als Transport- und Kampfmittel. Der frühe Reiter saß auf seinem Ross ohne technische Hilfsmittel und hielt sich im Sattel durch Kniedruck und gelegentlichen Mähnengriff. Der Sattel mochte ihm etwas Sitzkomfort gegeben haben, vor der Einführung des Steigbügels muss sein Gleichgewicht jedoch prekär gewesen sein, weil seine Beine ‚in der Luft baumelten' – was man sich auch als Nichtreiter lebhaft vorstellen kann. Der berittene Kämpfer konnte kein schweres Schwert führen – hätte sein Hieb den Gegner verpasst, hätte er sich selbst auf dem Boden gefunden. So blieb er im Wesentlichen auf leichtere Waffen wie Säbel oder Speer beschränkt, allenfalls auf Pfeil und Bogen. Die Illustrationen der Geschichtsbücher zu den mongolischen Horden des Dschingis Khan dürften uns seit unseren Schuljahren noch in Erinnerung sein – die Reiter im wilden Galopp, linke Hand an der Mähne, rechte mit Krummsäbel hochgestreckt. Auch wenn die Illustrationen kaum authentisch waren, haben es sich die Romantiker unter den Historikern ziemlich richtig vorgestellt. Nur dass sie den Pferden meist zeitfalsch die damals noch nicht vorhandenen Steigbügel verpassten.

Ohne Steigbügel wurde die Stärke des Säbelhiebs durch die Muskelkraft des Reiters begrenzt, ebenso die Reichweite seines Speerwurfs. Erst der Steigbügel ermöglichte einen wirksameren Angriff. Der erzielte Halt verschweißte den Reiter und sein Pferd zu einer Kampfeinheit: Der Reiter hatte lediglich eine schwere Lanze zwischen Oberarm und Körper festzuhalten, die Stoßenergie lieferten nicht mehr seine Muskeln, sondern das kombinierte, schnell bewegte Gewicht des Tieres und des Menschen.

Der Steigbügel kam in Europa zu Anfang des 8. Jahrhunderts in Gebrauch[2]. Bei der Schlacht bei Poitiers im Oktober 732 – als die Franken die von der Iberischen Halbinsel nach Gallien vorstoßenden muslimischen Araber besiegten und dadurch die islamische Expansion im Westen stoppten – bestand Karl Martells Armee primär aus Fußvolk, aber zwanzig Jahre später muss das Pferd bereits dominant gewesen sein, weil dann Kriegstribute in Pferden und nicht mehr in Rindern eingezogen wurden. Die Wirksamkeit der neuen Kampfart musste teuer erkauft werden. Ein Pferd mit Schwert oder Lanze und Rüstung kostete ein Vermögen, etwa das Äquivalent von zwanzig Ochsen respektive zehn Bauernhöfen. Die Bürokratie des Fränkischen Reiches war unterentwickelt, die Geldzirkulation rudimentär, und es war unmöglich, die nötigen Mittel durch Steuern in Geldform zu erheben. In dieser Situation wählte Karl Martell eine dezentrale Lösung – er begann im großen Ausmaß kirchliche Güter zu enteignen und sie an eine Anzahl von Vasallen zu verteilen, mit der Verpflichtung zum berittenen Kampf in der kaiserlichen Armee. So entstand eine neue Klasse der Elitekrieger, der feudalen Aristokratie, mit neuem Selbstverständnis und klaren Machtansprüchen. Ein knappes Jahrhundert nach der technischen Innovation des Steigbügels war die gesellschaftliche Umwälzung zur sozialen Ordnung des Feudalismus bereits vollzogen.

Soweit Lynn White. Es klingt nach einer launischen Geschichte, die man sich nach dem zweiten Whisky abends so erzählt, hat aber einen ernsten Kern. Immerhin

---

[2] Lynn White trägt in seinem Buch *Medieval Technology and Social Change* immenses Material zum Thema zusammen. Der Ursprung des Steigbügels in der heutigen Form scheint in China zu liegen, im 5. Jahrhundert unserer Rechnung. Die Erfindung fand den Weg nach Europa durch arabische Vermittlung.

ist Lynn White ein ausgewiesener Experte. Dass ihm alle anderen Geschichtskoryphäen zustimmen würden, das kann man allerdings wie gesagt nicht erwarten.

Uns interessiert aber vor allem die Vorstellung, ob und wie man im 8. Jahrhundert die bevorstehende gesellschaftliche Umwälzung und den geopolitischen Einfluss[3] der neuen Technologie hätte prognostizieren können. Man kann sich die Situation eines ‚Kaiserlich-Fränkischen Office of Technology Assessment‘, das die Aufgabe erhalten hat, die „gesamten ökonomischen, sozialen, umweltbezogenen, institutionellen und anderen Konsequenzen"[4] der Einführung des Steigbügels zu untersuchen, nur mit viel Humor vorstellen. Immerhin hat eine solche Vorstellung ihre ernsthafte Seite. Die Aufgabe wäre in der geschilderten Breite dem fränkischen OTA nie gestellt worden, die Kausalkette wäre zu lang und zu vielstufig. Allenfalls hätte man konkreter gefragt: Welche militärischen Auswirkungen hat der Steigbügel? Welche Folgen resultieren für das strategische Gleichgewicht zwischen Christentum und Islam? Welche Defensivoptionen stehen den Gegnern zur Verfügung? Welche zivilen Spinn-offs werden sich ergeben?

Man sieht, bereits bei der Fragestellung bleibt der Mensch den Randbedingungen seiner geschichtlichen Vorstellungskraft behaftet, die eigentliche Zukunft kann nicht befragt werden. Trotz aller Studien bleibt dem Menschen die Auseinandersetzung mit vielen unbekannten

---

[3] Lynn White zitiert Historiker, denen zufolge Karl Martell realisierte, dass das Frankenreich ohne schwere Kavallerie trotz des Siegs von Poitiers gegen weitere Angriffe der Muslime nicht hätte verteidigt werden können, für welchen Fall sie Horrorszenarien von einem ins Koran-Studium vertieften ehrwürdigen Oxford entwarfen.

[4] So lautete das Pflichtenheft des späteren US Office of Technology Assessment – OTA.

Nebenwirkungen seiner technischen und sozialen[5] Innovationen nicht erspart, aber auch viele Chancen zur positiven Entwicklung bleiben verborgen. Der einzige Weg zu ihrer Bewältigung und Nutzung liegt in einer offenen Gesellschaft, welche den steten Wandel und die Möglichkeit der Korrektur getroffener Entscheide als ihr Credo gewählt hat – und in den Fehlentscheidungen des Menschen, die es ermöglichen, mal auch etwas zu tun, was man bisher als nicht machbar oder zumindest als unzulässig betrachtet hat.

Unsere fiktive Post-factum-Prognose lehrt uns noch etwas. Jede Prognose künftiger Entwicklung hat stets zwei Komponenten – eine explorative und eine normative. Dabei geht es um Folgendes: Es sollen nicht nur die möglichen Wirkungen und Nebenwirkungen einer Innovation prognostiziert werden – das ist der explorative Teil. Auch das ist schon schwierig genug. Wichtiger und unvergleichbar schwieriger zu erkennen ist, welche Wirkungen die nutzende Gesellschaft haben will, welche sie forcieren wird, und welche Nebenwirkungen sie vermeiden möchte, wie sie die Vorteile und Nachteile gegeneinander abwägt – das ist dann der normative Teil. Denn die subjektive Wahrnehmung der angestrebten *happiness* ist wandelbar und objektiv nicht leicht zu beurteilen.

Zum Beispiel war nach dem Nachweis der nuklearen Spaltung 1942 klar, dass damit eine fast unerschöpfliche

---

[5] Die Angst der Gesellschaft konzentriert sich interessanteweise auf technische Innovationen; einschneidende soziopolitische Innovationen werden aber meist ohne systematische Klärung ihrer eventuell gravierenden Nebenwirkungen beschlossen und eingeführt. Man denke an die nicht abbrechende Reihe von Schul- und Universitätsreformen, Normen für Abiturprüfungen, Umbildungen des Erziehungswesens von Randständigen oder des Strafvollzugs für sogenannte Gefährder, Änderungen der Verkehrsführung usw., von deren Folgen man oft überrascht wird. Man sollte neben dem Technology Assessment vor allem auch Sociology und Politology Assessment betreiben.

Quelle von Energie gefunden wurde, die für Waffen, aber auch friedlich eingesetzt werden könnte. Für Waffen war eine explosive Energiefreisetzung erwünscht – die Zerstörung ist ja der eigentliche Zweck der Waffe –, für die zivile Nutzung mussten dagegen Verfahren entwickelt werden, um die Produktion der Energie steuerbar zu gestalten, in beherrschbarer Intensität, ohne Zerstörung. An unerwünschten Nebenwirkungen erkannte man, dass bei der zivilen Nutzung zwar mit aufwendigen Sicherheitsmaßnahmen ein beliebig kleines ‚Restrisiko‘ einer Panne erzielt werden kann, dieses aber nie Null sein wird. Außerdem war klar, dass als Folge der Kernspaltung radioaktive Stoffe entstehen, Nuklearabfall, der entsorgt werden muss. Der Abfall bleibt in einem Reaktor grundsätzlich im Kernbrennstoff eingeschlossen und kann von der Biosphäre zwar aufwendig, aber beliebig sicher isoliert werden – ein eindeutiger Vorteil im Vergleich zu CO_2 aus fossiler Energie, das von der Atmosphäre nicht ferngehalten werden kann und durch die Anreicherung in der Luft globale klimatische Auswirkungen hat. Das alles und noch mehr war bekannt, als die Regierungen zu Beginn der fünfziger Jahre über den Einsatz der ‚unerschöpflichen‘ Kernenergie befanden. Sie wurde als saubere Alternative zur CO_2-produzierenden Kohle begrüßt, die empfundenen Vorteile überwogen. Man träumte von CO_2-freier Energiewirtschaft.

Die normative Komponente änderte sich aber spätestens nach Tschernobyl und Fukushima. Die Gesellschaft beurteilte die (nach wie vor gleichen!) Risiken nun viel höher als den Nutzen, und in einigen Ländern erzwang sie den formellen Ausstieg aus der Kernenergie – so in Deutschland. Heute, auf der Jahreswende 2021/22, zeichnet sich wegen der manifesten Gefahren der Klimaänderung eine Renaissance der Kernkraft ab, wobei es länderspezifische Unterschiede gibt. Dies ist nur ein Beispiel für die Schwankung der Präferenzen und Prioritäten.

Schwankungen können eine gewisse historische Periodizität haben, die Muster könnten sich wiederholen. Das bietet einen weiteren Zugang zur Prognose der Zukunft – man sucht nach zyklischen Vorgängen in der Vergangenheit, deren Extrapolation in die Zukunft sinnvoll erscheint. Die Suche nach Zyklen der Entwicklung ist nicht neu, schon der biblische Josef hat dem Pharao seine Träume gedeutet und den ersten bekannten Zyklus von sieben fetten und sieben mageren Jahren postuliert.

Eine der neueren zyklischen Theorien der geschichtlichen Entwicklung stammt von Carroll Quigley und ist in seinem 1962 erschienenen Werk *The Evolution of Civilizations* beschrieben. In der älteren Geschichtsschreibung war es üblich, den Aufstieg und Fall der Zivilisationen in den Begriffen der menschlichen Alterung zu beschreiben, mit jugendlicher Vitalität, der Reife und Sättigung, und dem Welken im Alter – man denke etwa an Oswald Spengler und seinen *Untergang des Abendlandes*. Quigley kritisierte diesen anthropomorphen Zugang und suchte einen logisch plausiblen Grund für den Untergang alter Kulturen. Er fand ihn in der Degeneration von gesellschaftlichen Organen: Vor eine Herausforderung gestellt, kreiert eine erfolgreiche Gesellschaft ein zu deren Bewältigung geeignetes, zweckmäßiges und potentes Instrument. Nach ersten Erfolgen erstarrt dieses Instrument aber zu einer unbeweglichen Institution[6], die sich selbst Ziel und Zweck ist, und die das alte Erfolgsrezept auch dort anwendet, wo es lange obsolet geworden ist.

---

[6] In der Wirtschaft ist dieser Effekt unter dem Namen Parkinsons Gesetz bekannt.

So hat zum Beispiel die aufkommende westliche Kultur zur Bekämpfung der antiken Infanterie mit überwältigendem Erfolg Kavallerie eingesetzt – wir sind schon wieder in der Nähe des Steigbügels angelangt, des Auslösers der wichtigsten militärischen Innovation der beginnenden Moderne. Berittene Armeen waren römischen Kohorten oder makedonischen Phalangen haushoch überlegen. Quigley weist darauf hin, dass dieses innovative Instrument aber auch dann noch gepflegt wurde, als es schon lange unwirksam war. Die Institution der Kavallerie hielt sich bis in den Ersten Weltkrieg hinein, als ein schmucker Leutnant hoch zu Ross gegen ein Maschinengewehr nichts mehr ausrichten konnte[7].

Im Staat degenerieren nach Quigley gesellschaftliche Organe, welche echten gesellschaftlichen Bedürfnissen dienen sollten, zu Institutionen, die nur noch ihren eigenen Interessen verpflichtet sind, unabhängig vom reellen Bedarf der Gesellschaft. Diese überlebt nur, wenn es ihr gelingt, die verkalkte Institution durch ein neues, innovatives Instrument zu ersetzen oder zu ergänzen. Und hier zeigt sich die Leistungsfähigkeit des modernen Westens. Während die alten Kulturen mangels Flexibilität untergingen, gelang dem Westen eine Innovation nach der anderen. Dem westlichen Konsensstreben verpflichtet, wird jedoch eine veraltete Institution selten gänzlich abgeschafft, sondern bleibt noch eine Zeit lang formell bestehen, wird nach und nach zurückgesetzt, und ihre Funktion wird vom neuen Instrument wahrgenommen. Quigley bemerkt spöttisch, dass der Westen bezeichnenderweise auch das Alte Testament nicht

---

[7] In der Schweiz ist die Kavallerie erst 1972 abgeschafft worden. Die Schweiz war das letzte Land in Europa, das bis in die 1960er Jahre noch berittene Kampfeinheiten unterhielt.

verworfen, sondern durch das Neue Testament ergänzt und überarbeitet hat. Die Metamorphose des rachsüchtigen, strengen Gottes des Alten Testaments zum milden, verständnisvollen Gott der Bergpredigt bietet in der Tat einen Grund zum Kopfschütteln – Quigley bietet hier eine Erklärung an. Und der Humanismus und die Aufklärung haben die Werte der christlichen Ethik trotz der Kritik an der Religion auch nicht verworfen, sondern behalten und wo nötig ergänzt, angepasst und als universelle Menschenrechte neu begründet.

Bei der Analyse der Geschichte der antiken Kulturen fand Quigley stets das gleiche Muster des Abstiegs durch die Degeneration der ehemals innovativen Instrumente der Expansion. Bei der westlichen Kultur ergab die gleiche Analyse aber drei Zyklen von existentiellen Krisen und ihrer Überwindung – die Krise des Feudalismus im 15. Jahrhundert, die zum Aufkommen des merkantilistischen Kapitalismus führte; die Krise des Merkantilismus um 1800, die zum liberalen Kapitalismus Anlass gab; und das, was Quigley die Krise des Monopolkapitalismus nennt, nach 1929. Zu Beginn der 1960er Jahre geschrieben, ist Quigleys Buch noch voll im Wettbewerb der ideologischen Systeme der Nachkriegszeit befangen, in der Atmosphäre des Kalten Krieges – der Zusammenbruch der kommunistischen Ideologie konnte nicht antizipiert werden, und so bleibt im Buch der Ausgang der dritten Krise unerwähnt. Man könnte nämlich mit etwas Phantasie das Jahr 1990 als den Beginn eines vierten Quigleyschen Krisenzyklus bezeichnen. Aber der zeitliche Abstand ist zu kurz, erst die Geschichtsschreibung der Zukunft wird dies belastbar beurteilen können.

Hat Quigley den Stein der Weisen gefunden und die Zukunft erschaut? Nein, aber er hat einen wichtigen Hinweis auf die entscheidende Rolle von Institutionen für das

Wohlergehen der Gesellschaft geliefert. Mit unserer These von der Akzeptanz der Ignoranz haben wir einen Beitrag zur erforderlichen Qualität solcher Institutionen geliefert: Diese sind dann wirksam und der Gesellschaft zuträglich, wenn sie von der Unvollkommenheit des Menschen als Träger der Institutionen ausgehen, diese richtig einschätzen und beim Aufbau der Institution in Rechnung stellen. Das kann in der Form der *checks and balances* der liberalen Demokratie sein, oder etwa als System der *total quality control* in der industriellen Produktion, wie sie in den siebziger Jahren zuerst in der japanischen Automobilindustrie eingeführt wurde, um trotz häufigem Personalwechsel und nicht ausreichender Qualifikation des Personals eine gleichbleibende Qualität der Erzeugnisse zu gewährleisten.

Der Hinweis auf die Bedeutung *richtiger* Institutionen ist entscheidend. Die Entwicklungshilfe versagt oft deshalb, weil es den Nehmer-Staaten an geeigneten Institutionen fehlt. Auch die weitverbreitete Korruption und das Versagen des ‚Exports der Demokratie' etwa nach Afghanistan oder in den Irak[8] gehören in dieses Kapitel. Uns sollte aber mehr interessieren, was dem Westen seine Vorteile gebracht hat, denn diese sollten wir pflegen und hegen. Quigley äußert sich dazu im Vorwort zu seinem Buch wie folgt: „But the extraordinary distinction of Western civilization is that its ontology allows an open-ended epistemology. It is engaged in a constant effort to understand reality which is perceived as in constant change. Therefore, our categories of knowledge are themselves always subject to change. As a consequence reform is always possible".

---

[8] Siehe dazu noch einen anderen Zugang im Kapitel „Über Illusionen".

Anders gesagt – in der Existenz des Westens ist die offene Entwicklung seiner Erkenntnisse angelegt, die Wahrnehmung der Wirklichkeit wird als im steten Wandel befindlich verstanden, was eine Reform immer möglich macht. Oder kürzer – Metamorphose als strategische Erfolgsposition[9] des Westens. Die richtige Methode findet man nicht im ersten Wurf. Der dumme Mensch ist meist auf das *muddling through* angewiesen und muss dreckige Teller im dreckigen Wasser sauber waschen.

Sowohl der ‚Export der Demokratie' als auch die entscheidende Rolle der Metamorphosen in der westlichen Kultur werden uns noch beschäftigen.

---

[9] Den Ausdruck „Strategische Erfolgsposition" prägte der Schweizer Ökonom Cuno Pumpin in den 1980er Jahren im Zusammenhang mit Unternehmensmanagement (wo man heute eher den Begriff „Kernkompetenz" antrifft).

Über Illusionen

oder die nach oben offene Ignoranzskala

Eine Erscheinungsform begrenzten Denkvermögens wird Illusion genannt. Bei der Diskussion des Bedarfs an richtigen Institutionen für die Etablierung liberaler Demokratie habe ich das Versagen des ‚Demokratie-Exports' in Länder mit abweichenden kulturellen Voraussetzungen erwähnt. Carlo Masala zählt es zu den vier großen Illusionen des Westens, die er als mitverantwortlich für die heute herrschende *Weltunordnung* anführt – so sein Buchtitel. Die drei weiteren sind die Illusion der Wirksamkeit militärischer Interventionen, die Illusion der Institutionalisierung (also der Hoffnung, dass internationale Institutionen fähig sind, für Ordnung in der Welt egoistischer und machthungriger Staaten zu sorgen) und die damit zusammenhängende Illusion der Verrechtlichung. Wir wissen, dass alle diese Illusionen mit einem Grundübel zusammenhängen, nämlich dass die Weltgemeinschaft bei der Gestaltung der angestrebten Ordnung die Ignoranz der beteiligten Staaten und

© Springer-Verlag GmbH Deutschland, ein Teil von Springer Nature 2022
E. Kowalski, *Dummheit*,
https://doi.org/10.1007/978-3-476-05857-7_8

ethnischen Gemeinschaften nicht ausreichend in Rechnung stellt.

> Was Ende des 18. Jahrhunderts die Väter der amerikanischen Verfassung geschafft haben, eine Utopie der Unvollkommenheit für ein Land zu realisieren, gelang im Weltmaßstab nicht.

Doch seien wir gerecht, es ist denn auch um Größenordnungen schwieriger und komplizierter. In den entstehenden USA hatte man es mit einer einigermaßen homogenen Bevölkerung von eingewanderten weißen englischen Puritanern[1] zu tun, mit gleichen Interessen, gleichen kulturellen Voraussetzungen und einem gemeinsamen Gegner – dem König im fernen England. Wie hat es Karl W. Deutsch gesagt? Eine erlebte Interessengemeinschaft bildet eine zuverlässigere Grundlage und „unterbaut die Gemeinschaft viel wirksamer, als es juristische Regeln oder Institutionen tun können", die erst nachträglich aufgebaut werden können. Der Weltgemeinschaft fehlt das Erlebnis der Interessengemeinschaft, und die bisherigen Versuche, ein solches zu vermitteln, schlugen fehl.

Der Gedanke, das Zusammenleben der Völker etwas zivilisierter zu gestalten, lässt sich bis in die beginnende Aufklärung und davor verfolgen. Bereits zu Beginn des 17. Jahrhunderts setzte sich der niederländische Humanist Hugo Grotius mit den Begriffen ‚Völkerrecht' und ‚gerechter Krieg' auseinander, sein Hauptwerk *Über das Recht des Krieges und des Friedens* erschien 1625. Grotius

---

[1] Die schwarzen Sklaven hatte man bekanntlich bei der Konzeption der Menschenrechte nicht berücksichtigt.

leitet seine Vorstellung vom Völkerrecht von einem universalen Naturrecht ab, aus einer natürlichen Gerechtigkeit, die im Grunde genommen weltlich zu begründen ist, unabhängig vom sakralen Rückgriff auf einen bestimmten – etwa christlichen – Gott[2]. Ein bemerkenswerter Gedanke, wenn man bedenkt, dass er mitten in den Wirren des damals herrschenden Dreißigjährigen Krieges (1618 bis 1648) geäußert wurde, der zumindest zu Anfang ein Religionskrieg zwischen Katholiken und Protestanten war[3]. Klingt da nicht unüberhörbar die Mahnung an, ‚Seid nicht dumm, hört auf mit dem blinden Glauben und benutzt den Verstand‘?

Aber die Menschen, die Herrschenden wie die Beherrschten, bleiben so lange dumm, als sie noch hoffen können, ihre spezifische Art des Unwissens verhilft ihnen zum Sieg. Es dauerte rund ein Vierteljahrhundert, bis sich die Kriegsparteien durchgerungen haben, über den Frieden zu verhandeln, und eben bis 1648, bis in den westfälischen Städtchen Münster und Osnabrück der Friede vereinbart wurde, der später ‚Westfälischer Friede‘ genannt wurde.

Will man etwas aus der Geschichte lernen, so muss man sie im Spiegel der kontemporären Probleme betrachten und einen realpolitisch versierten Kommentator zu Rate ziehen. Deshalb empfiehlt es sich, den Betrachtungen zur *Weltordnung* aus dem Jahr 2014 von Henry Kissinger zu folgen, die nach wie vor brandaktuell sind. Der Westfälische Frieden beruhte nach Kissinger „auf einem System unabhängiger Staaten, die davon Abstand nahmen,

---

[2] Man muss Grotius als einen frühen Vorreiter der religiösen Toleranz auffassen.

[3] Das änderte sich, als 1624 in Frankreich der katholische Kardinal Richelieu zur Macht kam, der im Interesse der kontinentalen Machtbalance auch mal den Heeren der protestantischen Schweden gegen die Habsburger zu Hilfe eilte.

sich in die inneren Angelegenheiten der anderen einzu-
mischen", weil sich in den Konflikten „kein Anspruch
auf eine alleinige Wahrheit [...] durchzusetzen vermocht"
hatte. „Jeder Staat anerkannte die inneren Strukturen
und das religiöse Bekenntnis" der anderen als Realitäten
und stellte sie nicht in Frage. Die mittelalterliche Idee
einer universellen Ordnung etwa im Heiligen Römischen
Reich wurde fallen gelassen, und die „Teilung und Vielfalt, Zufallsprodukte der europäischen Geschichte, wurden
zu Kennzeichen eines neuen Systems der internationalen
Ordnung". Auch wenn sich die intendierte Internationali-
tät vorerst auf Europa beschränkte. Das wichtigste war der
Realismus.

> Man unterteilte die Welt nicht in die Guten und die Bösen,
> die richtig Denkenden und die Dummen, man gab nur den
> institutionellen Rahmen für Glücksstreben der staatlichen
> Subjekte vor und machte keine Vorschriften dafür, was
> dieses Glück umfassen soll.

Kommt uns die Formulierung nicht irgendwie bekannt vor?
Richtig, die haben wir bereits im Kapitel über die Utopie
der Unvollkommenheit angetroffen, im Zitat von Barbara
Zehnpfennig, der Herausgeberin der deutschen Übersetzung der *Federalist Papers,* als sie die Grundlagen der
Verfassung der USA charakterisieren wollte. Jetzt müssten
wir noch die Unterschiede zwischen den individuellen
Subjekten der nordamerikanischen Gesellschaftsordnung
und den staatlichen Kollektivsubjekten des Westfälischen
Systems in Betracht ziehen. Und dann müssten wir noch
festhalten, dass nach unserer Auffassung zur Garantie des
(persönlichen oder kollektiven) Strebens nach Glück, des
pursuit of happiness, gewisse materielle Voraussetzungen
nötig waren, die im Westen durch die aufkommende

liberale technisch-industrielle Wirtschaft beigetragen worden sind. Nun, auch das Westfälische System führte zu einer ‚ersten Globalisierung' der Warenströme und zu wirtschaftlicher Blüte, und es war den katholischen Staaten egal, dass ihre Devotionalien und Rosenkränze irgendwo von fleißigen Protestanten hergestellt worden sind, und der Sonntagsbraten auf der Tafel einer protestantischen Familie aus dem erzkatholischen Ungarn kam.

Kissinger notiert: „Die Genialität des Systems beruhte darauf, dass seine Bestimmunen auf Verfahrensweisen und nicht auf inhaltliche Fragen gerichtet waren [...]. Wenn ein Staat bereit war, diese grundlegenden Erfordernisse zu akzeptieren, würde er als originäres Völkerrechtssubjekt anerkannt werden, würde seine jeweils eigene Kultur, Politik, Religion und innere Strukturen bewahren können". Zumindest theoretisch führt das zu wechselnden Koalitionen der Mächte, zu einem fließenden Mächtegleichgewicht. Das konträre Ideal der religiös-moralischen Einheit bedeutet, dass nur bestimmte Staaten als ‚gut' und legitim gelten würden und alle anderen als ‚böse'. Wobei es da auf den jeweiligen Standpunkt ankommt.

Ein demokratischer Staat, wie er in der Verfassung der USA Ende des 18. Jahrhunderts postuliert wurde, muss mit der Unvollkommenheit seiner Subjekte rechnen, damit also, dass es stets Menschen geben wird, die ihre egoistische Freiheit auf Kosten der anderen ausleben wollen. Dem begegnet die Gemeinschaft damit, dass sich ihre Subjekte freiwillig gewissen als vernünftig und zweckmäßig empfundenen Regeln unterwerfen, die im Interesse aller liegen. Man benimmt sich eben ‚zivilisiert', man hält sich ungefragt und recht unbewusst an die gemeinsam vereinbarten Gesetze, Konventionen und Benimmregeln. Und gegen diejenigen, welche diese Regeln nicht akzeptieren wollen, wendet man Gewalt an, wofür man den Staat mit einem Gewaltmonopol ausstattet.

Die Balance zwischen dem ‚so viel Freiheit als möglich'
und dem ‚so wenig Zwang wie unbedingt notwendig' her-
zustellen und immer wieder neu auszutarieren ist das tägliche politische Geschäft der Demokratie.

Soweit zur Ordnung in einem Staat. Das Westfälische
System hat etwas Ähnliches für eine Gruppe von Staaten
angestrebt[4]. Man einigte sich schnell, dass man den
einzelnen Mitgliedstaaten des Systems eine möglichst
umfassende Freiheit gewährt, die „jeweils eigene Kultur,
Politik, Religion und innere Strukturen bewahren" zu
können. Auf die Übertragung eines Gewaltmonopols an
eine gemeinsame übergeordnete Instanz einigte man sich
indessen nicht, man konnte es nicht tun, denn das hätte
dem Postulat der staatlichen Souveränität widersprochen.
Und so schuf man zwar ein *geniales* System, das aber auf
die Einsicht seiner Mitglieder angewiesen war – man
hat einmal mehr nicht mit der Unvollkommenheit der
Menschen gerechnet und blieb irgendwo in der Mitte des
eingeschlagenen Weges stehen. Das Fehlen eines griffigen
Sanktionssystems war *die* Schwachstelle der Konstruktion,
die Achillesferse des Friedenssystems. Und das Dilemma
des ‚Entweder frei, d. h. multipolar und gleichberechtigt,
dann aber auf den Goodwill der Partner angewiesen',
oder aber die ‚Unterwerfung unter das Diktat einer als *gut*

---

[4] Ich stelle hier die geschichtliche Reihenfolge etwas auf den Kopf – der
Westfälische Friede war ja zuerst da, die *Federalist Papers* erst nachher.
Genaugenommen wurde der Grundgedanke des Machtgleichgewichts des
Westfälischen Systems von Baron de Montesquieu theoretisch untermauert und
fand später durch seine Werke in der Form der berühmten *checks and balances*
Eingang auch in die Verfassung der USA. Die USA haben das Westfälische
System um die Toleranz der Ignoranz und um das Gewaltmonopol des Staates
ergänzt und so für einen Nationalstaat praktikabel gemacht.

akzeptierten zentralen Macht, deren Gewaltmonopol man akzeptiert', dieses Dilemma wirkt bis heute nach[5].

Nach einer kriegerischen Zäsur wirkt der genossene Anschauungsunterricht dessen, wozu die menschliche Dummheit und Bestialität fähig sind, eine Zeitlang noch läuternd nach und man besinnt sich auf das Gute der Werte des von Hugo Grotius angerufenen Naturrechts. So blieb der Westfälische Friede einige Jahrzehnte wirksam. Untergraben wurde er von zwei entgegengesetzten Seiten. Sobald man sich von den kriegsbedingten Strapazen etwas erholt hat, überlegten sich einige Machthaber, dass ein neuer Waffengang das für sie unerfreuliche Kriegsergebnis eventuell doch noch etwas korrigieren könnte – und die Scharmützel begannen von neuem, gemildert nur durch die geschickte Politik derjenigen Staatsmänner, die durch wechselnde Allianzen ein Gleichgewicht der Macht zu erhalten versuchten. Schlimmer waren die Auswirkungen der beginnenden Aufklärung, welche die Vernunft glorifizierte und nicht bereit war, mit der menschlichen Dummheit zu rechnen.

Nach Jahrhunderten des mittelalterlichen Obskurantismus bemächtigte sich der europäischen Intelligenz ein Machbarkeitswahn, der sich aus den Erfolgen der Naturwissenschaften nährte, aber die deterministische Logik auch auf die Gesellschaft übertrug – man wusste noch nichts vom Waschen dreckiger Teller mit dreckigen Lappen im dreckigen Wasser, und die Empfehlung des *muddling through* hätte wahrscheinlich weder René Descartes noch Immanuel Kant begeistert. Die Philosophen der Aufklärung verfielen der Hybris der Allwissenheit,

---

[5] Wer diese Feststellung nicht nachvollziehen kann, möge die Situation der Schuldendisziplin der Mitgliedstaaten der Europäischen Union betrachten, und die (Un-)Wirksamkeit der vereinbarten Sanktionen berücksichtigen.

Jean-Jacques Rousseau formulierte das Primat seiner „volonté générale", des gemeinsamen Willens, der sich irgendwie mirakulös einstellt, sobald alle vollständig informiert, vernünftig und im Vollbesitz ihrer emotional ungetrübten Urteilskraft sind, und dem sich jedermann *bedingungslos zu unterwerfen* hätte – das Paradigma des Totalitarismus. Für Freiheit oder gar etwas Dummheit war darin kein Platz. Maximilien Robespierre setzte diese Gedanken in den Terror der Französischen Revolution um.

Uns bewegt hier die Frage eines gerechten und dauerhaften internationalen Systems – was hat die Französische Revolution mit diesem Thema zu tun? Sie illustriert das Bestreben jeder totalitären Bewegung, sich international durchzusetzen. Auch dazu zitieren wir Kissinger: Die Französische Revolution „gründete sich auf einer These, von der schon der Islam ein Jahrtausend zuvor ausgegangen war und die auch der Kommunismus im 20. Jahrhundert vertreten hat: dass nämlich eine dauerhafte Koexistenz zwischen Ländern verschiedener religiöser oder politischer Wahrheitskonzepte unmöglich sei". Jede ‚Wahrheit' kennt nur den totalen Sieg oder die totale Niederlage. Die personelle Inkarnation dieses Gedankens in seiner französischen Ausgabe war Napoleon, dessen Verständnis einer internationalen Ordnung sehr einfach war – die unbegrenzte französische Vorherrschaft. Sie endete in den Sümpfen vor Moskau und brachte einen neuen Akteur auf das europäische diplomatische Parkett – das zaristische Russland.

1814/15 machte sich der Wiener Kongress daran, wieder etwas zwischenstaatlicher Ordnung im postnapoleonischen Europa zu etablieren. Der Grundgedanke des Westfälischen Friedens – das Gleichgewicht der Macht – wurde nach wie vor angestrebt, aber mit einschneidender Akzentverschiebung. Im Zuge der napoleonischen Kriege erwachte der (primär sprachliche) Nationalismus. Russland übte auf die slawischen Nationen unter der habsburgischen Herrschaft eine panslawistische Anziehungskraft aus. Die Französische Revolution destabilisierte bestehende Herrschaftsstrukturen – die Staaten fürchteten sich zum Teil mehr vor innerem revolutionärem Unfrieden als vor einer feindlichen Aggressionen. Und letztlich sprach sich England gegen eine Machtzersplitterung aus, zog größere und somit als stabiler geltende Einheiten vor, und bereitete damit eigentlich ungewollt den Boden für das Preußenprojekt eines großdeutschen Kaiserreiches. Die erzielte Ordnung war brüchig, hielt aber bis 1914.

Es war das Inferno des Ersten *Welt*-Kriegs, das dem Gedanken einer *Welt*-Ordnung zum Durchbruch verhalf. Statt eines europäischen Westfälischen Friedens musste mit neuen Akteuren ein globaler Friede versucht werden. Zum ersten Mal präsentierte sich die aufstrebende Weltmacht USA der europäischen Öffentlichkeit. Allerdings nicht besonders wirkungsvoll, um es höflich auszudrücken. Die Initiative zur neuen Friedensordnung ging vom US-Präsidenten Wilson aus, einem von der Dummheit der Menschheit unbeeindruckten Idealisten, der um 1918 zu einer Art Politstar auf der europäischen Bühne wurde und auf dessen Betreiben im Rahmen der Verhandlungen zum Versailler Vertrag 1919 auch die Gründung des Völkerbunds beschlossen wurde. Vom recht unprofessionellen Vorgehen des wirklichkeitsfremden Präsidenten Wilson zeugt die Tatsache, dass er ohne eine Rückendeckung im amerikanischen Parlament agierte, so dass der sich als übergangen fühlende US-Senat die Ratifizierung der Gründungsverträge ablehnte und die USA als der wichtigste Partner des Bundes außen vor bleiben mussten. Immerhin bot der Völkerbund eine Plattform für die ersten Übungsschritte einer internationalen

Rechtsinstitution, auch wenn er weitgehend zahnlos blieb und die Aufrüstung des Deutschen Reiches unter Hitler nicht verhindern konnte. Vor griffigen Sanktionen verschont geblieben ist auch der japanische Überfall auf China 1931 und der italienische Angriff auf Abessinien 1935. Im Spanischen Bürgerkrieg blieben Reaktionen des Völkerbundes ebenfalls aus. Der Völkerbund war eine gut gemeinte, idealistische Absichtserklärung, sich anständig zu benehmen – dass es Mitglieder gab, die dummerweise dieser Maxime zuwiderhandeln könnten, wurde irgendwie vergessen.

Zum Revival des institutionellen Gedankens trug dann maßgeblich das Armageddon des Zweiten Weltkriegs bei. Nach den schlechten Erfahrungen mit dem Völkerbund ist man diesmal professioneller vorgegangen und hat einige der Fehler vermieden, als man 1945 die Vereinten Nationen gründete – die United Nations, UN. Die Hauptaufgabe der UN ist gemäß den Gründungsurkunden die Wahrung des Weltfriedens und der internationalen Sicherheit, wozu die Förderung freundschaftlicher Beziehungen zwischen den Nationen gehört, die internationale Zusammenarbeit zur Lösung globaler Probleme und Etablierung der Menschenrechte. Doch sind die UN eine ‚Zweiklassengesellschaft‘ geblieben, mit den mächtigen 5 ständigen Mitgliedern der ‚Weltregierung‘, des Sicherheitsrats, USA, Russland, Frankreich, Vereinigtes Königreich und China, die Veto-Recht haben und gegen die nichts beschlossen werden kann, und den übrigen Staaten, von denen 10 als nichtständige Mitglieder ohne Veto-Recht für jeweils einige Jahre in den Sicherheitsrat gewählt werden, und den übrigen, die alle in der Vollversammlung zusammenkommen, und Resolutionen ohne Verbindlichkeit beschließen können. Von den 5 Mächtigen sind nach dem Zerfall der Sowjetunion

1990 eigentlich nur die USA als global handlungsfähiger Akteur übriggeblieben – und das entscheidend, nämlich wirtschaftlich und militärisch sogar im Alleingang, besonders nach der Aufrüstung als Folge des Terroranschlags 9/11. Das blieb bis heute so, auch wenn die USA neu von China herausgefordert werden.

> Man rechnete diesmal schon mit der Unvollkommenheit der UN-Mitgliedstaaten, in ihrer Ignoranz gegen das gemeinsame Interesse egoistisch zu handeln, aber als Gegenmittel dazu etablierte man keine ‚checks and balances' unter den ‚Regierenden', sondern die praktisch uneingeschränkte Machtfülle der Vetomächte, die letztlich nur den mächtigsten unter ihnen zugutekommt.

Und so haben die UN 1948 zwar eine imposante Erklärung der Menschenrechte verfasst, die ein Menschheitsziel par excellence ist, aber unverbindlich und von jedem Mitglied nach seinem Bedarf interpretiert werden kann (und oft wird)[6]. Immerhin haben die UN einige Friedensmissionen unternommen, wenn auch nur zur Befriedung von Konflikten zwischen ‚kleinen' Mitgliedstaaten, welche die Interessen eines der Mächtigen nicht besonders berührten. Statt der Friedenssicherung betreffen heute rund 70 % der Aktivität der UN die humanitäre und die Entwicklungshilfe in Konfliktregionen, wo es nicht gelungen ist, die Konflikte unter Kontrolle zu

---

[6] Trotz unserer Kritik soll die Bedeutung der Menschenrechtscharta nicht unterschätzt werden. Auch den Maximen der liberalen Demokratie wird nicht immer richtig nachgelebt – und trotzdem müssen wir auf unsere abendländischen Verfassungen stolz sein und sie achten, obwohl die Praxis verbesserungswürdig ist. Genauso ist es mit den Allgemeinen Menschenrechten der UN – als Norm, als Ziel sind sie unabdingbar. Wie sollten wir den weniger freiheitlichen Regierungen Leviten lesen können, wenn wir uns nicht auf diese beziehen könnten?

bringen. Praktisch die Hälfte der weltweiten Nahrungsmittelhilfe läuft über die UN-Kanäle[7]. Im gewissen Sinne sind die UN eine Post-factum-Organisation geworden, eine Aufräumequipe, welche Probleme nicht verhindert, sondern deren Folgen mildert.

Sieht so eine Weltregierung aus, die Frieden, Freiheit und Ordnung garantieren soll? Man setzt eine pseudodemokratische Institution ein, mit der Illusion, die Demokratie weltweit zu sichern. Und wo diese noch nicht eingeführt ist, ihr zum Durchbruch zu verhelfen. Aber jeder souveräne Staat kümmert sich herzlich wenig um die Resolutionen der zahnlosen Weltregierung, ob religiösliberal wie Israel oder kommunistisch-autokratisch wie Nordkorea.

Die Tatsache, dass zumindest Europa nach 1945 eine Periode von Frieden geschenkt worden ist, verdanken wir weniger der UN, als vielmehr dem nuklearen Patt der bipolaren Welt vor 1990. Jede der zwei Weltmächte USA und Sowjetunion passte ganz genau auf, dass die andere keine Dummheiten macht, und falls es eine schon mal versuchte (zum Beispiel in der Kubakrise), so hat die andere geknurrt und Zähne gezeigt, und am Ende schreckten die Mächtigen vor den letzten Konsequenzen einer Konfrontationspolitik zurück, die sie beide ausgelöscht hätte. Man war zu einer Stabilität der gegenseitig respektierten Einflusssphären verurteilt, zur Stabilität des Schreckens – wie man es in den Medien oft nannte.

---

[7] Als Teile der UN gelten auch viele erfolgreiche internationale Sonderorganisationen, wie der Weltpostverein UPU, die Internationale Fernmeldeunion ITU, die Weltgesundheitsorganisation WTO, der Internationale Währungsfonds IWF oder die Organisation für Erziehung, Wissenschaft und Kultur UNESCO, um nur einige zu nennen. Bezüglich praktischer Fragen einigt man sich meist reibungslos, nur die hohe Politik, die Sicherheit und die Menschheitsziele, da hakt es.

Die Dummheiten begannen allerdings, sobald um 1990 die Sowjetunion zerfiel und die bipolare Welt unipolar wurde. Der Fukuyama-Frühling der guten Beziehungen, wo man sich in einer rosaroten Welt der Guten und Willigen und rational Handelnden wähnte, in der für die Bösen und irrational Dummen kein Platz war, dauerte nur kurz. Bald zeigte sich, dass die Unterteilung der Welt in Einflusssphären, wo jeweils die eine der beiden sich im Patt befindlichen Weltmächte für Ordnung sorgte, zwar nicht gerade demokratisch und liberal war, aber zweckmäßig – weil sie fünfzig Jahre lang funktionierte. Der Sieg der liberal-demokratischen Gesellschaftsordnung über den Kommunismus bedeutete nicht, dass auf einmal alle autoritären Regime durch die erleuchtete Einsicht ihrer regionalen und lokalen Machthaber obsolet geworden sind und zur Demokratie konvertieren werden. Genau umgekehrt, ohne die Pattsituation der Mächtigen witterten die Regionalmächte Morgenluft und prüften, wie weit sie in ihrer Expansionspolitik gehen können – das bekannteste Beispiel war Saddam Husseins Einfall in Kuwait 1991. Bereits dort zeigte sich, dass nur die USA die Mittel und den Willen hatten, zur Ordnung zu schauen und die unbeliebte Rolle des Weltpolizisten zu übernehmen. Der Rest des Westens spielte eine Statistenrolle. Und bräuchte man noch eine Bestätigung dieses Befundes, so bot sich dazu ein paar Jahre später Gelegenheit in Bosnien-Herzegowina.

Die USA mit den befreundeten (aber auch nicht immer gleichgesinnten) westlichen Verbündeten benötigten die UN für ihre Rolle als friedenssichernder Sheriff im Prinzip nicht, sie brauchten sie allenfalls als ein völkerrechtliches Feigenblatt. Und als sie sich nach dem Terrorakt von 9/11 herausgefordert sahen, begannen die USA unilateral zu agieren, oder sich die Zustimmung (nicht den Auftrag) der

UN durch fragwürdige Dokumente zu sichern – die klägliche Vorstellung von Colin Powell vor dem Sicherheitsrat 2003, als er angebliche Beweise für Giftgasherstellung durch Saddam Hussein präsentierte, ist in schlechter Erinnerung. Sie hat zur Legitimität des Irak-Krieges nicht beigetragen. Umgekehrt hätte die internationale Gemeinschaft der UN massive Hilfe der Westens für ihre wenigen eigenständigen *peacekeeping*-Aktionen benötigt, die ihr aber versagt blieb, weil der zu schlichtende Konflikt für die USA nicht vital war – so etwa in Ruanda 1994, als es zum Genozid der Hutus an der Tutsi-Minderheit mit achthunderttausend bis einer Million Toten kam.

So kam es, dass nicht nur von den aus der westlichen Optik ‚Bösen' bewaffnete Übergriffe ausgingen, sondern auch von den ‚guten' USA und dem befreundeten Westen, zum Beispiels in Afghanistan, Irak oder in Libyen, und dass die nach 1990 kurzzeitig zu den ‚Guten' zu rechnenden Russen auf einmal die ‚Bösen' waren, als sie in Georgien oder auf der Krim intervenierten, weil sie im strategischen Interesse ihre Einflussphären konsolidierten, die geostrategischen Zonen, die ihnen in Europa durch die forsche Beitrittspolitik der Europäischen Union und der NATO gegenüber ehemaligen Satelliten der UdSSR arg beschnitten worden sind. Das hätte man eleganter machen können, auch eine zum Juniorpartner mutierte Weltmacht belächelt man nicht als „Regionalmacht" (so Präsident Obama) oder als „Obervolta mit Raketen" (u. a. Bundeskanzler Helmut Schmidt zugeschrieben), wenn sie militärisch eine Nuklearmacht geblieben ist und sich als Erbschaft des Zaren- und des Sowjetreiches als eine Weltmacht empfinden kann. Da nutzten die UN wenig.

Dass die USA die seltene Chance der von mir als Fukuyama-Frühling apostrophierten Zeit nach 1990 bezüglich ihrer Führungsrolle in den UN schlecht nutzten, zumindest schlecht interpretiert haben, dürfte stark mit ihrem eschatologischen und missionarischen nationalen Charakter zusammenhängen. Eine Nation, die sich ausdrücklich als *city upon a hill* betrachtet, als *shining city* und Vorbild für die ganze Welt, kann schlecht als unparteiischer Weltrichter auftreten. Die USA fühlten sich schlichtweg zu gut für die übrige Welt, und zu mächtig, um sich von Dritten etwas sagen zu lassen. Der amerikanische Exzeptionalismus, die Neigung der USA, die Welt in ‚Gute‘ und ‚Böse‘[8] zu unterteilen, verhindern, dass die einzige Macht mit entsprechendem Potential die Rolle eines Weltfriedensrichters im neutralen Rahmen der UN glaubhaft wahrnehmen kann. Und so bleiben die UN im Urteil ihrer Kritiker ein zahnloser Tiger oder ein mehr oder weniger nützlicher Debattierklub, und die USA je nach Standpunkt der gute Weltpolizist, oder der böse Imperialist und Aggressor[9]. Eine Änderung zeichnet sich nicht ab.

Carlo Masala, der die Situation viel eingehender analysiert, als ich es hier machen will und kann, zieht bezüglich der UN ähnliche Schlussfolgerungen – man kommt heute „nicht umhin zu konstatieren, dass die Bedeutung internationaler Organisationen [...] erheblich geschwächt ist und dass sie für ihre führenden Mitgliedsstaaten eine bestenfalls marginale Rolle spielen". Nach seiner Meinung ist sogar „die Logik, die der Idee einer Institutionalisierung der internationalen Politik zu Grunde liegt, schlichtweg falsch".

---

[8] Viele amerikanische Präsidenten nutzten die Trope von der strahlend guten *city upon a hill,* als Gegensatz zur ‚Achse des Bösen‘, zum ‚Schurkenstaat‘ und ähnlich. Wenn Donald Trump von den ‚bösen, bösen Menschen‘ sprach, die man außerhalb der US-Grenzen zu halten hat, so bediente er nur den traditionellen Topos der amerikanischen Weltsicht.

[9] Schade, dass die eigentlichen Erfinder des funktionierenden Systems einer liberalen Demokratie in diesem Zusammenhang so versagen.

Zusammenfassend kann man konstatieren:

> Institutionen, die auf der Illusion einer guten, gerechten und logischen Welt der Spieltheorie beruhen, und den reellen Machtverhältnissen und der Unvollkommenheit, Kurzsichtigkeit – mithin Dummheit – der Akteure keine Rechnung tragen, entsprechen nicht der ‚Utopie der Unvollkommenheit 'und können höchstens zu Partialerfolgen führen.

Sie verleiten zu Machtmissbrauch aus hehren Beweggründen und verfehlen ihr Ziel der Friedensicherung. Die Logik des seinerzeitigen Westfälischen Friedens, welche der Ignoranz, dem Machthunger und dem Egoismus der Monarchen Rechnung trug, war konsequenter und hat zu einem Machtgleichgewicht geführt, das lange anhielt. Doch – was tun? Der Illusionen beraubt, hoffen Depressive angeblich auf ein neues Gleichgewicht des Schreckens – und lernen Mandarin. Doch zurück zu einer seriöseren Betrachtung. Die Achillesferse des Westfälischen Friedens und verwandter Konstruktionen diagnostizierten wir im Fehlen einer übergeordneten Instanz, der man das Gewaltmonopol hätte übertragen können, nötig zur Disziplinierung von Mitgliedern, die sich nicht freiwillig an das vereinbarte friedliche Prozedere zur Lösung von Probleme hielten. Man muss den grundsätzlichen Unterschied realisieren zwischen Einzelpersonen als Subjekten einer liberalen Demokratie und souveränen Staaten als Kollektivsubjekten eines friedenssichernden Systems, d. h. einer Art ‚überstaatlicher Demokratie'. Wir sind vertraut mit dem Anspruch von Einzelpersonen auf Gleichheit, diese wird als grundlegendes Menschenrecht verstanden, und jedes Postulat *grundsätzlicher* Ungleichheit ist Tabu. Bei den Staaten sieht es anders aus, eine Großmacht wird schon aufgrund ihrer wirtschaftlichen und militärischen Potenz, ja schon aus quantitativen Gründen ihrer Bevölkerungsmasse als wichtiger eingeschätzt, denn eine kleine Inselrepublik irgendwo im Indischen Ozean. Der Realismus siegt über die idealistisch-demokratische Romantik.

Bei föderalistischen Zusammenschlüssen souveräner Staaten trägt man dieser Problematik dadurch Rechnung, dass eine zentrale Bundesregierung durch ein Zweikammerparlament kontrolliert wird, mit einer Volksvertretung (US: Kongress, D: Bundestag, CH: Nationalrat …) und einer Vertretung der Teilstaaten (US: Senat, D: Bundesrat, CH: Ständerat …). Auch dann bleibt eine Menge von Problemen, und vieles muss ständig neu verhandelt werden, so die Verteilung der Aufgaben zwischen Bund und Ländern, Finanzausgleich zwischen wirtschaftlich starken und schwachen Gliedern usw. Aber sofern nach Karl W. Deutsch, den wir schon mehrfach zitiert haben, die „positive Kovarianz der Werte" herrscht, eine von allen empfundene Win–Win-Situation, ein Positivsummenspiel, so bleibt der Zusammenschluss stabil und die Glieder der Gemeinschaft fügen sich dem Gewaltmonopol der zentralen Bundesmacht – die selbstverständlich nicht von einem Teilstaat dominiert werden darf.

Warum funktioniert es bei den drei erwähnten, so unter schiedlichen Bundesstaaten USA, Deutschland und Schweiz? Und warum nicht auf der Ebene der Welt? Oder schon allein in Europa? Die Frage ist nicht nur rhetorisch gemeint, denn der Unterschied zwischen den USA und EU ist eigentlich nicht groß. Es wäre eine zwar utopische und vermutlich nicht lösbare, aber lohnende Forschungsaufgabe der politischen Wissenschaften, dies zu ergründen. Ist ein Weltbund nur eine Frage der Maßstäbe, der Bevölkerungsgröße und der geographischen Ausdehnung? Sind es also Skaleneffekte? Oder spielt der kulturelle Unterschied der Vielfalt der potentiellen Mitglieder einer Föderation die entscheidende Rolle, die Religion, die Geschichte? Kommt es auf einen historisch singulären Moment der Bereitschaft zum Zusammenschluss an, eine Katastrophe, einen nur gemeinsam zu besiegenden Feind? Scheitert das Projekt an den Unterschieden der Regierungssysteme? Denn logisch, rational spricht einiges für eine friedenssichernde überstaatliche Weltregierung, der man das Gewaltmonopol übertragen und vor dessen Missbrauch man sich durch entsprechende Strukturen der *checks and balances* schützen würde …

Ein weniger umfassendes doch immer noch sehr ambitioniertes Projekt der sozialwissenschaftlichen Forschung beschrieben North, Wallis und Weingast vor einigen Jahren. Sie haben das Augenmerk auf die Frage des Übergangs von diktatorischen zu demokratischen Gesellschaftsordnungen geworfen (sie sprechen von Ordnungen mit Zugangsbeschränkung beziehungsweise mit Zugangsfreiheit) – wir haben dafür das Schlagwort vom ‚Export der Demokratie‘ benutzt. Ihr Ansatz ist, kurzgesagt, dass im Zeitpunkt des Übergangs von einer zur anderen Ordnung zwischen den Herrschenden und den Beherrschten eine Art Interessengemeinschaft besteht, bestehen muss, nicht unähnlich der „positiven Kovarianz der Werte" von Deutsch. Ihr Ansatz erklärt, warum der Export der Demokratie durch militärische Macht etwa nach Afghanistan, Irak oder Libyen nicht funktioniert hat und nicht funktionieren kann. Es ist eine Illusion, dass es genügt, einen Diktator zu stürzen, um eine Demokratie zu etablieren, ohne ein wirksames Positivsummenspiel zwischen den vorher Unterdrückten und den neuen Eliten herbeizuführen, respektive abzuwarten. Die Autoren sprechen dabei von ‚Wartezeiten‘ von 50 und mehr Jahren. Heute erleben wir in Syrien einen weiteren zum Scheitern verurteilten Versuch, die Demokratie ‚hineinzubomben‘;

das Experiment Afghanistan wurde von den USA 2021 unrühmlich abgebrochen.

Unserem Thema treu möchte ich anregen, dass die unterschiedlichen Systeme eines einfachen Nationalstaates, eines Staatenbundes, einer großen Föderation à la USA oder einer kleinen Eidgenossenschaft unter dem Aspekt der Beachtung der Unvollkommenheit und Dummheit der Regierten wie der Regierenden betrachtet und analysiert werden. Man könnte als Arbeitshypothese ein naheliegendes neues sozialpolitisches Gesetz formulieren:

> Stabile Gesellschaftssysteme berücksichtigen die Dummheit und Unvollkommenheit der Eliten und des Volkes, Systeme ohne Toleranz der Ignoranz sind instabil.

Vermutlich könnte man sogar eine nach oben offene Skala der Missachtung der Ignoranz einführen. Nur die Eichung des Maßstabs würde Schwierigkeiten bereiten (Ende der Ironie, wie es in den sozialen Medien zu bemerken modern geworden ist.)

Metamorphosen und Dichotomien

oder der Jungbrunnen der Komplementarität

Nach der Theorie der Entwicklungszyklen von Quigley beruht der Vorsprung des Westens in seiner Flexibilität. Man könnte Quigleys These in einem Slogan zusammenfassen: Metamorphose als strategische Erfolgsposition des Westens. In der Tat, es war der schöpferische Umgang der westlichen Kultur mit der Erkenntnis der Relativität seines Wissens, mit der ‚intellektuellen Demut‘, mit dem Eingeständnis seiner Ignoranz, das den Westen vor der Erstarrung in religiösen, gesellschaftlichen oder wirtschaftlichen Dogmen bewahrte. Die Bereitschaft zum Wandel, zur Erneuerung, zur Annahme der Herausforderung neuer Wege und zur Anpassung an sich ändernde Bedingungen zeichnet die Gewinner des geschichtlichen Wettbewerbs aus. Imperien traten von der Weltbühne immer dann ab, wenn sie sich dem Wandel verschlossen haben und in der Tradition verharrten. Wo errungene Erfolge und angehäufte Reichtümer zu dogmatischer Erstarrung statt

© Springer-Verlag GmbH Deutschland, ein Teil von Springer Nature 2022
E. Kowalski, *Dummheit*,
https://doi.org/10.1007/978-3-476-05857-7_9

zu kreativer Innovation und Investition in die Zukunft führen, dort steht der Untergang unweigerlich bevor.

Die Geschichte scheint diese These zu stützen – solange sich eine Kultur, ein Land dem Fortschritt verschreibt, also dem Wandel zur besseren Anpassung an sich ändernde Bedingungen der natürlichen wie gesellschaftlichen und politischen Umwelt, wird es von der Entwicklung begünstigt. Der Abstieg beginnt mit der Aufgabe der Wandlungsfähigkeit. David Landes führt als Beispiel Portugal an, ein kleines Land, das im 15. Jahrhundert zur Weltherrschaft aufgestiegen ist. Die Leistung der Portugiesen zeugt von ihrem Unternehmungsgeist und ihrer Zähigkeit, ihrem Glaubenseifer und ihrer religiösen Begeisterung, ihrer Fähigkeit, die neuesten Kenntnisse und Techniken einzusetzen und nutzbar zu machen. Kein törichter Chauvinismus herrschte, Pragmatismus hatte Vorrang. Sie holten Fremde ins Land, deren Geld, Knowhow und Arbeitskraft ihnen Vorteile verschafften. 1497 allerdings gab die portugiesische Krone ihre tolerante Haltung unter dem Druck der römisch-katholischen Kirche und des spanischen Nachbarn auf. Im Jahre 1506 erlebte Lissabon sein erstes Pogrom mit rund 2000 Toten. Von da an trudelte das intellektuelle Leben Portugals unaufhaltsam in einen Abgrund der Frömmelei, des Fanatismus und der Blutreinheit. Die Inquisition begann 1543 mit der Verbrennung von Irrgläubigen. Ihre ganze Grausamkeit entfaltete sie nach 1580, nachdem die Königshäuser Spaniens und Portugals in der Person Philipps II. vereinigt worden waren. Aber schon 1513 fehlte es Portugal an Astronomen, und um 1520 war es mit der Vorreiterrolle auf wissenschaftlichem Gebiet vorbei.

Was bewirkt die plötzliche Erstarrung, die Aufgabe der Wandlungsfähigkeit? Auf den ersten Blick wirkte ein irrationaler Glaubensfanatismus, den man auf die

Nachwehen der gerade abgestreiften maurischen Fremd-
herrschaft über die iberische Halbinsel zurückführen
kann – das Pendel schlug zurück. Aber woher die Bereitschaft, die Siegesfreude mit einer inneren Erstarrung zu
verbinden, und nicht mit einem neuen Aufschwung? Die
Gründe wären ganz allgemein in der ,Ignoranz der Satten'
zu suchen. Die überseeischen Entdeckungen bescherten
Spanien und Portugal unerwarteten Reichtum, der als
Geld beziehungsweise als münzbares Silber und Gold ein-
traf, das investiert oder ausgegeben werden konnte. Man
entschied sich fürs Ausgeben – man kaufte Luxusgüter
und führte Kriege. Man lebte umso bedenkenloser auf
großem Fuß, als der Reichtum unverhofft und unverdient
war. Man konnte sich keine weitere Entwicklung vorstellen und entschied sich fürs Bewahren. Dieses Muster
lässt sich nicht nur für Spanien und Portugal verfolgen.

Die Ignoranz der Satten, das anscheinend eherne Gesetz
der Geringschätzung vorhandener Güter[1], führt dazu,
dass Schübe der Erneuerung zeitlich begrenzt bleiben. Auf
Phasen des Wandels folgen Zeiten der Konsolidierung.
Denn das Neue bringt auch Schmerzen und Nachteile mit sich, das Alte muss ja weichen. Progressive und
konservative Kräfte liefern sich unerbittliche politische
Kämpfe, die mal in die eine, mal in die andere Richtung
führen und zu der für den Westen typischen wellen-
förmigen Entwicklung Anlass geben, zu den Techno-
logie-Zyklen, zu den kurz- und langfristigen Wellen der
Ökonomie und zum Schwanken der Gesellschaft zwischen
Engagement und Enttäuschung, wie Albert O. Hirschman
sein interessantes Essay betitelt hat. Über längere Zeiträume und im globalen geographischen Maßstab des
Abendlandes überwiegt jedoch die Freude am Neuen, der

---

[1] Wir kommen darauf im nächsten Kapitel noch zurück.

spezifisch westliche Wunsch nach Fortschritt. Wobei große Schritte durchaus gefragt sind – der Westen machte den Begriff ‚Revolution' im Sinne technisch-wissenschaftlicher und wirtschaftlicher Durchbrüche salonfähig. Und wer sich besonders gepflegt ausdrücken wollte, der durfte vom Paradigmenwechsel sprechen.

Ob wir es Paradigmenwechsel oder Metamorphose nennen wollen, die Bereitschaft zu stetem Wechsel ist das offensichtliche Erfolgsgeheimnis des Abendlandes. Keine andere Kultur als die abendländische besitzt diese ausgeprägte Bereitschaft zu einschneidenden Änderungen. Keine andere Kultur hat sich im geschichtlich gesehen kurzen Zeitraum eines halben Millenniums den Jungbrunnen des Humanismus und der Renaissance geleistet, der Reformation, der Aufklärung, der Amerikanischen und der Französischen Revolution, der konsequenten Industrialisierung. Heute erleben wir den epochalen Einschnitt der Digitalisierung – von dem wir noch nicht wissen, wohin er genau führen wird. Und hoffen auf den nächsten Paradigmenwechsel, die Neuerfindung der technisch-industriellen Zivilisation ohne fossile Energiebasis[2].

Um die Jahrtausendwende huldigten wir der Globalisierung – die heute nach Ansicht ihrer Kritiker einige Schattenseiten offenbart. Es überrascht immer wieder, mit

---

[2] Das vielleicht tragischste Missverständnis in der Auffassung der Klimapolitik durch die breitere Öffentlichkeit besteht darin, dass man die Klimarettung als die Angelegenheit einiger Demonstrationen versteht. Nur wenige realisieren, dass es um die Notwendigkeit geht, die nächsten dreißig Jahre die richtige Strategie der Dekarbonisierung konsequent zu verfolgen. Und kaum jemand ist sich dessen bewusst, dass die Menschheit eine philosophische Metamorphose wird durchmachen müssen, durchaus vergleichbar mit der Zäsur der Aufklärung – die Qualität der Luft wird eine auch metaphysisch andere Bedeutung erhalten müssen, um die Anstrengung der Dekarbonisierung über die ersten dreißig Jahre hinaus im Bewusstsein der Gesellschaft zu verankern.

welcher Konsequenz sich Änderungen durchsetzen, deren ‚Zeit gekommen ist'. Wie die Moderne im vierten Quartal des 20. Jahrhunderts plötzlich – ohne erkennbaren Zwang der Armut oder des Mangels – die alte Ordnung in Frage zu stellen begann und die Metamorphose der Globalisierung und der Liberalisierung einleitete. Sicher riefen die weltweite Kommunikationstechnik und Mobilität nach globalen Rahmenbedingungen, und die liberale Wirtschaft erwies sich den dirigistischen Plansystemen als haushoch überlegen, aber für einen Durchschnittsbürger kam der Wandel dennoch überraschend. Urplötzlich war es chic, festgefügte, für die Ewigkeit scheinende staatliche Monopol-Strukturen etwa der Postbetriebe mit Telegraph und Telefon oder der Staatsbahnen mit Gleisen und Zügen in Frage zu stellen. Auf einmal erschien das wohlvertraute Telefonmonopol leistungshemmend und die Schienen und Waggons gehörten unterschiedlichen Betreibern. Gemeinden begannen ihre Müllabfuhr outzusourcen – die Sprache hatte nicht einmal Zeit, für solch neumodische Vorgänge korrekte Worte zu finden. Und aus der Steckdose floss nun der Strom mal von diesem, mal von jenem Erzeuger … Zufrieden sind wir jedoch nicht, wir peilen schon die nächsten Wechsel an.

Und sollten sie nur in der Rückkehr zum Alten bestehen – wie das Motto „Make America Great Again" der Ära Trump lautete. Vielleicht liegt das Geheimnis des westlichen Erfolgs darin begründet, dass man bei Unzufriedenheit mit dem Status quo zuerst zurückschaut, um zu sehen, was man falsch gemacht hat und neu besser machen könnte? Oder was einem verklärt als das verlorene Paradies erscheint? Sind politisch fruchtbare Strategien stets Visionen im Rückspiegel? Muss man bisweilen echte Innovationen als Rückkehr in den Garten Eden verkaufen?

Der Westen hat viele Zielvorstellungen. Freiheitliche Ordnung, durchlässige Gesellschaft, Eigentumsrechte, Leistung als Auslesekriterium der Eliten, sprich Meritokratie statt Aristokratie, das alles gehört zusammen und begünstigt die Bereitschaft zum Wandel und zum Fortschritt. Despotie führt zur Erstarrung, denn Tyrannen müssen konsequent sein und dürfen keine Häresien zulassen – liberale Demokratie strebt nach Veränderung. Ja, sie ist dazu verurteilt, denn sie hat sich das *pursuit of happiness* auf ihr Banner geschrieben, und das heißt das Recht auf die *ever-changing perception of happiness*. Der Westen hat eine Gesellschaft hervorgebracht, die nie zufrieden und zu stetem Wechsel verurteilt ist. Ist die Metamorphose letztlich nicht ihr Erfolgsrezept, sondern die schlichte Handlungsnotwendigkeit einer Gesellschaft, deren einziges unbestrittenes Ziel das Setzen immer besserer Ziele, das Begehen immer wirksamerer Wege zur Zielerreichung ist? Folgt die Wandelbesessenheit zwingend aus dem Gesetz der Geringschätzung vorhandener Güter, bestehender Zustände? Sind wir zu ewiger Unzufriedenheit verdammt? Lassen wir diesen unerfreulichen Gedankengang so stehen, lösen werden wir die Aporien des Abendlandes ohnehin nicht.

Schon wieder steht hier das Wörtchen ‚Aporie‘. Es ist nicht das Lieblingsfremdwort des Autors, es schleicht sich in den Text unbemerkt rein, weil das Nachdenken über unsere Gesellschaft immer wieder zu irgendeinem unlösbaren Widerspruch oder zumindest zu einem Paradox, einer Ambivalenz, einem Dilemma, oder auch nur einer Dichotomie führt. Und damit sind wir bei der zweiten Komponente des abendländischen Erfolgs angelangt – bei der Fähigkeit des Westens mit Dichotomien und Ambivalenzen zu leben. Das abendländische Weltbild enthält viele gegensätzliche Wertepaare. Die Gegensätze Gut – Böse, Gott – Teufel, Wahrheit – Lüge sind zwar allen

Kulturen gemeinsam, man denke nur an die klassische chinesische Yin-Yang-Lehre vom umfassenden Verständnis der polaren Naturkräfte. Aber der Westen hat eine besondere Fähigkeit kultiviert, mit seinen Ambivalenzen, mit dem Unvereinbaren zurechtzukommen. Wenn man boshaft sein wollte, könnte man von einer kollektiven Schizophrenie sprechen. Oder vom elften Gebot „Du sollst das Disparate ehren und vereinen".

Unsere Zivilisation, deren Segnungen wir ungefragt genießen und nicht missen möchten, hat viele Schattenseiten. Wie konnte das Abendland so Hässliches hervorbringen, wie die Inquisition, die Hexenverbrennung, die Sklaverei, den Holocaust oder den Gulag[3]? Warum dienen die Spitzenleistungen der Technik nicht nur der Chirurgie zum Annähen abgetrennter Gliedmaßen, sondern auch dem Militär zum Abreißen ebenjener Extremitäten? Warum gibt es in den reichsten Volkswirtschaften des Westens immer noch Obdachlose? Auf der einen Seite stehen die guten Absichten, das schöne normative Projekt – auf der anderen die alles andere als moralisch hochstehende Praxis, die bisweilen bis zur schlimmsten Barbarei verkommt.

Wir haben die idealistischen Absichten der Aufklärung angesprochen, und ihren Niederschlag im Terror der französischen Revolution. Oder – um das Thema zu wechseln – das biblische Wort ‚was des Kaisers dem Kaiser, was Gottes dem Gott', die Dualität sakral – säkular. Oder dann die unauflösliche Widersprüchlichkeit des Slogans *liberté, égalité, fraternité,* die nach Zähmung der Freiheit im Interesse der Gleichheit ruft, aber möglichst ohne

---

[3] Den Gulag dürfen wir nicht allein der ‚asiatisch-despotischen' Seite der Sowjetunion ankreiden – das kommunistische Gesellschaftssystem war schließlich die Folge einer *westlichen* Doktrin, des Marxismus.

Zwang, am liebsten durch die vorbewusste Einsicht des Individuums in die nötige Selbstbeschränkung[4] … Oder nicht zuletzt die Fähigkeit des Westens, mit der Ignoranz des Menschen zurechtzukommen, sie einmal politisch zu tolerieren und durch *checks and balances* zu zähmen, das andere Mal durch *search for excellence* an den Hochschulen zu bekämpfen, um technische und wissenschaftliche Spitzenleistungen der Eliten zu erzielen, welche dann von uns übrigen durchschnittlichen, dummen Menschen benutzt werden können.

Übrigens – ist das westliche Weltbild[5] selbst in sich widerspruchsfrei? Wie soll ein Weltbild sein? Ein Weltbild hat festgefügt zu sein, begründet und erkämpft, in sich geschlossen und konsistent. Aber wenn man es bis zum Ende denkt, dann wäre dieses Ideal unveränderlich und starr, und könnte sich dem Lauf der Weltgeschichte nicht anpassen, nicht lebendig erhalten, und würde auf dem historischen Abfallhaufen landen. Umgekehrt, wenn ein Weltbild allzu flexibel ist und jeder kurzzeitigen Entwicklung folgt, dann gleicht es eher einem modernen Parteiprogramm als einer Weltanschauung. Es ist schon ein Paradoxon, aber vielleicht liegt die Stärke

---

[4] Hier spielt die narrative Seite unserer Kultur ihre Rolle, schließlich hat man uns in zarter Jugend die ethischen Maximen nicht systematisch, sondern durch Geschichten und Parabeln vermittelt. Als wir Kinder waren, hat man uns nicht die Charta der universellen Menschenrechte zu lesen gegeben, sondern das ‚anständige Benehmen' beigebracht – man wurde erzogen, zu teilen, Spielsachen und Süßigkeiten großherzig anderen Kindern anzubieten, aber selbst nie nach den Sachen fremder Kinder zu greifen. Man lernte auch, dass alle Menschen gleich sind, und gleichzeitig verinnerlichte man das Gebot, selbst immer das Beste zu geben, möglichst der Beste zu sein … Als Kind hat man den Widerspruch nicht empfunden, es war das Training im Befolgen des elften Gebots der widersprüchlichen westlichen Zivilisation.

[5] Der Autor pflegt das Weltbild eines Individuums gerne als die Summe aller liebevoll gepflegten Vorurteile zu definieren. Ob diese Definition auch für das Weltbild einer Gesellschaft gilt, ist nicht klar.

des Abendlandes gerade darin, dass es fähig ist, Widersprüchliches zu vereinen – die abendländischen Mythen sind anpassungs- und entwicklungsfähig. Die westliche Kultur hat das Wunder zustande gebracht, gleichermaßen traditionsbewusst wie erneuerungsfähig zu sein. Ihr Weltbild vereinigt diese beiden disparaten Werte. Sie huldigt der Nostalgie und leistet sich Modernität. Nicht nur als Gesellschaft, auch als Individuum – meist vereint ein und derselbe Mensch in sich beide Facetten des Weltbildes. Als Ingenieur etwa rechnet er mit unbeschränkter Zunahme der Komponentendichte auf einem Chip, als Arzt mit wachsender Lebenserwartung, aber als politisch orientierter Stimmbürger sorgt er sich um den steigenden Strombedarf und stimmt für die Ökosteuer. Die Fähigkeit des Westens, Unvereinbares zu vereinen, ist unergründlich[6].

Es gibt zwar kein elftes Gebot des „Du sollst das Disparate ehren und vereinen", aber die Tradition, die Erzählungen unserer Jugend lehrten uns diese Paradoxa. Eine für die liberale Demokratie lebenswichtige Ambivalenz haben wir schon mehrfach angesprochen: Dass nämlich die Gesetze freiwillig beachtet werden müssen, wenn man nicht durch umfassenden staatlichen Zwang zu deren Befolgung angehalten werden möchte, sprich: wenn man frei sein will.

> Als politisches Wesen erkauft sich der Mensch seine persönliche Freiheit durch den Verzicht auf Teile dieser Freiheit.

Die angestrebte Freiheit wird durch das Korrelat der Disziplin und Eigenverantwortung ermöglicht. Ohne die

---

[6] Oder ist das nur eine Bequemlichkeit? Oder gar Gedankenlosigkeit? Siehe dazu auch das Kapitel „Der Pfeil der Zeit".

in der Jugend eingeübte Fähigkeit, mit Widersprüchen zu leben, würde ein Pfeiler – und zwar *der* Pfeiler – westlicher Kultur zusammenbrechen, der gleichzeitige Anspruch auf disziplinheischende Gleichheit und egoistische Freiheit. Der Widerspruch zwischen diesen beiden ist in der Tat unauflöslich. Die beiden Ziele konkurrieren miteinander, Freiheit ist ein wahrzunehmendes Recht, Gleichheit bedingt Pflichten, und ohne die Erzählung vom goldenen Mittelweg, vom Grundsatz ‚Alles mit Maß'[7], ohne die schon einem Kind eingeimpfte Furcht vor Extremen gäbe es keinen Ausweg. Nun, trotz des philosophischen Stolpersteins – stört uns die Unvereinbarkeit im täglichen Leben? Sprechen nicht Festredner in einem Atemzug von Freiheit und Gleichheit, schreiben nicht Leitartikler von Gleichheit und Freiheit, ohne den Widerspruch zu thematisieren? Sie merken es gar nicht[8].

Bezeichnend ist, dass sogar das naturwissenschaftliche Weltbild Paradoxes umfasst. Auch in der Physik, einer als exakt empfundenen Wissenschaft, sind die Verhältnisse kompliziert. Zur Deutung der beobachteten Welt scheuen sich die Physiker nicht, einander ausschließende Erklärungen heranzuziehen. Man denke nur an die unauflösliche Komplementarität von Teilchen und Wellen. Die Materie manifestiert sich je nach den Bedingungen der Beobachtung mal als ein punktförmiges, lokalisierbares Teilchen, das andere Mal als eine über den ganzen Raum

---

[7] Schon Aristoteles verwendet den Begriff *mesotes* (griechisch für ‚Mitte') in seiner Ethik.

[8] Festredner sind ohnehin eine nie versiegende Quelle der Erbauung. Als es im Osten den ‚real existierenden Sozialismus' noch gab, verwahrte sich ein kommunistischer Redner im slowakischen Ort Nitra mal vor dem Vorwurf, dass die vom Regime befohlene Gleichheit bedeutet, alle auf ein tiefes Niveau herunterzuziehen. Nein, sagte er, genau umgekehrt, wir wollen alle auf ein hohes Wohlstandsniveau heben! Im Kommunismus wird sich jedermann ein Dienstmädchen leisten können …

verstreute Welle. Das Licht etwa beschert uns die Schönheit des Regenbogens, was ein Effekt seiner Wellennatur ist – unterschiedliche Wellenlängen ergeben verschiedene Farben. Aber wenn wir mit einem Handy ein digitales Foto aufnehmen, werden pixelweise Elektronen ausgelöst, ein Elektron für jedes Lichtteilchen, für jedes Photon.

Ein größerer Widersinn ist kaum denkbar. Ist das Licht nun eine kontinuierliche Welle, oder ist es ‚körnig‘, aus Teilchen bestehend? Falsch – es ist ein Sowohl-als-auch. Die Frage gilt nicht nur für das sichtbare Licht, sondern für Röntgen- und Gammastrahlen, für Protonen, Neutronen und alle Bausteine der Materie. Trotzdem ist dies keine philosophische Skurrilität ohne praktische Bedeutung. Das Erklärungsprinzip gehört zur Quantenphysik, ohne die unsere Rechner, Fernseher, Mobiltelefone, LED-Leuchten, Satelliten, die Photovoltaik und vieles mehr nicht vorhanden wären. Das Wellen-Teilchen-Dilemma bereitet eher dem Philosophen und Erkenntnistheoretiker Probleme als dem technischen Praktiker. Hier zeigt sich die Stärke einer Weltanschauung, die mit der Reformation und Aufklärung so weit gekommen ist, dass sie mit Widersprüchen leben kann. In einer anderen Kultur käme vermutlich niemand auf den Gedanken, solche Komplementarität überhaupt erst zu postulieren.

Oder wäre als ignoranter Ketzer verbrannt …

Die Ignoranz der Satten

oder das Gesetz der Geringschätzung vorhandener Güter

Unsere technische Zivilisation beruht darauf, dass wir
Geräte bedienen, die sich andere ausgedacht haben. Es
war diese Erkenntnis, die uns am Anfang unserer Überlegungen auf die Spur der entscheidenden Bedeutung der
Ignoranz ihrer Mitglieder für die Funktionsweise unserer
komplexen Gesellschaft gebracht hat. Sind wir denn überhaupt zivilisiert, wenn wir unsere artifizielle Umwelt nicht
verstehen? Karel Čapek, den wir als den geistigen Vater
des Wortes ‚Roboter' kennengelernt haben, schrieb kurz
vor dem Zweiten Weltkrieg einen dystopischen Roman,
den *Krieg mit den Molchen*. Čapek konzipierte seine
Molchfabel als Satire auf die NS-Unkultur des völkischen

© Springer-Verlag GmbH Deutschland, ein Teil von Springer
Nature 2022
E. Kowalski, *Dummheit,*
https://doi.org/10.1007/978-3-476-05857-7_10

Menschen[1] im ,Dritten Reich' – Molche als Sinnbild gedankenloser, manipulierbarer Volksmassen.

Die Fabel beginnt mit der Entdeckung einer kleinen Population intelligenter ,vorsintflutlicher' Molche, die in der isolierten Nische eines Südseeatolls überlebt haben, geschützt vor Haien und anderen Feinden. Sie kommen durch Zufall mit westlich zivilisierten Menschen in Kontakt, bekommen Zugang zu Messern und anderen Waffen, was sie ihren Fressfeinden überlegen macht. Sie können das schützende Atoll verlassen, vermehren sich, erobern die Weltmeere und bauen eine Unterwassergesellschaft auf, nach menschlichem Vorbild, technisch fortschrittlich. Sie können zwar wegen ihrer an Wasser gebundenen Existenz bestimmten menschlichen Aktivitäten – so zum Beispiel der Metallherstellung in Hochöfen – grundsätzlich nicht nachgehen, bedienen sich aber der von den Menschen gelieferten Werkstoffe und Werkzeuge mit einer entwaffnenden Selbstverständlichkeit. Darf man solche Wesen als zivilisiert bezeichnen? Čapek antwortet: Sicher, denn

> ist Zivilisation etwas anderes als die Fähigkeit, Dinge zu gebrauchen, die sich andere ausgedacht haben?

---

[1] Heute hätte Čapek vermutlich das zum Glück kurzlebige IS-Kalifat in Syrien und dem Irak aufs Korn genommen. In Čapeks Fabel liefern die Menschen den benachteiligten Molchen Werkzeuge, friedliche wie kriegerische. Die Molche wenden sich sobald aufgerüstet gegen die Menschen und es kommt zum Krieg. Bezeichnendes Detail: Der Chief Salamander ist kein Molch, sondern ein machtbesessener Mensch, der die Molche für seine Zwecke populistisch missbraucht. Durch eine Ideologie der ,Überlegenheit der Molche' werden diese gegen die Menschen aufgehetzt, von einem Menschen, der sich den Molchen selbst haushoch überlegen fühlt. Glaubten der selbsternannte Kalif der IS und seine ,Chefideologen' an die 72 Jungfrauen, die sie ihren Selbstmordattentätern als Lohn im jenseitigen Paradies versprachen?

Ist dies nicht eine herrliche Parabel auf das Wesen der modernen, stark arbeitsteiligen Gesellschaft? In der Tat, es ist nicht die Kenntnis der technischen und wissenschaftlichen Zusammenhänge, welche den zivilisierten Menschen auszeichnet, sondern die Fähigkeit, die von anderen hervorgebrachten Artefakte zu benutzen, Geräte zu bedienen, Verfahren zu beherrschen und Systeme zu steuern – ohne im Geringsten zu wissen, welche Mechanismen er aktiviert, welche wissenschaftliche Gesetzmäßigkeiten zugrunde liegen. Ich habe auf diese ‚spezifische Dummheit‘ schon mehrfach hingewiesen, sie führte uns ja zur These dieses Büchleins. Und wir haben uns Gedanken darüber gemacht, ob eine ‚partielle Zivilisation‘ möglich ist, also die Nutzung der modernen Technik ohne die Freiheiten der liberalen Demokratie. Ein drastisches Beispiel dafür, dass dies möglich ist, bildeten der Islamische Staat und die heute im Untergrund operierenden Terrorgruppen, mit ihrer totalen Negation westlicher, ja *menschlicher* Werte, und der ebenso totalen Beherrschung der westlichen Kriegs- und IT-Technologie.

Doch kehren wir zum Grundsätzlichen zurück. Ist der moderne, zivilisierte Mensch ein totaler Ignorant? Bezüglich der technischen Grundlagen seiner Existenz ja, und in Bezug auf die Organisation seiner Polis ebenfalls – wie wir ausgiebig zeigen konnten. Ich prägte in diesem Zusammenhang vor Jahrzehnten den Begriff der ‚Drucktastenzivilisation‘ und beschrieb die technisch-industrielle Moderne als eine Gesellschaft, in der das Drücken von Tasten und Pedalen, das Drehen von Knöpfen und Bewegen von Schiebern, das Ein- und Ausschalten von Geräten zur wichtigsten Beschäftigung des Menschen geworden ist. Es war das Bild einer Zivilisation der extremen Arbeitsteilung, in der jedermann auf die Benutzung von Vorrichtungen angewiesen ist, deren Funktion er nicht versteht, nicht etwa mangels individueller Intelligenz, sondern aus Prinzip, weil sie von anderen ausgedacht worden sind und weil ihre Bedienung nicht mehr Verstand und Anstrengung erfordert als die Betätigung des richtigen Bedienungselements. Das Bild einer Zivilisation der User.

Damals, in den 1970er Jahren, konnte man die Drucktaste als Ikone der technischen Moderne persiflieren, als Sinnbild einer mühelosen Gesellschaft – heute müssten wir den Touchscreen nehmen. Aber die Parabel stimmt. Zu den altvertrauten Knöpfen und Tasten sind inzwischen die Tasten der Computer-Maus und die Apps auf dem Touchscreen gekommen, mit dem bezeichnenden Detail, dass die exponentielle Verbreitung der Personal-Computer erst dann einsetzte, als man die Bedienungsoberfläche am Bildschirm einem Tastenfeld nachgebildet hat, wo man auf ‚Tasten' mit dem ‚Cursor' klicken konnte[2].

Die ersten Personal-Computer waren noch im ‚Basic' programmierbar, durchaus zum wissenschaftlichen Rechnen und für logische Operationen geeignet, und die Textverarbeitungssysteme haben zwar wenig Komfort geboten, aber man ‚wusste, was sie machen'. Die wenigen Funktionen waren übersichtlich, man konnte sich in eine ‚Programmierebene' begeben, in der die eingebetteten Formatbefehle sichtbar waren, und man verstand die Logik – im Gegensatz etwa zum heutigen Word, das enorm viele Möglichkeiten bietet, aber über eine eingebaute ‚Intelligenz' verfügt, welche dem Nutzer gerne unerwartete Überraschungen, selbständig falsche Korrekturen und sonstige Späße bereitet. Der Zeitgenosse

---

[2] Dies ist ein schönes Beispiel dafür, dass unsere Zivilisation mit der Dummheit des Menschen bewusst rechnet. Der andere Weg – nämlich die Bevölkerung im Gebrauch der recht einfachen Programmiersprachen zu schulen – wurde gar nicht erst versucht. Er wäre zu langsam, und vermutlich trotz ausgeklügelt einfacher Befehle nicht gangbar.

wollte aber keine geistige Anstrengung, kein Lernen von Software-Befehlen, und wären sie noch so einfach und mnemotechnisch perfekt formuliert – sein geistiger Horizont endete bei einer Drucktasten-Maus und einem Piktogramm, und die Bedienung seiner Einrichtungen hatte sich diesem Umstand anzupassen.

Der Mensch versteht seine technisch erschaffene Welt nur bis zum nächsten Steuerelement. Er drückt auf die Tasten des Fernsehers, des Telefons, Aufzugs, der Waschmaschine und Klimaanlage, betätigt die Pedale und Hebel seiner Automobile und Druckknöpfe seiner Spraydosen, bewegt den Cursor auf die virtuellen Tasten auf dem Bildschirm des Computers, ohne sich Rechenschaft darüber abzulegen, welche Vorgänge er dadurch einleitet und warum und wie die ganze, irgendwie magische Welt der Technik hinter der sichtbaren Drucktastengrenze eigentlich funktioniert. In dieser Entkoppelung der Nutzung vom Verstehen liegt einer der Gründe für viele Probleme und Gefahren der Gegenwart und ein gut Teil der Antwort auf die Frage nach dem Ursprung des Unbehagens in der westlichen technischen Kultur. Auch die zum Teil irrationale Anbetung wie Verdammung der Technik wurzeln hier. Die Drucktastendimension mussten wir beachten, als wir über die westliche Kultur nachdachten.

Das ironisch überzeichnete Bild einer Drucktastenzivilisation erweist sich als durchaus zutreffend und muss ernst genommen werden. Die Gewöhnung an eine Welt des unverstandenen Wohlstandes, an eine geheimnisvolle Welt ,hinter der Drucktaste' hat gravierende Auswirkungen. Es geht uns gut, aber eigentlich wissen wir nicht warum. Und haben es deshalb nicht ganz leicht, die echten Gründe für jedes Unbehagen, für jedes Problem zu finden. Oft suchen wir sie am falschen Ort und drehen an den falschen Knöpfen. Bisweilen sägen wir an den Ästen, auf denen wir uns bequem niedergelassen haben. Die Erkenntnis ist nicht neu, wird aber kaum zur Kenntnis genommen.

Zwei Ergänzungen drängen sich auf. Erstens, nachdem sich die technisch-industrielle Zivilisation global verbreitet hat, haben wir von einer *Touchscreen World* zu sprechen – nicht nur im Westen. Die Ignoranz ist kein Spezifikum des Westens im engeren Sinne, sondern der technischen Zivilisation westlichen Ursprungs an sich, die übrigens nicht erst heute weltweit anzutreffen ist, sondern als eine besonders bequeme Lebensform die Länder der Welt unabhängig von ihrer politischen Doktrin schon lange erobert hat. Seinerzeit im Osten, zum Beispiel, im real existierenden Sozialismus hat man auch Tasten gedrückt, nur waren sie etwas klobiger und weniger elegant … Und der Islamische Staat mit seiner antimodernen Ideologie und theokratischen Staatsidee und der Ablehnung westlicher Zivilisation bediente sich der Früchte dieser Zivilisation, der Waffen oder des Internets und der sozialen Medien, mit ‚bewaffneter Selbstverständlichkeit‘ – um Čapeks Ausdrucksweise zu paraphrasieren. Wir haben es schon angesprochen.

Und zweitens, es ist nicht nur die technische Welt, die wir nicht verstehen. Wir wissen auch über die Grundlagen unserer politischen Ordnung und der staatlichen Organisation recht wenig. Wir haben gesehen, was die Autoren der *Federalist Papers* alles überlegt haben mussten, bevor sie eine moderne demokratische Verfassung formulieren konnten, welche feinen Widersprüchlichkeiten sie austarieren mussten, welche Zielkonflikte bereinigen, und – letzten Endes – wie unsicher es war, dass sie wirklich das Wesentliche beachtet haben. Und was wissen wir heute im Allgemeinen von der Organisation der Gemeinschaft? Ich spreche nicht nur von einem einfachen Stimmbürger, auch die *classe politique,* die sich berufshalber mit dem Gemeinwesen befassen muss, rutscht in die politischen Ämter oft ohne seriöse Vorbereitung.

Der moderne Staat, die repräsentative – und ebenso die direkte – Demokratie mit ihren politischen und administrativen Instituten, werden kaum reflektiert. Was wissen wir Betroffenen und nicht Wissenden von *checks and balances,* von Zielkonflikten, vom Interessenausgleich, der für den sozialen Frieden unabdingbar ist – wir huldigen dem Wohlstandsegoismus und denken in erster Linie an uns selbst. Die Politik kommt ohne Vereinfachungen nicht aus, nicht ohne Schlagworte und unscharfe Begriffe. Demokratie ist – so die allgemeine unreflektierte Meinung – wenn man frei wählen, seine Meinung frei äußern und frei reisen kann, und damit hat's sich, tiefer wird nicht nachgedacht. Dass man vor einer Wahl, vor einem Plebiszit die Parteiprogramme lesen sollte, sich mit der Abstimmungsthematik befassen sollte, bitte, dazu haben wir keine Lust. In der direkten Demokratie der Schweiz wird über Verfassungsinitiativen aufgrund emotionaler, populistischer Argumente abgestimmt, und das Resultat widerspricht den eingegangenen internationalen Verpflichtungen oder steht im Widerspruch zu anderen Interessen der Schweiz. Die Demokratie wird mit Abstimmungsarithmetik ohne viel Denken verwechselt.

Und auch diese Erkenntnis ist nicht neu. Auf die Probleme, welche aus dem Dilemma zwischen der leichten und bequemen Nutzung und der fehlenden Kenntnis der zugrundeliegenden Zusammenhänge resultieren, hat der bereits zitierte spanische Philosoph José Ortega y Gasset hingewiesen: „Wie soll der Durchschnittsmensch [der Zivilisation] gewachsen sein, der wohl [ihre] Werkzeuge gebrauchen lernte, sich aber durch gründliche Unkenntnis ihrer Prinzipien auszeichnet?". Ortega y Gasset macht

auf das Paradoxon aufmerksam, dass sich einfache Natur-
völker in ihrer – damals sagte man primitiven – Gesellschaftsform ohne speziellen Aufwand über unbeschränkte
Zeiträume erhalten können. Die technisch-industrielle
Zivilisation bedarf dagegen aktiver Pflege: „Wenn Sie
sich die Vorteile der Zivilisation zunutze machen, sich
aber nicht damit abgeben wollen, die Zivilisation zu
erhalten … haben Sie sich gründlich geirrt. Im Hand-
umdrehen werden Sie ohne Zivilisation dasitzen". Und
das wurde 1930 geschrieben. Heute punktet Joe Biden als
Präsident mit einem billionenschweren Programm gegen
die Versäumnisse des Unterhalts der zivilisatorischen Infrastruktur der USA …

Obwohl Ortegas Kritik am aufkommenden Massenwohlstand aus der Position eines elitären Traditionalisten
formuliert ist, zeigt sie ein wichtiges Phänomen der
Moderne treffend auf. Allein der Fakt, dass es notwendig
ist, auf den artifiziellen Charakter unserer Zivilisation
besonders hinzuweisen, zeigt, wie wenig wir über die
Grundlagen unserer mühelosen Gesellschaft nachdenken. Wir glauben, dass all die organisatorischen und
sozialen Errungenschaften irgendwie naturgegeben sind
und wundern uns, wenn der Unterhalt der Autobahnen
Milliarden kostet, wenn die Fonds für die Altersvorsorge
wegen unserer Langlebigkeit Unterdeckung aufweisen,
oder wenn eine Stadt neue Infrastruktur braucht und die
Elektrizitätsversorgung eine neue Hochspannungsleitung.
Wozu das alles? Ist doch schon alles da[3]!

---

[3] Diese ignorante Mentalität des heutigen Konsumenten persiflierte unüber-
troffen der Wiener Literat Josef Weinheber (Zitat in Originalschreibweise):
  Wann i, verstehst, wås z' reden hätt,
  i schåffert ålles å.
  Wås brauch man denn des ålles, net?
  Is eh gnua då.

Der kollektive Charakter der technischen Zivilisation, das Zusammenspiel der kognitiven Beiträge vieler Fachkräfte, die Abhängigkeit einer jeden noch so genialen Innovation von der bereits vorhandenen Infrastruktur und somit auch der Zwang, diese Voraussetzungen sorgfältig zu pflegen wird selten realisiert. Praktisch ein jeder junge Physiker oder Chemiker, der seine Studien aufnimmt, in die Welt der Naturwissenschaft eintaucht und das erste Verständnis erwirbt, träumt in seiner Begeisterung davon, als Robinson Crusoe oder ein sonst in der Abgeschiedenheit Gestrandeter die technische Zivilisation *ab ovo* aufzubauen. Er denkt nach, was würde ich machen, was finde ich in der Natur, was kann ich mit Feuer und Muskelkraft alles erledigen. Finde ich Metalle, kann ich Erze verhütten, mit primitiven Mitteln, nach und nach, sozusagen vom Hammer über den Dampfkessel zum Kernreaktor. Es geht aber nicht so einfach, auch wenn man das Know-how hat. Man könnte allenfalls eine handwerklich-bäuerliche Welt aufbauen, mit primitiver Technik und Landwirtschaft, denn all die Kenntnisse der Spezialfächer würden einem nichts nützen ohne den Rückgriff auf das schon Vorhandene, auf die kollektive Wissensbasis und vor allem die Infrastruktur. Unsere hochgezüchtete technisch-wissenschaftliche Zivilisation erfordert laufende Pflege und Sorge. Und davon machen wir uns kaum je einen Begriff.

So gesehen, ist die liberale Demokratie westlicher Prägung wirklich leistungsfähig, wenn sie auch mit diesem Widerspruch zu leben gelernt hat. Ein weiterer Hinweis auf die Kraft der westlichen Kultur? Und – was könnten wir gegen die technische und staatspolitische Ignoranz machen, etwa mehr Physik in der Schule? Obligatorischer Volkshochschulbesuch für Senioren? Werkstattpraktika für Soziologiestudenten?

Die Frage ist berechtigt. Unsere Zivilisation ist die erste menschliche Organisationsform, in der alle Mitglieder der Gesellschaft ständig auf die Benutzung von Einrichtungen angewiesen sind, deren Funktion sie nicht verstehen, und die von anderen erdacht wurden. Dieses Nichtverstehen des Durchschnittsbürgers – und auch die Koryphäen der Wissenschaft und Technik sind außerhalb ihrer Spezialgebiete Durchschnittsbürger und Laien –, dieses Nichtverstehen erfolgt nicht mangels Intelligenz, sondern aus Prinzip. Die Vielfalt der technischen und organisatorischen Erscheinungen ist so groß, dass wir bewusst nach deren Zusammenhängen aufhören müssen zu fragen, um sie nutzen zu können.

Die Wurzeln der Wohlstandsignoranz – zumindest auf dem engeren Gebiet der Technik – sind deshalb nicht im Versagen der Schulsysteme zu suchen, in einer praxisfernen Ausbildung oder in der Vernachlässigung der Lehre der technischen Grundlagen. Populärwissenschaftliche Vorträge und Exkursionen in moderne Produktionsanlagen helfen dem Durchschnittsbürger höchstens, sich einen Begriff von der Komplexität der speziellen Verfahren und Technologien zu machen und Achtung (oder Angst!) vor den Kenntnissen der Spezialisten zu gewinnen, welche diese jeweils beherrschen – das Verständnis der technischen Grundlagen unseres täglichen Lebens bringen sie nicht. Ebenso wenig hilft es, Studierende nichttechnischer Fächer zu zwingen, parallel einer manuell-technischen Tätigkeit in irgendeiner Werkstatt nachzugehen, wie es übrigens aus ideologischen Gründen des wünschbaren ‚Kontakts der Intelligenz mit der Arbeiterklasse' eine Zeit lang in den östlichen Volksdemokratien praktiziert wurde. Auch wenn der angehende Jurist oder Germanist gelernt hätte, mit Feile und Hammer umzugehen, gewonnen hätte er nichts. Denn er wüsste immer noch nichts über die Metallurgie, Chemie und Pharmazeutik, Elektronik und Systemtechnik und müsste beim ersten Defekt seines Kühlschranks einen spezialisierten Servicemonteur rufen. Der übrigens die Reparatur durch den Einbau des richtigen Ersatzmoduls vorgenommen hätte, ohne seinerseits das Verständnis für die thermodynamischen Grundlagen der Kühltechnik zu haben.

Und die entgegengesetzte Perspektive zeigt das gleiche Bild – die Wohlstandsignoranz betrifft nicht nur die Technik, sondern genauso die Geisteswissenschaft. Steven Sloman und Philip Fernbach sprechen in ihrem Buch *The Knowledge Illusion* von der weit verbreiteten Überschätzung des eigenen Wissens. Die Autoren nennen es „illusion of explanatory depth". Trotz nur oberflächlicher und unter Umständen falscher Kenntnisse fühlt man sich berufen, mit der tiefsten Überzeugung etwas Falsches zu behaupten – und merkt erst dann die eigene Unkenntnis, wenn man es einem anderen korrekt erklären soll. So scheinen einige Menschen zu meinen, sie wüssten alles über die Antike, nur weil sie den Film „Troja" gesehen haben. Und ihrer Meinung widersprechendes Expertenwissen wird als ‚alleinige Deutungshoheit' von Fachidioten angeprangert[4].

Dass die „illusion of explanatory depth" weit verbreitet ist, davon zeugt schon die Tatsache, dass die Naturwissenschaftler die fehlenden technischen Grundkenntnisse der Soziologen und die Geisteswissenschaftler gleichzeitig die sprachliche Schludrigkeit etwa der akademisch geschulten Physiker anprangern. Und beide mit Recht. Zu fragen wäre, was unserer Gesellschaft, unserer Zivilisation mehr schadet. Doch die Dummheit ist nicht quantifizierbar und komparabel.

---

[4] Der Autor verdankt diesen Hinweis auf die skurrile Überschätzung des eigenen Wissens durch einige Zeitgenossen Franziska Remeika.

Das Zeitalter der Enzyklopädisten und Universalgenies ist also mit der Erfindung der Drucktaste unwiederbringlich zu Ende gegangen. Die diagnostizierte Wohlstandsignoranz ist durch mehr Bildung nicht zu bekämpfen. Aber zumindest auf dem Gebiet der politischen Organisation des Staates sündigen wir alle zu viel, dort wäre etwas mehr politischer Unterricht in der Schule nötig, obwohl man bezweifeln darf, dass das viel nützen würde. An die Bequemlichkeit der Welt seiner technischen Artefakte gewöhnt, möchte der Mensch auch dort andere denken lassen, Spezialisten, Politiker – die er ja gewählt hat, dann sollen sie auch etwas tun! Und die Demokratie beruht primär eben nicht darauf, dass man gemeinschaftlich nachdenkt und nach einer Lösung sucht, das geht schon aufgrund der Komplexität der Welt und der schieren Größe einer Volksmasse nicht, sondern dass man eine von der gewählten Regierung (d. h. von ihren Experten) erarbeitete Lösung post factum beurteilt, plebiszitär, oder eben bei den nächsten Wahlen.

Das Thema berührt auch die Frage der politischen Eliten in einer Gesellschaft der Gleichen. Wer ist zu politischen Ämtern prädestiniert? Setzt eine politische Karriere entsprechende gründliche Ausbildung voraus? Jede Kunstturnerin, jeder Fußballer wird trainiert, trainiert und nochmals trainiert und strengen Auswahlverfahren unterworfen, bevor sportliche Elitepositionen winken. Jeder Handwerker muss eine Meisterprüfung ablegen, jede Ärztin hat Dutzende Semester Ausbildung vorzuweisen, bevor man sie allein an den OP-Tisch heranlässt. Verlangen wir vom politischen Personal aber eine Vorbildung in der Geschichte? In der Soziologie? In den Politikwissenschaften? Im Expertenwissen der Ressorts, denen er oder sie als Minister politisch vorstehen soll? Es widerspricht unserem Ideal der Volksnähe, danach zu fragen, ob ein Kandidat auch das erforderliche intellektuelle Werkzeug hat. Und es wäre auch ungerecht – wir Stimmenden wissen ja noch weniger.

Im Technology Assessment wird versucht, die Auswirkungen technischer Innovationen auf die Gesellschaft abzuklären – durch sogenannte explorative Verfahren. Und wenn man die potentiellen positiven und negativen Folgen eruiert hat, versucht man mit normativen Verfahren zu verstehen, welche Präferenzen die Gesellschaft setzen wird, welche der prognostizierten Auswirkungen sie als unerwünscht beurteilt, welche nicht, und in welchem Ausmaß. Weil man selbstverständlich nicht die ganze Bevölkerung befragen kann, muss man die Teilnehmerzahl der Umfrage begrenzen. Und weil man nur dann sinnvolle Antworten erwarten kann, wenn die Befragten eine Ahnung vom Thema haben, so muss man ihnen die Innovation erläutern, sie über ihre Vor- und Nachteile informieren. Das ist der Grundgedanke der sogenannten Bürgerforen, wo eingehende Interviews mit wenigen zehn Teilnehmern geführt werden, nachdem sie sich zwei bis drei Tage mit der Thematik befasst haben. Dabei zeigt sich, dass das Ergebnis der Befragung stark davon abhängt, wie tief die Teilnehmer auf das Thema eingegangen sind – eigentlich eine Binsenwahrheit.

Könnte man nicht das Niveau der demokratischen Entscheidungen steigern, indem man die Stimmenden besser informiert? Sicher, und es wird auch versucht – wenn auch meist von einem Pro- und einem Kontra-Komitee, mit einander widersprechenden Argumenten. Und – sollte man nicht nur diejenigen zur Abstimmung zulassen, die vom Thema etwas verstehen? David van Reybrouck hat in einem provokanten Büchlein vorgeschlagen, durch das Los eine begrenzte, aber statistisch signifikante Bevölkerungsprobe zu bestimmen, eingehend zu informieren, und anstelle der ganzen Bevölkerung abstimmen zu lassen – ähnlich dem Bürgerforum im Technology Assessment.

Ginge das? Kürzlich hat sich auch Jason Brennan in einem Buch *Gegen Demokratie* ausgesprochen, zumindest gegen die Demokratie der nicht Wissenden, und für eine Art ‚Expertokratie' plädiert. Ginge *das?* Nein, keines der Verfahren wäre zielführend und könnte das *muddling through* der bestehenden Demokratie ersetzen. Die Vorschläge verkennen die politische Symbolkraft der breiten Abstimmung, der Einbindung eines jeden Einzelnen in den Prozess der Entscheidungsfindung. Hier zeigt sich übrigens besonders klar die Stärke der liberalen Demokratie, unserer Utopie der Unvollkommenheit, welche mit unvollkommenen Menschen funktioniert, sogar wenn sie unvollständig informiert sind, und die Grundlagen ihrer Existenz nicht verstehen. Was ja das Merkmal der modernen Zivilisation ist. Zitieren wir Gerhard Szczesny nochmals: *„Solange [...] der Informationsprozess zwischen Sein und Bewusstsein funktioniert, definiert der Mensch [...] durch seine Geschichte, was für ihn gut ist"* [Hervorhebung E.K.] – die nicht zu überschätzende stabilisierende Kraft der Rückkopplung in komplexen Systemen, die wir im demokratischen politischen System nutzen.

Denn niemand versteht heute alles bis in die letzten Auswirkungen. Die Universalgenies, die sind ausgestorben – so es sie je gegeben hat. Die Gegenwart verlangt nach Spezialisten. Auch in vergangenen, vortechnischen Zivilisationen haben die Menschen zwar über Gegenstände, Geräte und Einrichtungen verfügt, welche sie im Einzelnen nicht selbst hätten herstellen können. Sei es, dass ihnen die handwerklichen Fähigkeiten dazu fehlten, sei es, dass ihnen bestimmte Kenntnisse oder Erfahrungen abgingen oder weil die Produktionsverfahren wie im Falle von Glas, Papier, Seide oder Farbstoffen von Gilden, Zünften und Staaten geheim gehalten wurden. Im Prinzip aber waren alle diese Fähigkeiten von einem einigermaßen intelligenten Mitglied der Gesellschaft ohne weiteres zu erwerben. Die

Funktion der den Menschen umgebenden Gegenstände wurde verstanden: Das Rad drehte sich wegen seiner runden Gestalt, die Achse musste man mit glitschigem Fett schmieren, das Pferd zog dank seiner animalischen Kraft, für größere Lasten mussten mehrere Gespanne eingesetzt werden, die Zugtiere hatte man zu füttern, weil sie sonst verhungerten, die Kraft der Winde äußerte sich in geblähten Segeln der Schiffe, der Ofen erkaltete ohne Feuer und das Messer musste man von Zeit zu Zeit schleifen. Die handwerkliche Technik war überschaubar und anschaulich. Auch wenn man im Detail nicht alles wusste, war man überzeugt, sie beherrschen zu können.

Die Illusion des Verstehens dürfte einen wesentlichen Beitrag zur romantischen Anbetung der sanften Technologien leisten. Sie erklärt das Echo, das Schlagworte vom *small is beautiful* gewinnen konnten. Die handwerklich-vorindustrielle Technik ist für die Allgemeinheit in der Tat beherrschbar, sie wurde denn auch während einer langen Zeit beherrscht. Man macht allerdings schnell die Feststellung, dass zum Aufkommen des Gefühls der Familiarität mit einer bestimmten Technik bereits die effektive Beherrschung der letzten Schritte des Veredlungsprozesses genügt. Auch der Handwerker versteht genaugenommen nur bestimmte Vorgänge des Zuschneidens, Formens, Zusammensetzens – die Rohstoffe und Ausgangsmaterialien für seine Tätigkeit, etwa die Metalle oder Chemikalien, bezieht er von außerhalb seiner Kenntnissphäre, ohne sich über die zugrundeliegenden metallurgischen und sonstigen Verfahren Rechenschaft abzulegen. Die Rohstoffe – auch wenn sie das Ergebnis hochspezialisierter und komplexer Gewinnungsprozesse sind – werden bald als etwas Vorhandenes, nahezu Naturgegebenes empfunden, das man anhand eines Katalogs aus eigener Kraft beziehen kann. Es genügt, an diese die Hand anzulegen, sie zu bearbeiten, um das unbestimmte Gefühl der Aneignung aufkommen zu lassen. Und eine dezentral organisierte Technik ist mental besser verkraftbar als anonyme Großanlagen.

Der letzte Schliff, die Fertigstellung eines gebrauchsfähigen Gegenstandes ist offensichtlich die Voraussetzung für die mentale Akzeptanz auch der vorangegangenen Prozesse. Ein Computer an sich wirkt unverständlich und bedrohlich, die Zeit der ‚Job-Killer'-Geschichten liegt noch nicht weit zurück. Heute hat man neue Objekte der Angst – den Roboter, die Künstliche Intelligenz, den „Algorithmus". Auch sie werden schnell den Nimbus des Unbegreiflichen und Bedrohlichen verlieren, sobald man sie als Hilfsmittel für eigene Arbeit oder zum Spielen verwenden wird. Offensichtlich ist ein bestimmter Grad der Nichtkenntnis ihrer materiellen Existenzgrundlagen in der Konstitution der Gesellschaft angelegt, wird als gegeben akzeptiert und nicht als störend empfunden.

Mit anderen Worten, ein allgemeines Verständnis herbeizuführen ist nicht nötig, ganz abgesehen davon, dass dies unmöglich wäre. Die Arbeitsteilung, so sehr sie von den Intellektuellen als Quelle der Entfremdung und der Identitätskrise des modernen Menschen bedauert und kritisiert wird, ist zu leistungsfähig und zur Befriedigung der menschlichen Bequemlichkeit unabdingbar.

Nachdem wir uns mit der Dummheit der User abgefunden haben und die Hoffnung aufgegeben haben, der Touchscreen-Mentalität zu entgehen, sollten wir darüber nachdenken, welche spezifischen Auswirkungen auf die Gesellschaft zu erwarten sind. Zunächst die wichtigste:

> Die konsequente Arbeitsteilung der Moderne, wegen der man sich auf Spezialisten verlassen muss, geht notgedrungen Hand in Hand mit dem Niedergang des Vertrauens in diese ‚Zauberlehrlinge', und darüber hinaus in alle Autoritäten.

Die Arbeitsteilung führt dazu, dass unsere materielle, wie geistige Existenz zunehmend Experten ausgeliefert ist, deren Wirken wir nicht überblicken und denen wir vertrauen müssen. Wer glaubt noch an die Korrektheit von all den Softwaregiganten? Man hat immer ein mulmiges Gefühl, wenn der Computer aus heiterem Himmel meldet „Nicht ausschalten, das Update 14.0.7 wird installiert", und man nicht weiß, was die Internet-Wolke mit den Inhalten der eigenen Daten- und Programmspeicher so alles anstellt. Der Verlust des Verstehens führt dazu, dass wir die Spezialisten hinter dem Touchscreen immer mehr brauchen und ihnen gleichzeitig immer weniger vertrauen. Die Schere öffnet sich: Nicht nur dass der westliche Mensch die Grundlagen seiner Existenz und seines Wohlstands nicht versteht, er misstraut ihnen. Das Misstrauen ist das Korrelat unserer extremen Arbeitsteilung.

Die Arbeitsteilung der technischen Zivilisation erzwingt eine ausgeprägte Urteilsteilung. So, wie man sich der Werkzeuge bedienen muss, die andere hergestellt haben, ist man gezwungen, die Urteile zu übernehmen, die andere erarbeitet haben. Genauso wenig, wie uns das Wissen zur Herstellung all der materiellen Annehmlichkeiten des täglichen Lebens zur Verfügung steht, genauso unmöglich können wir alle Nachrichten, Meinungen, Tatsachen und Kommentare überprüfen und analysieren, mit denen wir überschwemmt werden und uns selbständig ein konsistentes Bild der Wirklichkeit schaffen. Es ist schon ein Paradoxon – seit der Aufklärung ist der mündige Bürger das Ideal der Gesellschaft und man reagiert auf jede Manipulation und Desinformation allergisch. Jemandem vorzuwerfen, er hätte keine eigene Meinung, gilt als eine schwerwiegende Beleidigung der persönlichen Integrität. Jedermann will umfassend informiert sein, ein eigenes Bild der Lage haben, kritisch und ausgewogen, sorgfältig und unbestechlich. Transparenz ist gefragt, informierte Partizipation. Die Realität ist aber anders – wie alle unsere Konsumgüter stammen auch unsere Meinungen aus zweiter Hand, wenn nicht aus dritter, vierter … Als man in ‚guten alten Zeiten' noch seine Kleider bei einem Schneider hat nähen lassen, pflegte man zu fragen „Wo lassen Sie arbeiten?" Heute lautet die Frage „Wo lassen Sie denken?"

Vielleicht ist es doch nicht so schlimm, immerhin können wir aus verschiedenen sich konkurrierenden Nachrichtenquellen auswählen, vergleichen, und das Recht auf freie Meinungsäußerung sorgt dafür, dass sich auch die Medien gegenseitig kontrollieren. Das hilft. Aber es gibt auch ein Mainstream, eine öffentliche Meinung, die für sich die normative Wahrheit beansprucht, und durch die neuen digitalen sozialen Medien werden gruppenspezifische Gedankenwelten gepflegt, unkontrolliert, in den ‚Filterblasen' eingekapselt. Wissen wir, wie sich die unkontrollierte Verbreitung von nicht nachprüfbaren Informationen durch jedermanns Blogs oder Twitter oder sogar Wikipedia letzten Endes auswirkt? Ein Gerücht kann zu einem veritablen Shitstorm führen, und eine Richtigstellung mildert den Schaden nicht. An Beispielen fehlt es nicht.

Uns geht es hier aber um etwas spezifisches, um das Vertrauen: Welchem Experten soll man im Streit der widerstrebenden Meinungen Glauben schenken, wer hat die beste Einsicht in die komplexe Wirklichkeit? Denken wir nur an den Wirrwarr der ‚fachlichen' Informationen zur Problematik der Corona-Pandemie. Aber das Problem ist nicht neu. Seit Menschengedenken gab es Ideen und Wahrheiten, die von wenigen erkannt und ausgesprochen worden sind, um schließlich die ganze Welt zu erfassen. Man hat schon immer ‚denken lassen', wenn es darum ging, eine Weltanschauung zu formulieren oder eine Religion zu stiften. Neu ist, dass der moderne Mensch bereits bei viel banaleren Fragen andere denken lassen muss, nämlich auf der Ebene von Sachfragen, von organisatorischen, technischen und wirtschaftlichen Problemen. Die Auswirkungen scheinen dort überschaubar zu sein, die Illusion von eigenem Verständnis ist perfekt. Wer wüsste nicht (richtiger gesagt: Wer glaubte, nicht zu wissen), wie man die Streckenführung einer Bahn besser und umweltgerechter gestalten kann oder einen unterirdischen Bahnhof oder eine Landebahnverlängerung? Wir alle wissen, wie viele Flugzeuge die Armee braucht, wie man radioaktive Abfälle sicherer entsorgt und wie man die Arbeitslosigkeit sofort beseitigen könnte, wie man die Flüchtlingsfrage in den Griff bekommt und ob Englisch als Zweitsprache schon in der zweiten oder erst in der dritten Klasse gelehrt werden sollte. Man fühlt sich qualifiziert, seine eigene Meinung zu äußern und vergisst, woher die Meinung stammt, auf wie wenig Expertise sie beruht.

Das Misstrauen gegenüber den Experten ist in der Tat vorhanden. Und es ist auch angebracht – man denke nur an die unbestrittene Notwendigkeit von *checks and balances* in der Politik, und die Fachleute sind ja auch Menschen und folglich nicht besser als die Politiker. Aber trotzdem, fehlendes Vertrauen, der Verlust der Vertrauenswürdigkeit der Fachleute und Organisationsexperten prägt ihr Bild in der westlichen Gesellschaft. Der sogenannten Expertenmeinung der Fachidioten wird der gesunde Menschenverstand gegenübergestellt. Paradoxerweise hat die abendländische Aufklärung, die dem Unwissen den Kampf angesagt hat, das Misstrauen verstärkt. Sie hat den Zweifel an der Erkenntnis als Beitrag zum naturwissenschaftlichen Fortschritt etabliert. Das Misstrauen als Teil der Forschungsmethodik strahlte auf das Selbstverständnis der Gesellschaft aus, auf ihre Weltanschauung, ihre Philosophien und politische Doktrinen.

Das Misstrauen wurde zur Institution des gesellschaftlichen Lebens. Das erklärte Ziel der Aufklärung war es, die Existenzangst durch Mehrung von Wissen zu mindern. Peter Sloterdijk bemerkte, dass es uns unbestrittenerweise gelungen ist, das Wissen zu mehren – wenn nicht gar zu gut. Unter den Erkenntnissen seien aber allzu viele angsterregende, und heute ist ein Punkt erreicht, *„wo Aufklärung in das einmündet, was zu verhindern sie angetreten war, Angstmehrung"*. Das führt zum Vertrauensverlust, und die *„Aufklärung entfaltet sich in der Form eines kollektiven Misstrauenstrainings von epochalen Ausmaßen"*. Rationalismus und Misstrauen sind beide eng mit der gesellschaftlichen Dynamik verbunden, und es wird *„eine neue Form von Realismus hervorgetrieben – eine, die ihren Motor in der Sorge besitzt, Opfer von Täuschung oder Überwältigung zu werden"* [Hervorhebungen E.K.].

Peter Sloterdijk beliebt zwar überspitzt zu formulieren. Aber diese scharfe Analyse hat einen wahren Kern. Der Trend geht eindeutig in Richtung zunehmender Spezialisierung der Arbeit und vor allem des Wissens – unbeachtet aller Bemühungen um *job enrichment* und ganzheitliche Betrachtungsweisen, welche einigen wenigen glücklichen Generalisten vorbehalten bleiben mögen, die sich ihrerseits auf das spezialisierte Wissen von Fachexperten verlassen müssen. Umgekehrt ist nicht zu erwarten, dass der Trend zur Sorge, ein *„Opfer von Täuschung"* zu werden, nachlässt und die Gesellschaft plötzlich autoritätsgläubig wird. Wir müssen lernen, mit dem Dilemma zu leben, dass der Mensch des Westens den unverstandenen Grundlagen seiner Existenz zwingend misstraut. Dummheit gebiert Misstrauen. Es darf kein Grund zur Mutlosigkeit sein, wie sie sich bisweilen ausbreitet. Es ist nur eine weitere Ambivalenz, mit der der Westen lernen muss zu leben.

Eine große Rolle spielt dabei die fehlende Kenntnis des Aufwands, der für die Befriedigung unserer Wünsche nötig ist. Und umgekehrt, falls man sich des Aufwands bewusst wird, fragt man sich, ob das Ergebnis den ganzen Aufwand wert war. Die Kulturkritik hat stets einen pessimistischen Unterton. Es scheinen interessanterweise nicht die Rückschläge und Misserfolge seiner Anstrengung zu sein, die dem Menschen Mut rauben. Es dürfte vielmehr sein Erfolg sein, das Erreichen des Langersehnten, die Erfüllung seiner Träume. Der Westen, beziehungsweise die Aufklärung, hat den Frevel begangen, erreichbare Ziele anzupeilen. Die technischen und organisatorischen Voraussetzungen der erreichten Ziele werden nicht verstanden, die Befriedigung der Bedürfnisse wird als selbstverständlich erlebt.

> Das resultierende eherne Gesetz der Geringschätzung vorhandener Güter ist die Strafe für die leichte Befriedigung der Wünsche in einer mühelosen Gesellschaft.

Doch diese Analyse ist zu differenziert, um verstanden zu werden. Die Enttäuschung, die Unzufriedenheit wird kaum je dem Erfolg zugerechnet, sondern der unvollkommenen Erreichung der gestellten Ziele und der fehlenden ganzheitlichen Sicht der Experten.

Die offene Gesellschaft des Westens hat diverse Mechanismen der Fehlerkorrektur eingeführt, zwecks Korrektur der Dummheit ihrer Subjekte. Und sie hat im technisch-wirtschaftlichen Bereich eine so hohe Produktivität erreicht, dass sie sich im politischen Bereich die nötige Unproduktivität schrittweiser Entscheide leisten kann, das Sich-Herantasten an mehrheitsfähige Konsenslösungen. Sie hat es fertiggebracht, auch mit der Ignoranz der Satten umzugehen. Gefahr droht ihr nur, wenn die liberalen politischen und wirtschaftlichen Mechanismen außer Kraft gesetzt oder unwirksam gemacht werden sollten, durch Ideologien, besserwisserische Populisten oder durch Entscheide mit irreversiblen Folgen.

Die Vereinfachung der Wunschbefriedigung ist auch der Ursprung der Anbetung der Geschwindigkeit. Die Sucht nach Sofortbefriedigung, die Unfähigkeit zu warten, der Verlust der Beschaulichkeit und folglich auch die Unfähigkeit zu genießen, springt einem förmlich in die Augen. Es ist vermutlich das wichtigste Charakteristikum der Drucktaste, dass ihre Betätigung eine Sofortreaktion zur Folge hat. Man tritt das Gaspedal durch, und der Wagen beschleunigt. Man öffnet den Hahn, und das Wasser fließt. Man drückt auf die Deo-Spraydose und der Schweißgeruch ist weg. Daraus entwickelte sich das Ritual der Sofortreaktion als eine der bemerkenswertesten Begleiterscheinungen der technischen Zivilisation.

Dies wirkt sich mehrfach aus. Zunächst führt es zur Illusion einer ständigen Steigerung des Lebenstempos, zur zunehmenden Unduldsamkeit gegenüber jedem Zeitverlust. Mit einer Zeitepoche, in der man von der „Erfindung der Langsamkeit" sprechen und *slow food* anpreisen muss, stimmt etwas nicht. Andererseits ist das Ritual der Sofortreaktion eine weitere Ursache dafür, dass der Maßstab für die Anstrengungen, die zur Erfüllung irgendeines Wunsches nötig sind, verloren geht. Wird nämlich die Zeitbarriere zwischen dem Wunsch und dessen Erfüllung niedergerissen, so wird der Genuss entwertet und zur Selbstverständlichkeit degradiert. In letzter Konsequenz führt dies zu ständiger Eskalation der Befriedigungswünsche und zur parallelen Steigerung des Angebots an Befriedigungsmöglichkeiten.

Der Wunsch nach Sofortreaktion ist übrigens ein alter menschlicher Traum, geträumt schon lange vor unserer Zeit. Es ist nicht eine langsame Besserung der

Krankheit, die uns begeistert, sondern ihre wunderbare Sofortheilung: „Stehe auf, Lahmer, und gehe!" Zaubersprüche bewirken nie eine allmähliche Änderung eines Zustandes, sondern haben stets eine Sofortwirkung. Dem Schneewittchen fällt das vergiftete Apfelstück aus dem Mund, und es wird lebendig. Der Prinz küsst Dornröschen wach, mit dem gleichen Soforteffekt. Das Tischlein deckt sich im Nu, die Gerichte werden nicht etwa von dienstbaren Geistern nach und nach aufgetragen und soigniert serviert. Die heutigen technischen Möglichkeiten haben die Realisierung dieses Traums ermöglicht. Das Potential der Sofortreaktion der Touchscreen-Technik fiel auf den fruchtbaren Boden des Traumes von Automaten und Wundern. Das erklärt die Heftigkeit, mit der sich das Prinzip der Sofortreaktion der Gesellschaft bemächtigen konnte. Der Zauberring ist ein direkter Vorgänger des Touchscreens – man dreht daran und schaltet nach Belieben die Zauberkraft ein und aus. Er kann von jedermann bedient werden; niemand weiß aber, warum er funktioniert. Die Parallele zwischen den beiden Symbolen einer Sofortwirkung ist verblüffend und lässt tief in die Mentalität des modernen Menschen blicken.

Eine entscheidende Komponente haben wir noch nicht erwähnt, die Verfügbarkeit über ausreichende Mengen Energie. Denn eine Taste, ein Bedienungselement ist genaugenommen stets nur ein Steuerelement für den Energiefluss. Dank freier Verfügbarkeit über Energie wurden nicht nur die technischen, sondern auch viele der sozialen Träume der Menschheit nach und nach realisiert. Trotz aller Vorbehalte können wir mit dem Fortschritt der Vergangenheit und dem Erreichen der Gegenwart recht zufrieden sein. Die Touchscreen-Zivilisation bescherte als erste den Zugang zu den zivilisatorischen Segnungen nicht nur einer bevorzugten Elite, sondern der gesamten Gesellschaft, zumindest in einer nie da gewesenen Breite.

Massenkonsum, Massenmotorisierung und Massentourismus sind die Attribute der Gegenwart; Massenelend, Massenhunger, Darben und Entbehrungen der Massen sind in den Industriestaaten unbekannt. Die Betonung liegt auf dem Attribut ‚Massen'.

Dank ausreichender Mengen mechanischer Energie und der Dezentralisierung der Verfügbarkeit durch die Elektrizität entstand die energetische Basis unserer Zivilisation. Heute genießen wir die ‚Dezentralisierung der Intelligenz' und misstrauen ihr. Die Parallele der beiden Dezentralisierungen ist verführerisch, sie verleitet uns zu einem Exkurs in das 19. Jahrhundert. Edison hat damals die Glühbirne erfunden, nur nutzt einem die beste Glühbirne selbstverständlich nichts, wenn man im Zimmer keinen Stromanschluss hat. Und diesen hat es damals noch nicht gegeben – wozu denn? Also musste Edison auch die notwendige Infrastruktur schaffen, und das war die eigentlich innovative Tat Edisons, nicht die Erfindung der Glühbirne. Er und sein Konkurrent Westinghouse bauten Blockkraftwerke mit kohlebetriebenen Dampfmaschinen, der Strom konnte mit Drähten in den umliegenden Häusern verteilt und dezentral angezapft werden – nur so konnte Edison seine Birne überhaupt verkaufen. Die eigentliche Dezentralisierung der Energie entsprang aber den Erfordernissen der industriellen Produktion.

Am Anfang der Industrialisierung steht die Dampfmaschine als Quelle der Energie, konkreter der mechanischen Kraft. Die Erzeugung dieser Kraft war nur ab einer gewissen Mindeststärke wirtschaftlich sinnvoll, und so stand mechanische Kraft nur in größeren Mengen zur Verfügung, etwa als Antriebquelle einer schweren Lokomotive oder als stationäre Dampfmaschine in einer Fabrik – Minidampfmaschinen gab es höchstens als Kinderspielzeug mit einem Teelicht unter dem Minikessel. Die frühen Manufakturen hatten ein sogenanntes

Maschinenhaus mit einer Dampfmaschine, welche über ein System von mechanischen Transmissionsachsen die Fräsen, Drehbänke etc. antrieb. Diese mussten über schwerfällige Antriebsriemen an die sich unter der Hallendecke drehenden Transmissionsachsen angeschlossen werden – wir alle haben schon Bilder von alten Maschinenhallen gesehen, mit ihrem unfallträchtigen Wirrwarr von Riemen, Rädern und Stangen. Die Erfindung des Dynamogenerators und des elektrischen Motors Ende des 19. Jahrhunderts ermöglichte eine dezentrale Versorgung mit elektromechanischer Antriebskraft, und Edison setzte diese Entwicklung folgerichtig für die Stromversorgung der Haushalte fort. Das elektrische Netz besorgte die Verteilung der Energie. Jede Arbeitsmaschine konnte ihren eigenen Motor haben, der einfach an das Stromnetz angeschlossen werden konnte, ohne mechanische Transmissionsachsen und Riemen, sondern durch ruhende (und später versteckte) Drähte. Heute beziehen wir Energie respektive Antriebskraft aus der Steckdose, und zwar in den erforderlichen Mengen, groß für Drehbänke, Pressen und Stanzen oder klein für Staubsauger, Waschmaschinen, Rasierapparate und Computer. Oder für Zahnbürsten.

Abgesehen von der Flexibilität einer solchen Lösung, der höheren Arbeitsproduktivität und der verminderten Unfallgefahr hatte die Dezentralisierung der Kraft auch indirekte gesellschaftliche Auswirkungen. Sie ermöglichte die Entwicklung von Geräten wie der erwähnten Waschmaschinen, Wäschetrockner, Geschirrspüler, Staubsauger, Küchenmaschinen etc., welche die Mechanisierung des Haushalts einleiteten. In der Folge starb der früher omnipräsente Beruf des Dienstmädchens praktisch aus, denn auch in ‚besseren Haushalten‘ verrichtet heute die ‚Herrschaft‘ die leichter gewordene Hausarbeit selbst. Die Dezentralisierung der Energie hatte unerwartete gesellschaftliche Auswirkungen – ähnlich unserer Erzählung vom Steigbügel und Feudalismus. Welche gesellschaftlichen Auswirkungen wird die Dezentralisierung der Intelligenz haben?

Wir verwenden hier den Begriff ‚Intelligenz' metaphorisch – das eigentliche Gut, um welches es geht, ist die Information, die Verfügbarkeit über Information und ihre Verbreitung durch die Medien. Information bedeutet Macht und Medien geben schon deshalb Anlass zu steter Kritik, nicht erst im Zeitalter der Fake News. Aber es sind weniger die *Inhalte* der medialen Erzeugnisse, als die technischen Möglichkeiten der Kommunikation, von welchen unerwartete Einflüsse auf die Gesellschaft zu erwarten sind. Spätestens seit dem berühmten Diktum von Marshall McLuhan „The medium is the message" ist bekannt, dass jede neue Kommunikationstechnologie allein schon durch ihre technischen Möglichkeiten die Gesellschaft prägt, weitgehend unabhängig von den verbreiteten Inhalten und langfristig viel nachhaltiger als durch diese. Vor den Inhalten kann man sich versperren – vor den Medien selbst weniger.

Es wäre interessant, die Einführung des Buchdrucks, Telegraphen oder des Rundfunks unter diesem Aspekt minutiös zu hinterfragen und über die Folgen der modernen Kommunikation nachzudenken – viel ausführlicher, als wir hier dazu Zeit und Raum haben. Hätte man um 1980 annehmen können, dass sich ein paar Jahre später mit den Smartphones soziale Medien wie Twitter und Facebook etablieren, und Kommunikationsformen mit wortbegrenztem Inhalt, Smileys und Emojis? Und dass im Jahre 2015 das ‚Smiley mit Freudentränen' vom altehrwürdigen *Oxford Dictionary* zum *Word of the Year* erkoren wird, als das erste Piktogramm statt eines geschriebenen Worts in der Geschichte des Abendlandes? Zurück zu Hieroglyphen? Hätte man prognostizieren können, dass Smartphones einmal als Ursache von Verkehrsunfällen ihrer Pokemon spielenden Benutzer Sorge bereiten werden?

Wir haben den Einfluss der Erfindung des Buchdrucks und die Synergie der Reformationsbewegung und der gedruckten Information auf die abendländische Entwicklung gewürdigt. McLuhan bringt ein ganz anders geartetes Beispiel: Nach ihm wäre der Jazz ohne Grammophon vermutlich eine lokale Erscheinung der New Yorker Stadtquartiere wie Harlem geblieben. Es war die unscheinbare Grammophon-Platte, die den Siegeszug der Jazzmusik weltweit ermöglicht und so zu einer kulturellen Aufwertung der Amerikaner schwarzer Hautfarbe beigetragen hatte. Die Technologie der LP als Wegbereiter des Slogans *black is beautiful*. Welche unerwarteten Folgen hält das Internet und die praktisch verzögerungsfreie Nachrichtenübermittlung rund um den Globus bereit?

Heute sind wir gewohnt, ‚Augenzeugen‘ des Weltgeschehens zu sein, wo immer auch etwas passiert. Am augenfälligsten beeinflusste das Fernsehen die Kriegsberichterstattung. Ohne Bildinformation lässt sich der Krieg leichter glorifizieren, die Siege sind strahlend, die Niederlagen heldenhaft, der Tod hat einen vaterländischen Sinn. Tägliche Fernsehbilder enthüllen dagegen die blutige Realität des Kampfalltags, der Tod ist nicht heldenhaft, sondern blutig und grausam. Der Krieg, und sei er noch so ‚gerecht und heilig‘, begeistert nicht, zumindest nicht in unserem humanistischen Kulturkreis. Die TV-Reportagen zur Zeit des Vietnam-Kriegs werden zu den wesentlichen Faktoren gezählt, welche seinerzeit zum Umschwung der öffentlichen Meinung und zum Rückzug der USA aus Vietnam führten. Ohne Fernsehen wäre der gleiche Krieg von der gleichen Öffentlichkeit möglicherweise bereitwillig zum ‚Kreuzzug gegen den unmenschlichen Kommunismus‘ emporstilisiert worden. Und der

Golf-Krieg musste später nicht nur im Feld, sondern auch zu Hause am Bildschirm gewonnen werden – die Medien wurden über (ausgewählte und erfolgreiche) Operationen am Golf in täglichen Konferenzen vermutlich ausführlicher, schneller und anschaulicher informiert als die Hauptquartiere von Armeen je zuvor.

Die Satelliten-Antennen im Herrschaftsbereich der ehemaligen Sowjetunion dürften bei dem politischen Kollaps des Ostens eine selten gewürdigte Rolle gespielt haben – das westliche Fernsehen machte zwar keine ‚Propaganda‘, es führte aber mit seinen Werbespots und Seifenopern den armen östlichen Zuschauern ständig die Vorzüge der kapitalistischen Konsumgesellschaft vor Augen, was stärker als jede gewollte politische Unterwanderung war. Auch in den Entwicklungsländern flimmert unser industrieller Wohlstand täglich unreflektiert über den Bildschirm, eine der Ursachen der Migration, aber auch des fundamentalistischen Hasses auf den Westen.

Information zieht außerdem besonders dann, wenn sie als Ereignis, als Unterhaltung angeboten wird. Neil Postman bemängelte früh unter dem Titel *Wir amüsieren uns zu Tode* das Aufkommen der als ‚Infotainment‘ bekannten Mediensitte. Er warnte vor dem Einfluss der Infotainment-Mentalität auf die Jugendlichen, welchen suggeriert wird, dass die Informationsaufnahme nichts mit Konzentration und Arbeit zu tun hat, sondern pures Spiel und Vergnügen ist. Die durch Sendungen der Sesam-Street-Serie an die scheinbare Leichtigkeit des Lernens gewohnten US-Kinder hatten angeblich später in der Schule Probleme zu verstehen, dass das Lernen vor allem Üben und nochmals Üben bedeutet. Der fernsehverwöhnte Konsument erliegt der Illusion, informiert zu sein, weil er sich durch einige Sendungen ‚durchgezappt‘ hat. Heute hätte sich Neil Postman über das Surfen und das Durchklicken all der verführerischen Links aufgeregt, welches, ohne dass man weiß was man eigentlich sucht, nur zu unverdaulichen Informationsbrocken führt.

Damit ist ein Paradoxon angesprochen: Die Information steht heute mit dem Web jedermann zur Verfügung, und gleichzeitig stellt das Web hohe Anforderungen an die Konsumenten dieser Information – sie müssen zunehmend das Wichtige vom Unwichtigen trennen lernen. Und dies gelingt besser den gut Informierten, wodurch sich tendenziell der Abstand zwischen den sozialen und bildungsmäßig unterschiedlichen Schichten trotz des breitest möglichen Infoangebots vergrößert. Mit durchaus negativen Folgen für den politischen Wissensstand und die demokratische Meinungsbildung. Nun, es gehört zum ehernen Bestand der Kulturkritik, jede neue mediale Entwicklung als einen Schritt zur Halbbildung zu disqualifizieren – das ist nicht neu.

Eine interessantere Beobachtung findet sich in Andreas Rödders Buch über die *Geschichte der Gegenwart*. Er diagnostiziert Änderungen in der Art des Denkens und der Wahrnehmung der Information aufgrund der Verlinkungsart des Internets. Das klassische westliche Denken ist stark vom deterministischen Vorgehen und von hierarchischen Klassifikationsstrukturen geprägt. Wir denken ‚von links nach rechts' im Sinne Ursache → Wirkung → Folge, oder Input → Verarbeitung → Output. Wir lesen Tabellen in diesem Sinne, die ganze Schriftlichkeit ist so angelegt. Und wenn wir im Lehrbuch etwas suchen, so von oben nach unten: Oberbegriff ↘ Begriff ↘ Unterbegriff; Ordnung ↘ Klasse ↘ Unterklasse ↘ Element. Das alphabetische Register ist nur ein Behelf, um in die Nähe der richtigen Klasse zu kommen. Die ganze Struktur unseres Wissens besteht aus einem übersichtlichen Netz von Bezügen, Abhängigkeiten, Kausalitätshierarchien.

Im Internet surft man, man folgt den Hyperlinks, verliert sich in Querverweisen, „statt einen Text linear von vorn nach hinten zu erfassen" – so Rödder. Er nennt die resultierenden wurzelförmigen Denkstrukturen „rhizomatisch": „Der aus der Botanik stammende Begriff des Rhizoms kennzeichnet das Sprossengeflecht von Maiglöckchen, Ingwer, Spargel [...] und verweist auf eine (Nicht-) Ordnung des Wissens, die durch Konnexion, Heterogenität, Vielheit und asignifikante Brüche gekennzeichnet ist und ein nichthierarchisches Netzwerk darstellt [...]. Die Verbindung von Digitalisierung und postmodernen Rationalitätsstrukturen könnte somit einen grundlegenden Wandel der Denkformen herbeiführen". Die traditionelle Logik und Kausalität könnten ins Wanken geraten oder zusätzlich anderen, alternativen Denkformen Platz geben.

Wir haben gesehen, welche unerwarteten sozialen Auswirkungen die Dezentralisierung der Energie hatte. Auch die Dezentralisierung der Intelligenz wird tiefgreifende und unerwartete Auswirkungen haben, jenseits der heute prognostizierbaren. Die Änderung der Denkformen könnte eine davon sein. Die Nutzung der rhizomatisch dargebotenen Information im Netz benötigt – nicht gefühlsmäßig, aber faktisch – mehr Vorbildung, als ein klassisches Lehrbuch, und die Information kann deshalb kritisch und im Kontext eingeordnet eher von denen genutzt werden, die bereits eine gewisse Bildungsgrundlage haben, obwohl ein jeder Web-Nutzer sich als informiert empfindet. Das kann dazu beitragen, dass in der Touchscreen-Zivilisation die Wissenskluft bei der Nutzung der *Informationsinhalte* des Web größer wird – die Gesellschaft zerfällt immer mehr in Fachleute, welche die technischen und inhaltlichen Voraussetzungen der Moderne beherrschen und bereitstellen, und die vielen Übrigen, die sich ihrer bedienen, ohne jede Ahnung, was hinter der Tastatur, dem Bildschirm, dem Lautsprecher und den Inhalten der Information steckt und ohne sich der eigenen Ignoranz bewusst zu sein. Im Google-Zeitalter ist jedermann ein Fachmann für die genetischen Auswirkungen der Corona-Impfung – und vertritt dementsprechend sein Teilwissen mit der Vehemenz der Wissenden, ja der Gläubigen. Was zur Verstärkung des diagnostizierten Misstrauens und zu Möglichkeiten der Manipulation der Öffentlichkeitsmeinung Anlass gibt. Und nach einer Zensur der Inhalte der sozialen Medien ruft, wie wir sie heute schon erleben. Die Gesellschaft wird lernen müssen, mit diesen Problemen zu leben.

Der Dummheit in der Gesellschaft wird jedenfalls nicht weniger. Dem abendländischen Perfektionismus verpflichtet, schreitet die Entwicklung aber unaufhaltsam voran. Dank der Fortschritte der KI – der künstlichen Intelligenz – erwartet man, der Bequemlichkeit des Menschen einen bedeutenden weiteren Schritt entgegenzukommen. Die Hoffnung besteht, dass die Dummheit der User durch geeignete digitale Algorithmen nachgebildet werden kann, so dass die reellen Menschen auf sie verzichten können. Der Mensch würde seine Dummheit digital erledigen lassen. Das käme ihrer Abschaffung in der realen Welt des Menschen gleich. Das erste Mal in seiner kognitiven Geschichte wäre der Mensch von seiner Dummheit befreit.

Leider richten sich die Bestrebungen des Silicon Valley bisher nur auf die technische Seite der Zivilisation – die Politik wird stiefmütterlich vernachlässigt. Dort wird noch auf unabsehbare Zeit der Mensch dumme Fehler selbst machen müssen. Worin er immerhin einige Erfahrung besitzt.

Der Pfeil der Zeit
oder die darstellende Geometrie der happiness

Will man über die Befindlichkeit der Gesellschaft nachdenken, so macht man mit Vorteil Anleihen bei der schönen Literatur. Dabei ist der Unterschied zwischen großer und banaler Literatur zu beachten, der bekanntlich darin besteht, dass Trivialromane ein Happy End haben, wogegen literarisch wertvolle Werke problembeladen sind und ins Desaster führen. Eine Tragödie hat einen höheren Rang als eine Komödie, jedes optimistische Werk ist tendenziell kitschig.

Kurt Vonnegut hat einmal vorgeschlagen, den Verlauf von Literaturwerken graphisch aufzuzeichnen, in der Form von Diagrammen. Die Abszissenachse bezeichnet dabei die Zeit **t,** die Ordinatenachse den Zustand zwischen einer positiven (*happiness,* Glück **G**) und einer negativen Situation (*misery,* Unglück **U**). Eine typische Trivialgeschichte, in der es nach einigen Prüfungen des Helden zum obligaten Happy End kommt, sieht dabei etwa so aus:

© Springer-Verlag GmbH Deutschland, ein Teil von Springer Nature 2022
E. Kowalski, *Dummheit,*
https://doi.org/10.1007/978-3-476-05857-7_11

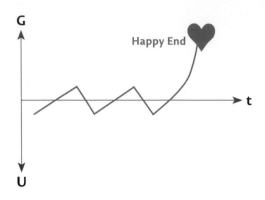

Wertvolle, hochstehende Literatur hat selbstverständlich im rechten unteren Teil des Diagramms zu enden. Als Beispiel für eine besonders große Literatur mag die von Vonnegut angeführte Erzählung *Die Verwandlung* von Franz Kafka notiert werden, in der ein bereits ausreichend unglücklicher Mensch, Gregor Samsa, reisender Verkäufer von Tuchwaren, zum Käfer verwandelt wird – ein unendliches Pech:

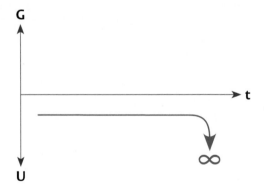

Die Vonnegutsche Notation ist zwar sarkastisch gemeint, sie hat aber ihre ausgesprochen ernste Seite. Sie erklärt zwanglos, warum Kafka als großer Schriftsteller gilt – alle seine Werke enden im rechten unteren Quadrant. Außerdem eignet sie sich ausgezeichnet zur Darstellung der Weltgeschichte und der gesellschaftlichen Entwicklung sowie des zugrundeliegenden Weltbilds einer Gesellschaft, was unseren Anliegen zugutekommt.

Die gängigen Interpretationen der Weltgeschichte lassen sich in zwei Kategorien einordnen, und ihre graphisch vereinfachte Darstellung offenbart auf Anhieb die ihnen zugrundeliegende Tendenz. Die von der Zunft der seriösen Historiker selten ernst genommenen Apologeten des gerade herrschenden oder eines idealisierten künftigen Zustandes denken finalistisch, teleologisch. Ihre Universalgeschichte besteht in der steten Vervollkommnung der menschlichen Gesellschaft bis zum besten aller denkbaren Zustände – wo dann die Geschichte mangels weiterer Entwicklungsmöglichkeiten abrupt endet. Hegel sah bekanntlich das Ende der Geschichte in der absolutistischen Preußischen Monarchie des Jahres 1806, die von Napoleon gerade in der Schlacht bei Jena geschlagen wurde. Fukuyama betrachtete die westlichen Demokratien des Jahres 1989, nach dem Kollaps des Kommunismus im Ostblock, als den nicht zu übertreffenden Gipfel der Entwicklung, wie wir schon erwähnt haben:

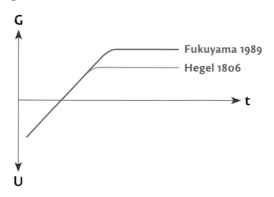

Beide mussten sich wie bekannt eines Besseren belehren lassen. Das Christentum kennt übrigens mit dem Jüngsten

Gericht auch ein Ende der Geschichte, doch im Gegensatz zu Hegel oder Fukuyama waren die Kirchenväter ausreichend klug und vorsichtig, und legten sich für das finale Ereignis auf kein genaueres Datum fest.

Ein solch banales Happy End der menschlichen Geschichte wird wie gesagt von den seriösen Historikern belächelt. Seitdem Polybios im antiken Griechenland die Idee der Anakyklosis hatte, eines Kreislaufs der Regierungsformen mit zwingendem Abgleiten der Gesellschaft in die Dekadenz, denken sie bevorzugt zyklisch, in der Abfolge von Aufstieg und Untergang der Zivilisationen und Kulturen. Ihr Geschichtsmuster sieht so aus (es sind nur zwei Glieder der Entwicklungsreihe dargestellt):

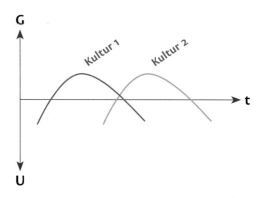

Die Geschichte wird dabei entweder einfach als Aufstieg und Fall oder anthropomorph als Jugend, Reife und Alter einer Kultur gedacht, die am Ende ihrer Reifezeit von einer neuen, noch jugendlich-dynamischen Nachfolgerin besiegt und ersetzt wird. Oswald Spengler spricht von der Triade Vorzeit, Kultur, Zivilisation oder von der jahreszeitlichen Struktur Frühling, Sommer, Herbst, Winter. Quigley, dem wir im Kapitel über das Steigbügel-Orakel begegnet sind, betont, dass jede Unterteilung eines zeitlichen Kontinuums zwar stets willkürlich, aber für eine strukturierte Analyse notwendig sei, und führt sieben Phasen ein, deren Bezeichnungen man am besten mit 1) Vermischung und Verschmelzung von Ausgangskulturen, 2) Reifung – im amerikanisch-englischen Originaltext wörtlich ‚Schwangerschaft‘, 3) Expansion, 4) Zeitalter der Konflikte, 5) Universalreich, 6) Zerfall und 7) Invasion übersetzt. Wie dem auch sei, am Ende überrennen Barbaren das dekadent gewordene Reich, nur um nach einigen Jahrhunderten eigener Kultivierung dem gleichen Schicksal zu erliegen.

Die Zenite der nacheinander folgenden Kulturen werden meist wertfrei beurteilt, ein Fortschritt ihrer Kulminationspunkte ist nicht zwingend – die Folgekulturen mögen zwar einiges übernehmen, neues dazugeben und so eine Besserung erzielen, aber vieles kann im neuen Zyklus verloren gehen, so dass es die Jungen nicht unbedingt weiter bringen als die Alten. Das Bild des finsteren Mittelalters, das Roms Badethermen zerstörte und seine Straßen verkommen ließ, wirkte in der Geschichtslehre nach. Erst Quigley hat für die westliche Moderne ab dem 15. Jahrhundert eine Steigerung der Kulminationspunkte der von ihm analysierten drei Geschichtszyklen der abendländischen Kultur postuliert.

Soweit zur Weltgeschichte. Eine besondere Anschaulichkeit gewinnt die geometrische Darstellung der Geschichte erst, wenn man sie zur Darstellung der Weltanschauung der Gesellschaft benutzt. Im Kapitel über Metamorphosen und Dichotomien haben wir auf die zwei disparaten Muster hingewiesen, welche der westlichen Weltanschauung zugrunde liegen, auf die zwei polaren Weltbilder, die nebeneinander existieren. Das eine ist offen und entwicklungsfähig, kein zyklisches Bild der ewigen Wiederkehr, sondern ein technisch-optimistisches Bild des ‚Morgen-wird-es-besser-sein‘. Das andere Weltbild wird von einer Art pragmatischen Pessimismus beherrscht.

Wir wollen diese Weltbilder nun in der Vonnegutschen Notation darstellen. Die pessimistische Komponente bezeichnete ich vor Jahren in einem Vortrag als das Weltbild des „regressiven Paradieses", es wird uns mit seiner quasireligiösen Terminologie bekannt vorkommen:

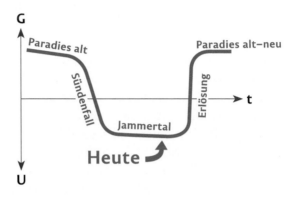

Dem ursprünglichen, als ungetrübt positiv empfundenen Zustand eines verklärten vergangenen Paradieses folgt ein ‚Sündenfall', der die Gegenwartsmisere zur Folge hat. In Anlehnung an biblische Begriffe kann man den gegenwärtigen Zustand als das ‚Jammertal' bezeichnen. Den einzigen Ausweg aus der negativen Lage des Jammertals bietet ein in der Zukunft liegender Kraftakt der ‚Erlösung', der zur Rückkehr in das verlorene Paradies führt.

Das Heute wird bei diesem Bild stets im tränenreichen Jammertal angesiedelt, irgendwo zwischen Sündenfall und Erlösung, nicht weit weg vom Sündenfall (um noch die Verantwortung dafür zu spüren), aber bereits in greifbarer Nähe der Erlösung, die problemlos gelingen würde, wenn wir nur alle … ja, was? Das Spektrum der verlangten Erlösungstugenden umfasst je nach dem gerade herrschenden Zeitgeist die Deregulierung oder die Zentralisierung der Wirtschaft, die Dezentralisierung der politischen Befugnisse und Basisdemokratie oder deren genaues Gegenteil, mehr oder weniger sozialer Verantwortung, das Verlangen nach *Great America,* sparsamem Umgang mit Energien oder umgekehrt den Verzicht auf Umweltschutz, totale Dekarbonisierung der Energiebasis oder dann die Leugnung der Erderwärmung, Nullwachstum oder zumindest nachhaltige Entwicklung, Abschaffung des Privateigentums, Verzicht auf individuelle Mobilität, Gemeinsinn ... und was es sonst noch für dringende solitäre Anliegen der Politik gibt, bis zum Irrsinn der völkischen Reinheit. Auch das gab es.

Man ersieht sofort, dass monotheistische Religionen und systematische Ideologien des Westens dem Typus des regressiven Paradieses zuzuordnen sind. Der Unterschied zwischen den jenseitigen Religionen und den säkularen Ideologien liegt in der begangenen Sünde. In den Religionen ist der Sündenfall im Wesentlichen irreversibel – eine religiös-moralische Sünde kann man nicht rückgängig machen, ein Frevel gegen Gott ist nicht wegzudiskutieren. Die Rückkehr ins verlorene Paradies erfordert deshalb einen göttlichen Gnadenakt, auch wenn sich der Mensch diesen durch bestimmte Tugenden mitverdienen kann. Die weltlichen Ideologien sehen den Sündenfall dagegen in einer durchaus reversiblen Handlung – in der rassischen Vermischung beispielsweise, in der Zulassung des privaten Eigentums, in der mutwillig verursachten Umweltbelastung. Die Erlösung kann dementsprechend vom Menschen aktiv herbeigeführt werden – durch bewusste Rassenreinheit, durch die Abschaffung des Eigentums an Produktionsmitteln, oder durch die Einführung einer ökologischen Wirtschaft. Vielleicht sind die Ideologien deshalb meist radikaler als die Religionslehren, denen eine gewisse Resignation der Demut vor der Gottheit eigen ist – falls sie nicht im Dogmatismus und Fundamentalismus erstarren, was nicht selten weniger der

Theologie geschuldet ist, als ganz profanen, wirtschaftlichen oder machtpolitischen Gründen.

Im Gegensatz zu der rückwärtsorientierten Grundtendenz des Weltbildes vom verlorenen Paradies liegt dem konträren Bild ein Gefühl des Aufbruchs zugrunde, das man als das „progressive Paradies" bezeichnen kann:

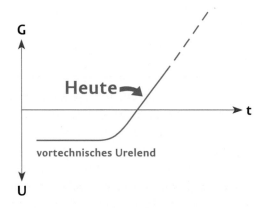

In diesem Weltbild ist die Gegenwart irgendwo auf dem aufsteigenden Ast der sich laufend bessernden Situation angesiedelt. Das Heute ist spürbar besser als das Gestern, und vom Morgen wird erwartet, dass es noch besser sein wird. Es besteht kein finales Zukunftsbild, keine Vorstellung von einem endgültigen, statischen Paradies, das man einmal erreichen und an dem es nichts mehr zu verbessern geben wird. Das kommende Paradies wird als ein offener Prozess verstanden, als Vorgang der zunehmend besseren Realisierung der sich wandelnden Zielvorstellungen[1].

---

[1] Robert Musil porträtiert im *Mann ohne Eigenschaften* prächtig den erzkonservativen Grafen Leinsdorf, der eines Tages widerwillig der Wohltaten der Moderne gewahr wird. Mitten in einer seiner Apologien der vergangenen Herrlichkeiten „war ihm [...] eingefallen, dass er wirklich unangenehm überrascht sein würde, wenn er eines Morgens ohne warmes Bad und Eisenbahn aufwachen müsste und statt der Morgenblätter bloß ein kaiserlicher Ausrufer durch die Straßen ritte". Ein schönes Beispiel der Korruption des

Das Heute wird kaum an der Vergangenheit gemessen. Wenn man mit der Gegenwart unzufrieden ist (und der westliche Mensch ist mit der Gegenwart stets unzufrieden), so in Bezug auf die Zukunft, auf die noch nicht erfolgte Ausschöpfung der in den vorhandenen Mitteln als angelegt geglaubten Möglichkeiten, die man für erstrebenswert hält. Dass man aus dem Vergleich mit der viel schlechteren Vergangenheit die noch vorhandenen Unvollkommenheiten der Gegenwart verzeihen und sich am bereits Erreichten freuen sollte, das wird nur selten empfunden. Immerhin wird die Vergangenheit nicht glorifiziert, sie wird als negativ empfunden – das Wort vom ‚vortechnischen Urelend‘ trifft die Stimmung nicht schlecht: Das Gestern war die Zeit, als man Tippfehler noch auf allen Schreibmaschinenkopien mühsam einzeln radieren musste, als es noch keine Antibiotika gab, als das Bohren beim Zahnarzt noch sehr weh tat, als noch kein Handy existierte. Aber Hand aufs Herz – vielleicht mit Ausnahme der fehlenden Handys erinnern wir uns an all die Beschränkungen der Vergangenheit kaum mehr, obwohl das ‚echte‘ vortechnische Urelend nicht allzu weit zurück liegt, denn noch Goethe fuhr mit der Postkutsche über den Gotthard, und die Großmutter des Autors erschrak im Kindesalter, als sie zum ersten Mal aus dem Holzkasten des Phonographen eine krächzende Stimme vernahm. Von Zeit zu Zeit, wenn sich dieses oder jenes politische Ereignis zum dreißigsten Mal jährt, bringt das Fernsehen alte, ‚historische‘ Schwarz-weiß-Aufzeichnungen, die uns mit nostalgischen Gefühlen erfüllen: Herrgott, haben wir es weit gebracht in ein paar Jahren!

Konservativismus durch den Luxus des (technischen) Fortschritts. Die plötzliche Erkenntnis lässt Seine Erlaucht die Menschheit mit einem Mann vergleichen, „den ein unheimlicher Wandertrieb vorwärtsführt, für den es keine Rückkehr gibt und kein Erreichen, und das war ein sehr bemerkenswerter Zustand“. Die Handlung spielt übrigens um das Jahr 1913.

Die westliche Gesellschaft schwankt zwischen diesen beiden komplementären Polen, mal dominiert das eine Weltbild, mal das andere. Stets sind aber beide präsent, korrigieren einander, ergänzen einander, kurz, führen untereinander eine friedliche Koexistenz. Das regressive Paradies bewahrt den Westen vor der Hybris eines Wachstums ohne Grenzen – das optimistische Bild davor, dass der Mensch in die Trübsal einer Welt verfällt, die sich als Lager mit begrenzten Vorräten versteht, das in vorgeschichtlicher Zeit mal gefüllt wurde und seitdem nur noch geplündert werden kann, und nicht als eine Werkstatt, wo man laufend Neues und gegebenenfalls Besseres produzieren kann. Ein und derselbe Mensch vereint in sich meist beide disparaten Weltbilder – beruflich betet er das Wirtschaftswachstum an, privat, als *homo politicus,* sorgt er sich um das Ausgehen der Ressourcen und zittert vor den Grenzen des Wachstums und dem Klimakollaps.

Interessant, wenn auch nicht überraschend ist, dass sich beide Weltbilder der Tatsache bewusst sind, dass es keine Stagnation geben kann, dass der Pfeil der Zeit unerbittlich ist, dass das HEUTE nur ein kurzer Augenblick zwischen der gerade verflossenen Vergangenheit und der eben anbrechenden Zukunft ist. Beide Zukünfte werden unter dem Aspekt der Hoffnung gedacht, die eine als die quasi eschatologische Abschaffung der gegenwärtigen unerwünschten Zustände, die andere als die rationale Folge der bereits angelegten Entwicklung, als ‚Lust auf Zukunft'.

Lust auf Zukunft? Der Tenor des Mainstreams klingt heute anders, die Lust auf Zukunft nimmt wegen zunehmender Ungewissheiten und Bedrohungen ab, man glaubt der Zukunft ihre Versprechen nicht, und ist eigentlich unglücklich, die Gegenwart verlassen zu müssen. Es gibt viele Probleme, viele Aufgaben, die man sich scheut anzugehen. Müssen wir auch das noch lösen? Ist doch alles andere schon schwer genug. Können wir nicht alles so lassen, wie es ist? Das Schlimmste ist, man beginnt sich der eigenen Unwissenheit bewusst zu werden. Vorbei sind die Zeiten, wo man noch forsch sagen konnte „Ja, wenn man mich nur machen ließe ..." Auch der sogenannte einfache Mensch realisiert, dass einige grundsätzliche Probleme anstehen, die nicht so ohne weiteres zu lösen sind, dass man in einer historisch ernsten Zeit lebt. Lösungen bieten nur noch Populisten, Schlagworte haben Hochkonjunktur, konsistente Visionen der Zukunft fehlen. Den geistigen Eliten fehlen Rezepte, man flüchtet sich zu alten Werten und behauptet gleichzeitig, dass es keine Werte gibt, man will tolerant sein – aber wie, inmitten der weltweiten Intoleranz? Doch ein Stillstand ist undenkbar, der Pfeil der Zeit fliegt unaufhaltsam, und die Schere zwischen dem progressiven und dem regressiven Paradies öffnet sich bedenklich weiter und weiter.

Und gleichzeitig nimmt etwas zu, das man als die ‚relative Dummheit' bezeichnen könnte, der zunehmende Abstand zwischen dem kumulierten wissenschaftlichen Wissen der Menschheit, das Tag um Tag wächst, und der gleichbleibenden User-Intelligenz des Individuums, die – wir haben es gesehen – aus grundsätzlichen Gründen nicht wachsen kann. Eine letzte Graphik soll den Gedanken illustrieren:

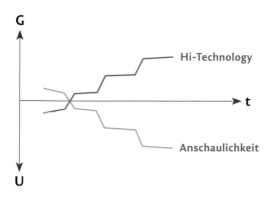

Die Zunahme des Wissens erfolgt auf Kosten der Anschaulichkeit der Erkenntnis. Es geht um Folgendes: Mit dem Aufkommen der Arbeitsteilung ist auch das ‚professionelle' Wissen aufgekommen, ein Wissen, über das nur der Spezialist kraft seiner Ausbildung, Erfahrung und Praxis verfügt. In einer primitiven Wirtschaft ist dieses Wissen im Prinzip noch von jedem Mitglied der Gesellschaft zu erwerben – jedermann kann einen Hammer verwenden, aber ein Schmied kann ihn besonders effektvoll schwingen, der Bäcker kann nur unwesentlich besser backen als die eigene Großmutter, jedermann kann nähen, aber nur die Schneiderin hat einen besonders geraden Stich und kann wunderbare Säume meistern … Auch die erste Mechanik war noch sehr anschaulich; auch wenn man die Hebelgesetze rechnerisch nicht beherrschte, konnte jedermann die Funktion etwa des Flaschenzugs verstehen. Sogar die Dampfmaschine war noch anschaulich, in jeder Küche hat der Dampf mal den Deckel vom Kochtopf gehoben; die Dampfkraft war erfahrbar, auch wenn die Thermodynamik schon anspruchsvoller war. Der Umschwung kam mit der Elektrodynamik, mit der gegenseitigen Beeinflussung von elektrischem Strom und dem Magnetfeld, und vollends mit den sich im Vakuum verbreitenden elektromagnetischen Wellen – es dauerte lange, bis auch nur die Fachleute die abstrakten, nicht anschaulichen Größen der Felder verinnerlichten und von der Behelfskonstruktion eines esoterisch anmutenden Mediums ‚Äther' Abstand nahmen. Die Kernspaltung, die Umwandlung von Masse in Energie, war die nächste Stufe abnehmender Anschaulichkeit, die quantenmechanischen Eigenschaften der Festkörper, die unseren Computern und Handys zugrunde liegen, die Theorien der Elementarteilchen, der Gravitation oder gar der quantentheoretischen

Verschränkung sind schon vollständig abstrakt – Fachleute können damit perfekt rechnen um sie zu nutzen, aber man ‚versteht' sie im Sinne der Anschaulichkeit nicht.

Der Unterschied zwischen dem zur *happiness* nutzbaren akkumulierten Fachwissen und der von einem noch so intelligenten Laien anschaulich erfassbaren Information darüber ist mittlerweile enorm und wächst weiter. Die ‚relative Dummheit' als der Abstand zwischen diesen beiden Größen nimmt beständig zu, und damit auch das Unbehagen, das Misstrauen in die nur von Experten beherrschbare Zukunft. Wir haben das Bild anhand der Naturwissenschaften gezeichnet (apostrophiert als Hi-Technology), dasselbe Bild ergibt sich auch, wenn wir das Finanzsystem, die Soziologie, Politologie, die Human-wissenschaften wie Neurologie und Fortpflanzungs-technik, Mikrobiologie und Gentechnik betrachten. Das anschaulich erfassbare Wissen nimmt relativ zum Wissens-stand ab. Kein Wunder, dass sich die ‚Lust auf Zukunft' in Grenzen hält.

Hans Ulrich Gumbrecht hat in diesem Zusammen-hang die These von der sich ‚verbreitenden Gegenwart' aufgestellt: Die Gegenwart, früher der kurze Moment des Übergangs von der Vergangenheit in die Zukunft[2], wächst in die Breite. Die Vergangenheit infiltriert das Heute, in den modischen Paraphrasen der Charleston-Mode, dem Retro-Look, der Verfügbarkeit über Vergangenes durch die elektronischen Medien – und hinzufügen sollte man auch die Demographie, mit der Überalterung der Gesell-schaft und der zunehmenden Präsenz der ‚Zeitzeugen'. Die „gleichsam aggressive Vergangenheit" schwappt über

---

[2] Unvergessen ist Ambrose Bierces Definition der Gegenwart als „Jener Teil der Ewigkeit, der den Bereich der Enttäuschung von jenem der Hoffnung scheidet". Da hatte der Pfeil der Zeit noch eine ordentliche Flugrichtung.

in die Gegenwart, die „von Gefahren blockierte Zukunft"
zieht sich zurück, und „aus der engen Gegenwart des
Übergangs ist eine sich immer mehr verbreitende Gegenwart der unübersichtlichen Gleichzeitigkeiten geworden",
in welcher sich die Zeit „in einer Hektik ohne Richtung,
die keine langfristigen Entwicklungsbewegungen mehr
zeigt" artikuliert. Gumbrecht amüsiert sich darüber, dass
er seit Jahren seine Studenten „mit der schlichten Feststellung überraschen [kann], dass die Zahl der seit dem
Ende der musikalischen Produktionsgemeinschaft der
Beatles (und dem Abklingen der Studentenrevolten) bis
heute verstrichenen Jahre größer ist als die Zahl der Jahre
zwischen 1914 und 1945". Das Gefühl, wonach in den
dreißig Jahren seit 1914 viel mehr passiert ist als in der
von uns gefühlten Gegenwart seit 1968, mag täuschen,
ist aber vorhanden. Dass es keine (politischen) Zukunfts-
visionen gibt ist zu fühlen, die einzigen Visionen bestehen
im technischen Bereich, im Gebiet der IT, bei selbst-
fahrenden Autos etwa oder bei der künstlichen Intelligenz,
deren Funktion anschaulich nicht erfasst werden kann und
die eher an Magie als an gewohnte Technik erinnern, und
den Durchschnittsmenschen in ihrer Bedeutung nicht
erreichen. Man rechnet nicht mehr mit der Ignoranz des
Menschen, man macht seinen begrenzten kognitiven
Fähigkeiten keine Zugeständnisse, die anschauliche Verbindung zur Zukunft ist unterbrochen, das Misstrauen
ist gewachsen, diffuse Ängste nehmen zu, die Dummheit
kann von Populisten jeder Couleur missbraucht werden.

Aber der Pfeil der Zeit möchte wissen, wohin er fliegen
soll.

Epilog – das Nachdenken über die Ignoranz findet kein Ende

Am Ende einer Betrachtung angelangt geziemt es sich, Rückschau zu halten. Und Ergänzungen anzubringen. Was haben wir gelernt, was haben wir erahnt, was blieb offen? Sind wir unserem gewichtigen Thema gerecht geworden? Das Vorhaben, über die Dummheit des Menschen nachzudenken, ist ein Wagnis. Ich habe auf das Opus Magnum des Erasmus von Rotterdam aus dem Jahr 1509 verwiesen. Die von ihm gesetzte Messlatte ist sehr hoch, man bewegt sich auf einem äußerst glatten Parkett. Nur wenige gescheite Leute haben es seit Erasmus gewagt, über die Dummheit zu räsonieren. Kann man überhaupt in einem dünnen Büchlein ein so anspruchsvolles Gebiet wie die Ignoranz abhandeln? Erschöpfend sicher nicht.

Aber immerhin hat der gewählte Zugang zum Thema einige ernste Einsichten in die tragende Rolle der Dummheit für die westliche Zivilisation ermöglicht. Ausgegangen sind wir von der Omnipräsenz der Überschätzung unserer Kenntnisse im täglichen Leben.

© Springer-Verlag GmbH Deutschland, ein Teil von Springer Nature 2022
E. Kowalski, *Dummheit*,
https://doi.org/10.1007/978-3-476-05857-7_12

Verstehen wir die technischen Geräte, die wir nutzen, weil wir sie zu bedienen gelernt haben? Verstehen wir die ideellen Prinzipien unserer Gesellschaft, wenn wir ungefragt (und oft egoistisch) die Segnungen unserer Polis in Anspruch nehmen und über deren Ausgestaltung in den freiheitlichen Demokratien an der Urne befinden? Bei Wahlen, oder in Abstimmungen über Sachfragen? Die Antwort war ernüchternd.

Wir realisierten, dass die Dummheit für die Gestaltung der Gesellschaft sowohl nützlich als auch störend sein kann – ein erstes Beispiel für den Januskopf einer Zivilisation. Man kann die Einfalt des Menschen zu religiöser Beherrschung der Massen nutzen, zu ihrer Entrechtung in ideologisch fundierten Diktaturen, zu deren Verführung durch Populismus jeglicher Couleur. Und man kann auf der anderen Seite die Ignoranz als „selbstverschuldete Unmündigkeit" verstehen, wie es die Aufklärung gemacht hat. Mit der logischen Folge, dass man von einem neuen, intelligenten Menschen zu träumen anfing, der seine kognitiven Beschränkungen überwindet, die ja per definitionem „selbstverschuldet" waren. Mit unerwarteten Folgen.

Das Positive, die Emanzipation des wissenschaftlichen Denkens von der Dogmatik der klerikalen Bevormundung, führte zum Aufblühen der Wissenschaften und letztlich zu unserem heutigen Wohlstand, als sich die Marktwirtschaft der technisch revolutionierten Produktion bemächtigte. In ihrer negativen Ausprägung hat der Glaube an die erreichbare Vollkommenheit des Menschen zu fundamentalistisch-utopischen Ideologien geführt, von der romantischen Überbewertung des natürlichen Lebens bei Rousseau bis zu den extremen Ausprägungen des Marxismus in Stalins egalitärer Terrorherrschaft und am anderen Ende des politischen Spektrums zu Hitlers elitärem Rassenwahn.

Es war die Akzeptanz der Ignoranz nicht nur des regierten Volkes, sondern auch der regierenden Eliten durch die Gründerväter der amerikanischen Demokratie, die zu einer ‚Utopie der Unvollkommenheit' geführt hat – wie ich sie genannt habe –, und nach und nach zu unserer modernen liberalen Gesellschaftsordnung mit Freiheit und Gleichheit. Aber auch die christliche Religion, Jahrhunderte zur Legitimierung obrigkeitlicher Macht und Willkür missbraucht und von der Aufklärung bekämpft, hat einen maßgeblichen Beitrag zum bürgerlichen Ideal der Gleichheit geleistet. Die Erkenntnis, dass alle Menschen vor der göttlichen Allwissenheit *gleich dumm* sind, dürfte der Ursprung der *égalité* der Revolutionen des ausgehenden 18. Jahrhunderts gewesen sein. Heute realisieren wir, dass der Widerstreit zwischen der individuellen Freiheit und der von der Gemeinschaft eingeforderten kollektiven Gleichheit unüberbrückbar und eine der Aporien der westlichen demokratischen Gesellschaftsordnung ist. Logisch nicht stringent lösbar und nur durch politische Kompromisse zu bewältigen, hätte dieses Thema mehr Aufmerksamkeit und Raum erfordert, als ich ihm hier widmen konnte – eigentlich wäre es ein Thema für eine separate Abhandlung. Auf Anraten des Human Ignoranz Research Networks H.I.R.N. habe ich zumindest im Anhang einen bescheidenen Einstieg in den Widerstreit zwischen dem Individuum und dem Kollektiv gewagt.

Spätestens bei den Fragen, was eine Aporie ist und was nur ein Dilemma, eventuell doch ein Paradoxon oder schlicht und einfach eine Ambiguität, eine Ambivalenz, ja nur eine Dichotomie[1], hätte man merken müssen, dass

---

[1] Der Autor hatte mit dem Verlagslektorat in dieser Sache eines Herkules würdige Kämpfe auszufechten. Sie haben sich gelohnt, die Lektorin hat Recht behalten.

unsere Umgangssprache oft der logischen Stringenz entbehrt. Das Paradoxon, dass wir trotz unscharfer Begriffe bisweilen zu schlüssigen Erkenntnissen kommen, hat den Nobelpreisträger Niels Bohr zu seinem Aperçu über die Kraft des Waschens dreckiger Teller im dreckigen Wasser mit dreckigen Lappen angeregt, das sich zur Interpretation vieler Aspekte unserer Gesellschaft als unentbehrlich erwies. Die Teller werden sauber, nicht aseptisch zwar, aber ausreichend. Wie unsere demokratischen Kompromisse. Eine andere wichtige Lehre war, dass sich dort, wo streng deterministisch keine Lösung einer Aufgabe möglich ist, der schrittweise Weg des *muddling through* empfiehlt.

Ausgerüstet mit dem Werkzeugkasten des *muddling through* und des Tellerwaschens mit dreckigen Lappen konnten wir uns der Analyse der User-Gesellschaft der Moderne widmen, der Touchscreen-Zivilisation, in der jedermann Geräte, Systeme, Einrichtungen und Institutionen benutzt, ohne die Barriere des Touchscreens zu durchbrechen, ohne die magische Welt dahinter zu verstehen. Es zeigte sich, dass die vom Aufwand entkoppelte Erfüllung der Wünsche zum ehernen ,Gesetz der Geringschätzung vorhandener Güter' führt, zu steter Änderung dessen, was unsere Vorstellung vom Glück im verbrieften Menschheitsrecht auf das *pursuit of happiness* bedeutet – einer Änderung meist im qualitativen und nicht selten auch im quantitativen Sinn, mit entsprechenden Anforderungen an die technisch-wirtschaftliche Basis unseres Wohlstandes und die Flexibilität und das Fingerspitzengefühl der Regierungen.

Einen anderen Aspekt der Touchscreen-Zivilisation diagnostizierte ich im Verlust des Vertrauens zunächst in die Experten, deren Tun und Lassen man nicht mehr überblickt, und in der Folge ganz generell in alle Autoritäten, deren zutreffendes Wissen und lautere Handlungsmotivation man bezweifelt. Der Zweifel ist denn auch ein wichtiges Attribut der Touchscreen-Moderne, und nicht einmal ein unerwünschtes. Wir haben uns sogar zu der Frage verstiegen, ob Gott, den Schöpfer, angesichts seines Werkes nicht auch Zweifel befallen haben.

***

Die bald fünf Jahre seit der Erstauflage haben gezeigt, dass die Qualifizierung der Dummheit (im Sinne des Verzichts auf das Verständnis der Funktionsweise) als eine Erfolgsgeschichte der technisch-wissenschaftlichen Zivilisation zutreffend war. Sogar in diesem relativ kurzen Zeitraum wurden viele unserer Artefakte komplizierter und vielseitiger, aber gleichzeitig auch bedienungsfreundlicher, vor allem dank der involvierten Digitaltechnik und der Künstlichen Intelligenz. Auch als blutiger Laie bestellt man heute ein Zubehör zum Heim-WLAN im Internet, stellt es hin, drückt gemäß Anleitung auf eine Taste da und eine andere dort, wartet ein/zwei Minuten, und die Zentralbox und das neue Gerät kommunizieren selbständig miteinander und verbinden und synchronisieren sich. Die benötigte Intelligenz beschränkt sich auf Abwarten bis die Kontrolllampe weiß (oder grün oder blau ...) leuchtet oder noch rot blinkt. Ein solches Vorgehen ist nur deshalb möglich, weil die involvierten technischen Vorgänge logisch-deterministisch ablaufen, nach definierten Algorithmen. Das typisch menschliche Abwägen zwischen einem wahrscheinlich zweckmäßigen oder aber verfehlten Vorgehen, die Heuristik, ist dort nicht nötig. Die gesellschaftlichen Vorgänge dagegen erfordern heuristische Entscheide zwingend und lassen sich deshalb nicht so leicht behandeln, wie die technischen. Sie fordern eben Verstand und Erfahrung, die typisch menschlichen Attribute. Die Ignoranz muss dort anders behandelt werden und ihre Gleichsetzung mit einer „Erfolgsgeschichte" wird fraglich. Trotzdem hat auch dort das Genie des Menschen Lösungen gefunden.

Im vierten Kapitel habe ich die liberale Demokratie, wie sie zuerst in der amerikanischen Unabhängigkeitserklärung definiert worden ist, als eine „Utopie der Unvollkommenheit" bezeichnet. Die Demokratie rechnet zwar – wie dirigistische Regime – mit der Unvollkommenheit[2] der beherrschten Bevölkerung und setzt deshalb auf eine starke Regierung. Aber im Gegensatz zur Monarchie oder einem anderen autoritären Regime antizipiert sie *auch* die Unvollkommenheit der Regierenden und sieht Mechanismen zu deren ‚Zähmung' vor, die berühmten *checks and balances,* die Machtteilung zwischen mehreren Organen, die Begrenzung der Amtsdauer, die Möglichkeit der Abberufung der Regierenden *(impeachment),* in jedem Fall also ein ausgeklügeltes Rechtssystem zur Vermeidung des Abgleitens in autokratische Gefilde.

Aber auch eine solche genial austarierte Machtstruktur ist nicht a priori stabil. Es braucht die Bereitschaft aller, zumindest einer großen Mehrheit der Beteiligten, zur Verinnerlichung demokratischer Werte und Moralvorstellungen, zur Befolgung der eingeführten Gesetze. Und diese Bereitschaft muss freiwillig, aus innerer Einsicht resultieren – ich zitierte den schönen Satz von Franz Borkenau, wonach die freiheitlichen „politischen Strukturen in den Herzen Wurzeln schlagen" müssen. Müsste man zur Durchsetzung demokratischer Werte Zwang anwenden, so wäre die Gesellschaft nicht mehr freiheitlich. Demokratie ist in diesem Sinne labil, extensive Nutzung der verbrieften Freiheiten kann bis zur Abschaffung der Demokratie durch legale Mittel führen. Die Demokratie ist oft unfähig, das Volk vor den Folgen seiner verfehlten demokratischen Entscheide zu

---

[2] Auf das Wort ‚Dummheit' wollen wir hier aus staatspolitischen Gründen verzichten.

schützen. Hannah Arendt hat dieses Paradoxon mehrfach angesprochen: „Man hat immer wieder bemerkt, daß totalitäre Bewegungen sich der demokratischen Freiheiten bedienen, um dieselben abzuschaffen". Sogar „Hitlers Machtergreifung war legal nach allen Regeln der demokratischen Verfassung: er war der Führer der weitaus größten Partei, der nur wenig zur absoluten Mehrheit fehlte."

Spätestens nach den Erfahrungen der Ära Trump müsste man hinter meine vorschnelle Qualifizierung der Inkaufnahme der Unvollkommenheit (vulgo Dummheit) in Bezug auf die Demokratie als ‚Erfolgsgeschichte' einige Fragezeichen setzen. Es zeigt sich, dass die Gesellschaft differenzierter behandelt werden muss als technische Belange. Beim Umgang mit seinen technischen Artefakten genügt dem Menschen sein begrenztes User-Wissen – in der Auseinandersetzung mit den Anforderungen einer demokratischen Gesellschaft würde dem Menschen etwas mehr staatsbürgerliche Erziehung guttun. Was übrigens auch für die politische Elite gilt – auch die Politiker sind keine höheren Wesen.

Zwar führte der Griff von Präsident Trump nach der unkontrollierter Macht zu zwei Impeachment-Verfahren, die jedoch beide durch die Mehrheit seiner Partei im Senat aus machtpolitischen Überlegungen abgeblockt worden sind. Erst seine Abwahl durch das Volk – das Ultima Ratio der Demokratie – hat Trumps autokratischen Ambitionen Einhalt geboten. Zumindest vorerst, denn seine Rückkehr ins Amt ist wegen des vereitelten Impeachments rechtlich nicht ausgeschlossen. Immerhin zeigte sich die Redundanz der Vorsichtsmaßnahmen zum Schutze der Demokratie als ausreichend robust.

Die Unsicherheit des Ausgangs der Präsidentenwahl 2020 in den USA und der Sturm auf das Kapitol in Washington am 6. Januar 2021 demonstrierten, dass nicht nur die Regierung, sondern auch das demokratisch als mündig verklärte Volk vor politischer Kurzsichtigkeit, vulgo Dummheit, nicht gefeit ist und populistischen Verführungen allzu bereitwillig erliegt. Es nützte nichts, dass Trumps Klagen gegen die angeblich manipulierte Stimmenauszählung dutzendweise von Gerichten abgewiesen worden sind. Nicht einmal das Oberste Bundesgericht der USA, das sich dank der von Trump nominierten drei neuen Richter fest in republikanischer Hand befand, konnte Anzeichen von Unregelmäßigkeiten entdecken – fast die Hälfte der Bevölkerung unterstützte trotzdem die wildesten Verschwörungstheorien der Republikaner über die „gestohlene Wahl".

Die liberale Demokratie, in meiner Diktion die erfolgreiche ‚Utopie der Unvollkommenheit', die mehrere Angriffe totalitärer Mächte abgewehrt hat und deren Ausstrahlung weltweit wirkt, ist sichtlich fragiler geworden. Ist die entscheidende Annahme der Demokratie, wonach das Volk immer weiß, was es will und seine Wünsche in freien Wahlen zum Ausdruck bringen kann, richtig? Zweifel melden sich an. Genügt es mithin nicht, nur den Regierenden mit *checks and balances* auf die Finger zu schauen und ihre Machtgelüste zu zähmen, muss man auch dem Volk helfen, das Richtige zu wollen, zu fordern, zu tun? Ihm seine Wünsche vorschreiben? Das wäre ein Rückschritt zur Autokratie, zum Totalitarismus, die Negation der zweihundert Jahre demokratischer Entwicklung der Gesellschaft! Das wollen wir nicht. Kann man hoffen, dass die diagnostizierte Zunahme der Fragilität der Demokratie nur vorübergehend ist, dass wir in einer Krise stecken, die bald überwunden sein wird?

***

Versuchen wir über die möglichen Gründe der heutigen Situation nachzudenken. Was hat sich in den letzten Jahrzehnten geändert? Haben wir es mit einem der Paradigmenwechsel zu tun, mit welchen die Gesellschaft von Zeit zu Zeit konfrontiert wird? Hängt die Krisenstimmung mit den technologischen Umbrüchen der Gegenwart zusammen, etwa mit dem Aufkommen der Künstlichen Intelligenz, mit der alles durchdringenden Digitalisierung des Lebens? Setzt uns die existenzielle Erfahrung der Corona-Pandemie zu – wird sie wie die mittelalterlichen Pestseuchen unsere Gesellschaft auf Jahrzehnte erschüttern? Auszuschließen ist es nicht, auch wenn wir dank der schnellen Entwicklung der Vakzinen die akute Phase der Pandemie rasch unter Kontrolle bekommen haben, zumindest in den industrialisierten Ländern. Einen längeren Aufmerksamkeitshorizont beanspruchen wird allerdings der Klimawandel. Ist das heutige Unbehagen ein Vorbote der Krisenverschärfung in den kommenden Dezennien?

Im Kapitel über den „Pfeil der Zeit" sprach ich eine Entwicklung an, die man als die Zunahme der ‚relativen Dummheit' bezeichnen kann, das Anwachsen des Abstands zwischen dem stetig zunehmenden kumulierten technisch-wissenschaftlichen Know-how der Menschheit und der gleichbleibenden User-Intelligenz des Individuums. Das Wissensarsenal hinter der Welt der Bedienungselemente Taste, Pedal oder Touchscreen unserer Artefakte wird immer komplexer, seine Benützung dank der darin integrierten ‚Bedienungsintelligenz' zu gleicher Zeit immer leichter. Musste ich früher beim Fahren in einer Autokolonne den Abstand zum Vorderfahrzeug stetig der gerade herrschenden Geschwindigkeit anpassen, so nimmt mir das heute die Automatik ab. Bei einem modernen E-Auto bremst der Wagen sogar vor einem Verkehrskreisel automatisch ab – ich werde förmlich dazu erzogen, mich auf Servohilfen zu verlassen dort, wo ich früher für meine Handlungen Verantwortung zu tragen hatte.

Die Verantwortung dürfte das richtige Schlüsselwort sein. Und das nicht nur beim Autofahren. Der liberal-demokratische Staat hat sich in der Vergangenheit stark in die Richtung einer kollektiven Versorgungsinstitution gewandelt – auch diese Tendenz trägt zur Erosion unserer Verantwortungsgefühle. Die starke, Ordnung und Disziplin fordernde Regierung mutierte zum treusorgenden Vater Staat, der für unsere Gesundheit, Mindesteinkommen, Finanzierung des Studiums, Altersvorsorge usw. zu sorgen hat. Das soll nicht kritisiert werden, der Staat muss die Komponente der sozialen Gerechtigkeit pflegen, denn diese ist für den Zusammenhalt der Gesellschaft und den sozialen Frieden entscheidend. Zum Nachdenken zwingt aber das resultierende Dilemma zwischen einer ‚Obrigkeit‘, welche die demokratisch beschlossenen Gesetze mit der nötigen Strenge durchsetzen muss, auf der einen Seite, und der Rolle des Staates als Diener und Wohlstandsquell, von dem man die Erfüllung vieler disparater Wünsche erwartet, auf der anderen Seite. Die fehlende Einsicht in die Komplexität des Ganzen kann auf der Ebene des Sozialen nicht so leicht aufgefangen werden, wie im Bereich der technisch-industriellen Artefakte. In der Politik bleibt die Gesellschaft auf den Beitrag der individuellen Einsicht in die Notwendigkeit zielführender aber unter Umständen harter Maßnahmen angewiesen. Auf das Bewusstsein der individuellen Verantwortung für die Belange der Gemeinschaft, auf das unentbehrliche Quantum von Solidarität kann die Politik nicht verzichten. Die Technik kann eine Zivilisation für ‚Dumme‘ bereitstellen – die Politik braucht aber verantwortlich denkende ‚gescheite Demokraten‘. Mit diesem Dilemma muss die Gesellschaft leben lernen.

***

Das angesprochene Verantwortungsgefühl wird zunehmend der gewohnten Mühelosigkeit des Seins geopfert, die wir dank unserer technischer Artefakte genießen. Statt Verständnis für unangenehme, aber notwendige Verordnungen der Regierung in einer Krisensituation stellt sich eine fordernde Ungeduld ein, wie wir es in der Corona-Krise erleben konnten. Das Vertrauen in die Verantwortlichen schwindet, plausible Maßnahmen werden als Angriff auf die demokratischen Freiheiten missverstanden, ihre Befolgung wird trotzig zum Zeichen der Unterwerfung unter ein ‚diktatorisches' Regime hochstilisiert. Die Not der Regierung, unter Zeitdruck und mit unvollständigen, zum Teil widersprüchlichen Empfehlungen der Fachleute mit der existenziellen Herausforderung der Corona-Pandemie fertig zu werden, wird verkannt. Die Krise wird für parteipolitische Manöver benutzt, der Widerstand gegen den Mund-Nasen-Schutz wird als Ausdruck einer ‚freiheitlichen' Gesinnung missbraucht – wie es vor allem, aber nicht nur in Trumps USA geschah. Der Fernsehkanal CNN warb eine Zeitlang für das Tragen des Atemschutzes mit dem lakonischen Text „Dies ist eine Maske und kein politisches Statement".

Gewöhnt, die technische Welt hinter dem Touchscreen als magisch-unverständlich zu begreifen, wird der Rückfall in das infantil-magische Denken auf die politische Wirklichkeit übertragen. Die Krise wird zum Angriff finsterer Mächte erklärt, die hohe Zeit der Verschwörungstheorien bricht an. Der Impfung wird eine Machenschaft von Bill Gates unterstellt, in die Körper der ganzen Menschheit Mikrochips einzuschleusen, um sie für seine profitgierigen Absichten manipulieren zu können. Mikroskop-Aufnahmen von Blutpräparaten, auf denen eine Verunreinigung des Präparat-Gläschens als ein kleiner schwarzer Punkt erscheint, werden in sozialen Medien als Beweis verbreitet.

Man muss mit den Unterstellungen nicht so weit gehen. Bereits die Angst vor allem, was mit dem Begriff ‚Genetik' zusammenhängt, reicht aus, um große Teile der Bevölkerung von der Impfung abzuhalten. Die Tatsache, dass Geimpfte kaum auf den Intensiv-Stationen der Spitäler anzutreffen sind und falls ja, so mit hoher Wahrscheinlichkeit bereits auf dem Weg der Genesung, überzeugt nicht. Mit Akribie werden Todesfälle analysiert und den Spätfolgen der Covid-19-Impfung zugerechnet. Wo man nichts findet, wird auf Fake News zurückgegriffen. Das Vertrauen in die Regierungsstellen ist gebrochen, der Gedanke, dass man zu seinem Schutz auch selbst beitragen muss, ist ungewohnt und man empfindet dergleichen als Zumutung und Schikane. Der Risikovergleich zwischen der tödlichen Gefahr der Ansteckung und potentiellen Spätfolgen einer zwar getesteten, aber neuartigen Impfmethode wird zu Ungunsten der Vakzine geführt. Die Mühelosigkeit der technischen Zivilisation rächt sich.

Interessant ist, dass eher diejenigen Restriktionen abgelehnt werden, die dem weiteren Bereich der Freizeit zuzurechnen sind – mit den neuen Anforderungen am Arbeitsplatz, mit dem Homeoffice etwa, hat man sich recht gut arrangiert. Es sind vor allem die Einschränkungen bei der Freizeitgestaltung, bei Kulturveranstaltungen, in der Gastronomie, bei Ferienreisen oder bei größeren Familienfesten, die stören. Von den zwei Voraussetzungen der Zufriedenheit des Menschen, die schon den alten Römern als *panem et circenses* bekannt waren, erweisen sich die Spiele wichtiger als die Bereitstellung des Brots, dessen Verfügbarkeit durch die technisch-industrielle Zivilisation als fraglos gesichert empfunden wird.

***

Die Unterstellung einer Mikrochip-Impfung ist nur eine der vielen grassierenden Verschwörungstheorien, die heute im Umlauf sind, generell, vor allem aber ausgehend von den USA. Der Eindruck herrscht vor, dass sich Verschwörungstheorien in Zeiten krisenhafter Entwicklung und polarisierter politischer Lage häufen. Befragungen zeigen, dass mit bis zu 20 % ein signifikanter Anteil der Bevölkerung von den finsteren Machenschaften Bill Gates überzeugt ist. Und noch heute wird von bestimmten Kreisen bezweifelt, dass das Inferno von 9/11, die Zerstörung der Zwillingstürme des World Trade Centers am 11. September 2001, dem islamistischen Terror zuzurechnen ist, es wird eine verdeckte Operation der US-Regierung insinuiert. Obwohl der Aufprall der Flugzeuge in die Wolkenkratzer im Fernsehen verfolgt werden konnte, die Attentäter identifiziert worden sind und al-Qaida sich zu den Anschlägen bekannt hat, wird die offizielle Version noch 20 Jahre später in Frage gestellt. Die Bewegung der „Truther", welche die ‚Wahrheit' an den Tag bringen möchte, erfreut sich in den USA des Zulaufs nicht nur einzelner Aktivisten, sondern sogar einiger hoher politischer Amtsträger.

Auch die berüchtigte rechtsextremistische QAnnon Bewegung unterstützt die These einer durch die Regierung selbst inszenierten Zerstörung, die man als Vorwand für den Krieg gegen islamische Länder brauchte. Die Verschwörungstheoretiker des QAnnon halten auch an einer Variante der alten Ritualmordlegende fest, wonach führende Persönlichkeiten der USA, darunter Hillary Clinton, einen Ring von Kinderschändern betreiben, getarnt als eine Fast-Food-Kette. Donald Trump wurde die Nähe zu oder zumindest eine gewisse Sympathie für QAnnon nachgesagt.

Verschwörungstheorien gab es schon immer, sie wurden oft für politische Zwecke missbraucht. Man muss nur an die berüchtigten „Protokolle der Weisen von Zion" zu Beginn des 20. Jahrhunderts erinnern, ein gefälschtes Dokument antisemitischer Verschwörung[3]. Oder an all die Spekulationen um den Mord an Präsident Kennedy 1963 in Dallas, Texas. Schon damals konnten Dokumente, auch Fotos, gefälscht werden, um die Plausibilität einer falschen Theorie vorzugaukeln. Heute ist es mit den Mittel der Digitaltechnik ein Leichtes, optische ‚Belege' wirklichkeitsnah zu fälschen. Die gewollte Verzerrung der Wirklichkeit bedient sich des technologischen Fortschritts, um den Menschen ‚für dumm zu verkaufen' – um die Illusion des Wissens dort zu erwecken, wo dieses fehlt. Diesmal nicht zur Erleichterung der Existenz, sondern in betrügerischer, ja krimineller Absicht. Es hat sich bereits eine neue forensische Disziplin etabliert, die „Photoforensik"[4], zur Authentifizierung potentiell gefälschter optischer Dokumente. Ein weiteres Beispiel für den Janus-Charakter unserer Welt.

***

Kehren wir nach diesem kurzen verschwörungstheoretischen Intermezzo zum zweiten nagenden Problem der Gegenwart zurück, zur Klimaerwärmung. Sie wird uns die nächsten Jahrzehnte stark beanspruchen, um einiges länger als die

---

[3] Eine ausführliche Rekonstruktion der „Genese" der *Protokolle* hat Umberto Eco in seinem Essay über *Verschwörungen* (S. 35 bis 69) gegeben. Das Buch gibt drei anregende Vorlesungen Umberto Ecos wieder, die er über gemeinsame sozialpsychologische Muster von Fiktionen, Komplotten und Verschwörungstheorien in der Gegenwart und Geschichte zwischen 1993 und 2015 gehalten hat.

[4] Siehe Hany Farid: *Photo Forensics*, ein Buch, das die mathematischen Grundlagen der Analyse von primär im Photoshop manipulierten Fotografien untersucht. Die Digitaltechnik liefert den Werkzeugkasten sowohl zur Fälschung als auch zur Verifizierung potentiell gefälschter Dokumente.

Corona-Pandemie es tat, die wir hoffentlich unter Kontrolle behalten werden. Und sie zeigt, dass die Ignoranz schlimmer ist als erwartet.

Die Erwärmung der Erdoberfläche ist ein Faktum, das durch Messungen belegt ist und nicht angezweifelt wird. Dass diese Erwärmung mit Änderungen des Weltklimas einhergeht, ist auch sichtbar – die schmelzenden Eisschilde der Polarregionen und der Gletscher und die Zunahme von extremen Wetterereignissen sind unübersehbar. Man kann allenfalls mutmaßen, dass die Erwärmung ein Naturereignis ist und mit dem Ausstoß von Treibhausgasen unserer technischen Zivilisation in die Atmosphäre nicht zusammenhängt, doch hat sich die Einsicht durchgesetzt, dass die Klimaerwärmung anthropogen ist, durch den Menschen verursacht.

Nachdem dieser Zusammenhang der Naturwissenschaft seit bald hundert Jahren bekannt ist und spätestens vor drei Dekaden zu ersten globalen politischen Aktivitäten[5] geführt hat, dauerte es bis 2015, bis die Pariser Konvention unterschrieben wurde, mit verbindlichen Verpflichtungen praktisch aller Länder der Welt, den Temperaturanstieg bis 2050 auf maximal 2.0 °C (noch lieber auf 1.5 °C) zu begrenzen und danach zu stabilisieren. Wir haben bereits viel Zeit verloren.

Die bisherige Entwicklung des Klimawandels ist ein Lehrbeispiel für die These dieses Essays, wonach der Mensch unserer Zivilisation kaum Einsicht in die Grundlagen seiner Existenz hat und bezüglich der technisch-wissenschaftlichen Voraussetzungen seines Wohlstands

---

[5] Das erste offizielle Dokument der UN, in dem Klimaprobleme thematisiert worden sind, stellt die in Rio de Janeiro verabschiedete Klimarahmenkonvention (UNFCCC) von 1992 dar. Schon fünf Jahre später folgte in Kyoto der Weltklimagipfel 1997, an dem zum ersten Mal über Reduktionsziele der Treibhausgasemissionen verhandelt wurde.

ignorant ist. Der Klimaschutz ist in aller Menschen Munde, schon Schulkinder wissen, dass die größte Gefahr von der Verbrennung fossiler Energieträger Kohle, Erdöl und Erdgas droht, das Kürzel CO_2 ist jedermann bekannt. Keine politische Partei kommt um das Bekenntnis zur Klimarettung herum, doch die eingeleiteten Maßnahmen sind ungenügend und die Klima-Politik verkommt zum parteipolitischen Gezänk und zur Anbetung der Klima-Ikone Greta Thunberg[6], die von der politischen, wie klimatologischen Elite mehr beachtet wird als Naturwissenschaftler, die um seriöse Auseinandersetzung mit der Materie bemüht sind.

Versuchen wir einige Fakten zu benennen[7]:

- Die Klimakrise ist genaugenommen ein Problem der *Abfallentsorgung* – wir entsorgen die Abgase der Verbrennung fossiler Brennstoffe durch Verdünnung in die Atmosphäre, die *endlich* groß ist und eine *begrenzte* Regenerationsfähigkeit hat. Das CO_2 verbleibt in der Luft und reichert sich dort an – was die Ursache für den Temperaturanstieg ist.
- Soll die Erderwärmung stabilisiert werden, muss die Einleitung des CO_2 in die Luft *vollständig* unterbunden werden. Das soll gemäß der Pariser Konvention bis 2050 geschehen und wird oft als „Zero-2050"-Strategie bezeichnet.

---

[6] Maurizio Ferraris berichtet, dass an einem kürzlich stattgefundenen Klimakongress in Mailand „der italienische Wissenschafter und Umweltminister Roberto Cingolani vor Greta Thunberg in die Knie" ging (NZZ, 7.10.2021). Ferraris sieht darin eine „Allegorie der postmodernen Menschheit und ihre Verhältnisses zur Umwelt". Man kann den Kniefall auch als die Bestätigung der These vom Sieg der politischen Opportunität über den Fachverstand sehen.

[7] Wobei wir uns der Einfachheit halber auf die Hauptkomponente der Klimaproblematik CO_2 beschränken.

- Auch „Zero-2050" kann die Situation höchstens stabilisieren. Die einmal erreichte Temperatur bleibt. Kühler wird es in absehbarer Zukunft nicht – der Abbau des CO_2 aus der Luft erfordert hunderte, ja tausende von Jahren. Die Hoffnung „Wenn wir die Belastung der Luft etwas reduzieren, wird die Temperatur schon wieder sinken" führt irre.

- Die Klimakrise ist kein Problem unserer liberalen Demokratie. Sie ist die Folge einer *ungeeigneten Technologie,* der Energiegewinnung aus fossilen Brennstoffen – unser Lebensstil, unser Wohlstand spielen nur eine untergeordnete Rolle. Wollten wir „Zero-2050" allein durch die Änderung unseres Verhaltens erreichen, so müssten wir vorindustrielle Verhältnisse anstreben, die um 1850 herrschten – wollen wir das?

- Änderungen des Lebensstils können nur einen begrenzten Beitrag zur Reduktion des Energieverbrauchs leisten. Die Politik wird sehr vorsichtig abwägen müssen, wie viel Abbau des gewohnten Lebensstandards man der Gesellschaft zumuten kann, wie hoch die Umstellungskosten sein dürfen, ohne den sozialen Frieden zu gefährden.

- Die Klimakrise kann nur durch die vollständige Umstellung der Energieversorgung auf klimaneutrale Technologien gelöst werden. Das betrifft nicht nur die Elektrizität, sondern den Energieeinsatz in allen Wirtschaftsbereichen, in der Stahlindustrie, im Wohnungsbau, bei der weltweiten Mobilität, in der Chemie usw. Bedenkt man, dass heute global rund 80 % der benötigten Energie aus fossilen Quellen stammt und ersetzt werden muss und die neuen erneuerbaren Energien Wind und Photovoltaik global nur rund 2 %[8]

---

[8] Vgl. z. B. den Bericht der International Energy Agency IEA *Key World Energy*

beitragen, so realisiert man ohne viel Rechnen, dass die Welt auf den Beitrag keiner der CO_2-freien Energie-alternativen wird verzichten können. Einmal mehr wird die Gesellschaft auf ihre Technologien setzen müssen, die sie nicht versteht und denen sie misstraut. Fassen wir zusammen:

> Bei der Klimarettung geht es um nichts weniger als um die *Neuerfindung der technisch-wissenschaftlichen Zivilisation*, in einer Version ohne fossile Energiequellen.

Die Neuerfindung bedeutet gleichzeitig das Ende einer geschichtlichen Ära, der Epoche der Kohle (und der kohlenstoffhaltigen Energieträger Erdöl und Erdgas)[9], das Ende der modernen ‚Karbonzeit'. Bei aller Kritik an der Nutzung der Kohle darf man nicht vergessen, dass Kohle der einzige seinerzeit verfügbare, großindustriell nutzbare Energierohstoff für die wirtschaftliche Basis der keimenden Demokratie gewesen ist. Ohne Kohle hätte der neuen Gesellschaftsform im 19. Jahrhundert die wirtschaftliche Kraft für die Mechanisierung und Industrialisierung gefehlt, die wichtigste Voraussetzung

---

Statistics 2020. Danach wurde die Welt mit primären Energien wie folgt versorgt: Fossile Quellen **81.3 %**, davon Kohle 26.9 %, Erdöl 31.6 % und Erdgas 22.8 %; CO_2-neutrale Quellen 18.7 %, davon Wasserkraft 2.5 %, Kernenergie 4.9 %, Brennholz, Abfälle etc. 9.3 % (überraschend hoch wg. Holz und traditionellen biologischen Brennstoffen wie Tierexkrementen v. a. in Afrika), Photovoltaik und Wind zusammen **2.0 %**.

[9] Ein kompetenter Zeitzeuge, Walther Rathenau, schreibt 1917 in seinem Buch *Von kommenden Dingen* zutreffend, „Der Wohlstand unsrer Zeit [...] wurzelt letzten Endes in [...] dem edelsten Stoff unsres Planeten, der Kohle. [...] Es wäre verdient, wenn dies Wirtschaftsalter dereinst nach dem Kohlenraubbau benannt würde [...]." Ich verdanke den Hinweis auf dieses Zitat einer frühen Einsicht in die Rolle der Kohle Conrad Stockar.

der Massenproduktion von Gebrauchsgütern. Dank der Industrialisierung konnte die zu Beginn fehlende soziale Entwicklung sukzessive nachgeholt werden, die hohe Produktivität führte zum heutigen Wohlstand. Den wir als angenehm empfinden, aber noch nicht als ausreichend, weil nicht sozialgerecht verteilt. Ohne die Energiebasis Kohle wäre die Entwicklung der Demokratie nicht möglich gewesen – die Gesellschaft verfügte um 1800 nicht über unser heutiges technisch-wissenschaftliches Knowhow. Unsere Vorfahren konnten nicht wissen, dass sich ihr energetischer ‚Glücksfall' Kohle zweihundert Jahre später als eine Katastrophe erweist. Eigentlich ist die Klimakrise ein Kollateralschaden unserer Demokratie.

Ich betone dies, weil der Kohleabbau von der klimafreundlichen Jugend als der vermeidbare, ja böswillige ‚Sündenfall' der Vorgenerationen missverstanden wird – der von Greta Thunberg am New Yorker UN-Forum 2019 mit wutverzerrter Miene vorgetragene Vorwurf „Wie konntet Ihr es wagen, meine Träume und meine Kindheit zu stehlen?" ist unvergessen. Keiner der anwesenden Staatenlenker widersprach. Wir stoßen immer wieder auf die Ignoranz der Wurzeln unseres demokratischen Wohlstands, auch in hohen politischen Ämtern. Ein schlechtes Gewissen ist als Antriebskraft für den Aufbau einer neuen Zivilisation nicht geeignet, dort sind Visionen, Mut und Optimismus nötig. Reuige Sünder bauen wohl Kathedralen, aber keine Kraftwerke.

Die Ignoranz unserer mühelosen Gesellschaft verhindert, dass wir die Magnitude der erdbebenartigen Herausforderung durch die Klimakrise auch nur annähernd erfassen. Dabei haben wir noch nicht den Umstand bedacht, dass es sich um eine Aufgabe handelt, die einige Jahrzehnte beanspruchen wird – während welcher Zeit die Weltbevölkerung und ihr Energieverbrauch weiter wachsen werden. Die Klimakrise kommt zusätzlich zum bestehenden Problem des Nachholbedarfs der Entwicklungsländer und der benachteiligten Regionen innerhalb der industrialisierten Staaten, wo zumindest das Bevölkerungswachstum bereits stagniert. Wir haben es genaugenommen nicht nur mit der Bewältigung des Klimawandels zu tun – wir müssen diese anspruchsvolle Aufgabe auch noch unter den erschwerten Bedingungen der drohenden Grenzen des Wachstums lösen. Und so, dass der Übergang sozial verträglich erfolgt. In einer Gesellschaft ohne rudimentäre Einsicht in die technisch-wissenschaftlichen und wirtschaftlich-organisatorischen Voraussetzungen ihrer mühelosen Existenz eine schwere Aufgabe.

Es war zu erwarten, dass die Politik unter diesen Bedingungen weitgehend versagt. Die Teil-*Ziele* der einzelnen Länder entsprechen in ihrer Summe nicht den Verpflichtungen der Weltgemeinschaft unter der Pariser Konvention – viele der eingeleiteten *Maßnahmen* kann man als Alibi-Übungen bezeichnen. In diesem Sinne ist die Kritik der Umweltkreise an den Regierungen berechtigt, nur sind ihre Rezepte entweder auch nicht besser oder dann sozialpolitisch und technisch illusorisch.

Die neue, klimafreundliche Zivilisation wird auf die Hilfe der Wissenschaft und der Technologie angewiesen sein, mehr noch als die bestehende alte. Auch die neue Zivilisation wird sich dem Gebot fügen müssen, die Unvollkommenheit des Menschen zu berücksichtigen, mit seiner User-Mentalität zu rechnen. Der Mensch wird sich nicht ändern, nur weil sein Energiebedarf anders gedeckt wird. Seine Vorstellung vom *pursuit of happiness* auch nicht. Zumindest nicht substanziell.

Der technologische Teil der Neuerfindung unserer Zivilisation wird dabei noch verhältnismäßig leicht zu bewältigen sein. Die benötigten Technologien sind

bekannt, die wissenschaftliche Basis für ihre Vervollkommnung und Optimierung und für die Entwicklung
innovativer Lösungen ist vorhanden. Die Erde ist kein
lonely spaceship, wie sie von der Umweltbewegung gerne
genannt wird. Sie ist es nur in Bezug auf ihre stoff-
lichen Ressourcen – dort ist unser Planet ein isoliertes,
begrenztes System. Die Energiequellen der Erde dagegen
sind praktisch unerschöpflich. Die Sonne wird noch
lange scheinen und die Windströme der Atmosphäre
antreiben, und die vorhandenen spaltbaren Nuklide für
die Kernenergie reichen zumindest so lange aus, bis die
unerschöpfliche Kernfusion zivil beherrscht wird. Das ist
die gute Nachricht der Physik.

Die unvergleichlich größere Herausforderung resultiert
für die Politik und die Wirtschaft. Ein gesellschaftlicher
Prozess, der von der ‚Erfindung‘ der Demokratie in den
entstehenden USA 1776 bis heute ein Vierteljahrtausend
gedauert hat, soll diesmal in 30 Jahren bewältigt werden.
1776 war übrigens auch das Jahr, in dem James Watt seine
erste industriell nutzbare Dampfmaschine ausgeliefert,
damit die Kohle-Ära eingeläutet und den Grundstein
für die industrielle Basis der Demokratie gelegt hat. Die
Wissenschaft und Technik haben seitdem eine enorme
Entwicklung genommen, auch das politische System
der liberalen Demokratie ist (vor allem in Europa) sozial
gerechter geworden – der Mensch mit seinen Ansprüchen
und Hoffnungen, mit seinen Fähigkeiten und Unvollkommenheiten ist aber der alte geblieben. Zu Beginn
der dampfbetriebenen Eisenbahn hatte man Angst vor
ihren ‚unvorstellbaren‘ Geschwindigkeiten und deren
Einfluss auf die Volksgesundheit und unterschätzte das
Potenzial der Innovation zur Steigerung der *happiness* der
Bevölkerung. Heute fürchten wir uns vor der Corona-
Impfung und vor der Nukleartechnik.

Auch wenn wir bezüglich der Technologie wesentlich weiter sind als zu Zeiten von James Watt, die Herausforderung bleibt sehr groß. Wir verfügen zwar über die Kenntnisse der Quantentheorie, um Photovoltaik-Paneele zu bauen, wir haben Computer, um optimale Profile der Windturbinen zu berechnen, und wir haben Erfahrung mit der Kerntechnik, um intrinsisch sichere Nuklearanlagen zu erstellen – es wird aber die Aufgabe der Politik sein, die Akzeptanz der Bevölkerung für den enormen Flächenverbrauch der Windrad-Farmen zu erreichen, für die Nutzung noch unberührter Gebirgstäler als Stauseen zur Speicherung der volatilen Energie der Sonne und des Windes, für die heute verfemten Kernkraftwerke oder für den Verbrauch von nicht gerade ‚erneuerbaren' Rohstoffen für die Produktion der Akkumulatoren der E-Autos. Und die Wirtschaft muss zusammen mit der Politik Lösungen für die immensen Investitionen des Umbaus der Zivilisation finden – umsonst gibt es auf dieser Welt nichts.

Die Wissenschaft mag Lösungen bieten, die Wirtschaft mag für die technischen Innovationen sorgen, aber nur die Politik kann die Voraussetzungen einer sozial verträglichen Realisierung der richtigen Strategien herbeiführen und international zweckmäßige globale Lösungen ermöglichen. Das Versagen des Zusammenspiels zwischen den (technischen) Wissenschaften und der Politik[10] könnte gefährliche Folgen für unsere Gesellschaftsordnung haben:

---

[10] Wie wir es während der Corona-Pandemie erleben konnten. Mediziner – auch nicht alle gleich – haben andere Schwerpunkte für Maßnahmen gesehen als die Politiker, die wirtschaftliche und soziale Aspekte berücksichtigen mussten. Und was dem einen Teil der Bevölkerung als zu wenig weit ging, war anderen diktatorisch und undemokratisch.

Die Bewältigung der Klimakrise ist die Gretchenfrage der liberalen Demokratie.

Die Klimaprobleme stehen heute an der ersten Stelle des Sorgenbarometers der Bevölkerung, aber man lasse sich nicht täuschen – eine abstrakte große Bedrohung in weiter Zukunft bewegt den Menschen weniger als ein moderater Verzicht auf seine Ansprüche im nächsten Monat. Wenn es um Einschränkungen geht, drohen soziale Unruhen – man erinnere sich an die Bewegung der *Gilets jaunes* in Frankreich an der Jahreswende 2018/19, die als Widerstand gegen die von Präsident Macron geplante höhere Besteuerung von Benzin und Diesel zu Finanzierung und Durchsetzung der Energiewende begann und sich zu monatelanger sozialer Unrast mit Gewaltausbrüchen entwickelte. Ganz umsonst wird es den Umbau der industrieweiten Energieversorgung nicht geben.

Die Schwäche der Demokratie, unbeliebte, aber notwendige Maßnahmen durchzusetzen, ruft schnell nach autoritärem Vorgehen. Die Demonstrationen der Schuljugend für einen rigiden Klimaschutz sind bereits von den Aktivisten der Extinction Rebellion unterwandert worden, mit dem erklärten Ziel, die Demokratie dem Klimaschutz zu opfern. So sind wir wieder beim Problem der zunehmenden Fragilität der Demokratie angekommen, die sich als Folge der fehlenden Einsicht unserer mühelosen Gesellschaft in die Grundlagen ihrer Existenz einstellt. Die Ignoranz der Satten macht sich trotz der drohenden existenziellen Herausforderung unvermindert bemerkbar.

Die Wissenschaft allein kann das Klimaproblem nicht lösen, die Politik allein auch nicht. Und fiskalische und

monetäre Anreize nutzen nichts, wenn es keine technologischen Alternativen zur Zielerreichung gibt[11]. Der
Schlüssel zum Erfolg liegt in der Zusammenführung einer
ideologiefreien Politik mit innovativer Wissenschaft, die
wirtschaftlich gangbare Lösungen aufzeigt. Das kostbare
Potential der Demokratie zu situationsgerechten Lösungen
– in diesem Essay sarkastisch als *muddling through*
bezeichnet – darf nicht gefährdet werden. Die Wissenschaft und die Politik müssen einander mehr Verständnis
entgegenbringen. Populistisch motivierte Klimagesetze
helfen genauso wenig wie technologische Höhenflüge, die
politisch scheitern. Narzisstisch dumme Herablassung der
einen Seite gegenüber der anderen, wie wir sie oft erleben,
ist fehl am Platz.

Und bei alledem müssen wir mit unseren emotionalen
und kognitiven Beschränkungen rechnen. Und nicht
erwarten, dass der Mensch plötzlich vollkommen wird.

Die Erfolgsgeschichte der Dummheit verlangt nach
Fortsetzung.

E.K., Oktober 2021.

---

[11] Wie wenig politischen Drucks nötig war, um die E-Mobilität vorwärtszubringen, ist das beste Beispiel für diese Behauptung. Dort lag die technische
Lösung des elektrischen Antriebs auf der Hand, und die Frage eines geeigneten
Stromspeichers konnte auch beantwortet werden. Elon Musk wird der Spruch
zugeschrieben „Keine geeigneten Akkumulatoren? Nehmt doch 10 000 Handy-
Akkus und schaltet sie zusammen!". Und fertig war der Tesla-Wagen. Bei der
Umstellung der Stahl- oder Zementindustrie auf Wasserstoff u. Ä. nutzen noch
so teure Emissionszertifikate wenig, so lange keine ökonomisch akzeptablen
Alternativen zum fossilen Brennstoff entwickelt worden sind.

Genesis, korrigiert
Ein apokrypher Anhang

Mit der Geburt wird der Mensch zum Individuum. Die Hebamme bindet ihm einen Zettel an die große Zehe, mit allerhand individuellen Angaben, damit keine Verwechslung vorkommt. Das Gesetz erkennt den neuen Erdenbürger sogleich als juristische Person an, er wird gewogen, benannt und nummeriert, und darf fortan seine eigene Verdauung haben und eigenes Bewusstsein entwickeln. Über die sonstigen Menschenrechte ganz zu schweigen.

Nur darf man es mit der heiligen Individualität nicht zu wörtlich nehmen. Auch die verständnisvollste und freieste Erziehung durch die liebenden Eltern bewahrt die heranwachsende Persönlichkeit nicht vor unliebsamen Konflikten mit dem Rest der Gesellschaft. Schule, Kindergarten, ja schon der Sandkasten lassen das Individuum unter kollektive Zwänge geraten. Die Berufslehre oder das Studium und später die erste Arbeitsstelle entfachen den bereits schwelenden Konflikt, und der Mensch wird nie

© Springer-Verlag GmbH Deutschland, ein Teil von Springer Nature 2022
E. Kowalski, *Dummheit,*
https://doi.org/10.1007/978-3-476-05857-7_13

mehr wissen, was er nun wirklich ist: Ein Individuum? Ein Rädchen in der unerbittlichen Maschine des Kollektivs? Beides? Oder mal dieses und dann wieder jenes? Und wann was? Und vor allem – was ist das Primäre, das Wichtige, und was nur das störende Beiwerk?

Ganz genau weiß man es nicht. Der Mensch scheint seit seiner Erschaffung dazu verurteilt zu sein, mit dieser Ungewissheit zu leben. Schon lange rätselt man, warum dem so sei. Es ist nicht einzusehen, wie Gott bei der Konzeption der besten aller Welten ausgerechnet ein solcher Lapsus hat passieren können. Generationen von Gelehrten zerbrachen sich darüber den Kopf. Erst ein kürzlich aufgefundenes altes Manuskript verspricht, in das Dunkel der Schöpfungsgeschichte Licht zu bringen.

Neiderfüllte Kollegen haben zwar die Zuverlässigkeit der neuerschlossenen Quelle angezweifelt. Der Ursprung der Schriftrolle ist in der Tat unbekannt, einige Koryphäen der Geschichtswissenschaften halten sie immerhin für ein frühchristliches Palimpsest. Erfahrene Mediävisten widersprechen aber heftig und mit Recht dieser Hypothese, für sie handelt es sich eindeutig um eine merowingische Fälschung. Item, was auch zutreffen mag, gemessen am Wahrheitsgehalt der zeitgenössischen Medien – müsste man nicht jede der beiden genannten Quellen als ausgesprochen zuverlässig bezeichnen?

Die kanonische Fassung der Genesis ist allgemein bekannt. Gott hielt sich bei seiner Arbeit systematisch an den in der Bibel vorgesehenen Schöpfungsplan, schuf Himmel und Erde, schied Licht von der Finsternis und trennte das Land vom Meer. Einen Tag widmete er der Botanik, zwei Tage der Zoologie, und am sechsten Tage vollendete er den Menschen, als Höhepunkt der Schöpfung bestimmt. Am siebten Tage ruhte Gott, denn die Erschaffung der Welt war schließlich kein Kinderspiel.

Die jetzt aufgetauchte alte Manuskriptrolle korrigiert diese Fassung der Schöpfungsgeschichte in einem entscheidenden Punkt. Wesentliche Abweichungen betreffen den Ablauf des sechsten Tages. Aus der blumigen und symbolträchtigen, ungenauen Sprache der Propheten in die nüchtern eindeutige Diktion der Gegenwart übertragen besagt die Schrift etwa Folgendes:

Nach Zeugnissen dissidenter Engel[1] ist die Erschaffung der Welt keine exklusive Leistung des göttlichen Willens gewesen, ohne Mitwirkung oder Mitbestimmung des Teufels, wie es die Bibel behauptet. Uns Heutigen leuchtet eine solche Interpretation der Schöpfungsbotschaft sofort ein. Warum hätten sich die diabolischen Kräfte der Unterwelt beim Schöpfungsakt zurückhalten sollen, wenn sie nachgewiesenermaßen unmittelbar danach am Baum der Erkenntnis in Erscheinung getreten sind? Was eine schlagfertige Opposition geradezu auszeichnet, ist das untrügliche Gespür für das richtige Timing ihrer Aktionen. Der Teufel konnte also während der göttlichen Schöpfungswoche gar nicht anders als mittun.

Anfänglich beobachtete er die Kreation mit Argwohn. Bald jedoch begriff er, dass die entstehende Welt versprach, ein ihm günstiges Wirkungsfeld zu bieten. Während der ersten Tage begnügte er sich mit eher belanglosen Störungen, brachte die Harmonie der Himmelssphären durch zwei Sonnenfinsternisse durcheinander, fügte der klassischen Physik das Komplementaritätsprinzip und die Unschärferelation bei, verschwefelte das Erdöl, riss Lücken im periodischen System der Elemente auf, schuf Quallen, Stechmücken, Borkenkäfer und die Tse-Tse-Fliege. Größere Eingriffe blieben aber aus, der Teufel

---

[1] Hier liegen die Wurzeln der Heiligsprechung der Whistleblower in unserer Zeit.

wartete geduldig auf seine Stunde. So ward es Morgen des sechsten Tages.

Als der Teufel am späteren Vormittag den Garten Eden betrat, sah er einen müde wirkenden Gott. Der Herr bearbeitete eine tonige, plastische Masse, und modellierte eine Statue, wobei er abwechselnd herzhaft gähnte und in einen Spiegel sah. Er fühlte sich augenscheinlich unbeobachtet. Der gut erzogene Teufel räusperte sich in gebührender Distanz, grüßte höflich und bemerkte fragend „Ein neues Tier?". „Nicht ganz" antwortete Gott. „Es wird ein MENSCH sein", sagte er, „Adam, die Krone der Schöpfung". „Übrigens", fügte er bei, als er des Teufels verständnislose Blicke in Richtung Spiegel sah, „ich mache ihn nach meinem Angesicht, deshalb".

Der Teufel lobte fachmännisch das Werk und erkundigte sich nach den weiteren göttlichen Intentionen. Er erfuhr, dass der Abschluss der Genesis unmittelbar bevorstehe und durch das Einhauchen der Seele in Adams Körper erfolgen wird. „Es ist schon höchste Zeit, dass ich fertig werde", schloss Gott seine Erklärungen, „ich werde langsam richtig müde. Morgen will ich ruhen".

„Der Junge gefällt mir", meinte der Teufel, „ein richtiger Satansbraten! Doch würde ich, o Gott, an Deiner Stelle die Beseelung nicht so abgehetzt und in Eile machen. Eine müde Seele nützt dem Menschen wenig. Ruhe Dich zuerst aus, mach' eine ausgiebige Siesta, dann wird die Seele rege und dynamisch sein, und das Menschengeschlecht wird Dich preisen in alle Ewigkeit. Außerdem ist der Abschluss der Genesis kein alltägliches Ereignis, so etwas kommt nicht oft vor, Du solltest Deine Engel aufbieten, und die Belebung Adams als performativen Festakt begehen!"

Der Gedanke gefiel Gott. „Etwas muss man euch lassen", sagte er milde, „ihr Teufel versteht schon was von Public Relations". Er beendete die Arbeit an Adams

Körper und sah, dass es gut war. Und es ward Mittag des sechsten Tages und Gott begab sich zur Ruhe.

Weil der Teufel nie schläft, blieb er am Arbeitsort und betrachtete Adams Anatomie. Sauber gemacht, dachte er. Interessante Arbeitstechnik, sehr realistisch. Fast schon Naturalismus. Mit Liebe zum Detail. Aber langsam, sehr langsam – den halben Tag für einen einzigen Menschen. Absolut unrationell. Vorsintflutliche Produktivität, wird sich später niemand mehr leisten können. Wenn ER mir die Arbeit überlassen hätte, in gleicher Zeit hätte ich zwei, nein, zehn, hunderte, nein, Millionen von Menschen hergestellt! Offensichtlich kam dem Teufel eine Idee. Das geht doch – sagte er gedankenversunken. Er überlegte kurz, nahm einige Tonreste in die Hand, machte ein paar Skizzen und rief nach seinem Adjutanten.

***

Bei Sonnenuntergang betrat Gott das Paradies feierlich, unter lauten Halleluja-Rufen der zusammenströmenden Engelsscharen. Der Höhepunkt der Genesis näherte sich. Noch wenige gemessene Schritte, leichte Vorbeugung, der Odem wird eingehaucht.., Doch plötzlich erstarb der Festgesang und die Engel erstarrten. Die ganze mesopotamische Ebene, soweit das Auge Gottes reichte, stand voll menschlicher Körper. Der Teufel war so vertieft in seine hektische Betriebsamkeit, dass er den Festzug erst im letzten Augenblick bemerkte. Am Boden lagen unzählige Formen, offensichtlich Negativabdrücke vom Original-Adam. Legionen von Hilfsteufeln füllten sie mit Ton, andere nahmen die Replikate heraus. Eine klaglos funktionierende Organisation stellte sie zum Trocknen auf, schaffte neuen Ton herbei, und transportierte die fertigen Kopien auf ihre Abstellplätze.

Im himmlischen Zorn sprach Gott, „Was hast Du getan, Satan? Wo ist mein Adam?". Der Teufel aber erwiderte „Du hast nach Deinem Bilde *einen* Menschen gemacht, o Gott, ich aber machte Dir zu Ehren *viele* Menschen. Das einzige Problem ist, uns sind die Kopien so gut gelungen, dass man sie vom Original nicht unterscheiden kann. Ein Esel von einem Hilfsteufel hat die Nummerierung durcheinandergebracht, und wir können unter den Massen Deinen Ur-Adam nicht mehr finden". Da verfluchte der Herr den Satan, die Arbeitsteilung und die Massenproduktion in alle Ewigkeit und der Teufel ging hinweg von seinem Angesicht.

Trotz Einsatz aller verfügbarer Engel (die sich dabei zum ersten Mal als für praktische Arbeiten völlig unbrauchbar erwiesen) konnte man den von Gott geschaffenen Adam mit letzter Sicherheit nicht bestimmen. Die Kopien waren sich so ähnlich, wie sie nur eine vollkommene Serienfabrikation hervorzubringen vermag. Gott blieb am Ende nichts anderes übrig, als allen Körpern den Odem einzuhauchen. Die kollektive Beseelung der Menschenmassen war der anstrengendste Teil der Schöpfung und ist der eigentliche Grund dafür, dass Gott anschließend so ausgiebig ruhte und sich bis heute nicht mehr so richtig erholte.

Soweit die neuen Erkenntnisse des verstaubten Manuskripts. Seine Thesen sind überraschend und der Streit um die Authentizität[2] der Pergamentrolle soll uns an ihrer Würdigung nicht hindern. Schon viele alte Irrtümer erwiesen sich als langlebig und sind modernen Wahrheiten bei weitem vorzuziehen, bei denen man nie weiß, ob sie

---

[2] Meine Partnerin stellte nach Durchsicht des Manuskriptes fest, dass es sich eindeutig um ein plumpes Falsifikat handelt. Das mit der Serienproduktion leuchtete ihr noch ein, aber wie konnte später Eva aus Adams Rippe geschaffen werden? Bei der Serienproduktion? Die Frage ist berechtigt und auch nicht mit Gottes Allmacht zu beantworten. Sie zeigt einmal mehr, wie dumm ein Mann sein kann, wenn er beim Schreiben nicht an den Scharfsinn potentieller Leserinnen denkt.

die nächsten Präsidentenwahlen in den USA überleben werden. Wahrscheinlich nutzen sich Wahrheiten durch fleißige Wiederholung ab und werden unglaubwürdig oder zumindest banal und trivial. Ein richtiger Irrtum dagegen gewinnt mit jeder Wiederholung an Plausibilität und wird mit der Zeit dem Kulturschatz des gesicherten Wissens zugerechnet. Den Zeitpunkt, wann es so weit ist, erkennt man daran, dass in den Akademien und Universitäten um die einzig wahre Interpretation des Irrtums gestritten wird.

***

Die nun enthüllte Schöpfungspanne erklärt zwanglos, warum sich ein jeder Mensch gleichzeitig als der individuell berechtigte Nachkomme des göttlichen Adams und als Teil des Kollektivs der diabolischen Massenproduktion empfinden muss – schließlich ist er beides. Das Schwanken zwischen der Individualität und der Gemeinschaft ist vorprogrammiert. Der Zwiespalt zwischen der Anbetung des Persönlichen und dem Zwang des Kommunitarismus, nur als Gesellschaft existieren zu können, ist unentrinnbar. Die höchsten Leistungen des Genius können nur durch die Mittelmäßigkeit namenloser Massen erkauft werden. Zivilisationen und Kulturen kommen und gehen, und Dekaden der Vergötterung privater Werte werden vom revolutionären Rausch kollektiver Emotionen abgelöst.

Aus dem Verlauf der Genesis zu erwarten wäre, dass der göttlichen Individualität vor der nivellierenden Massenhaftigkeit des teuflischen Kollektivs der Vorrang eingeräumt wird. Zumindest das Abendland hält das Individuum tatsächlich hoch, und die Selbstverwirklichung hat sich zum Schlüsselwort der Moderne entwickelt. Doch kaum glaubt man festen Boden unter die Füße zu bekommen, beschleichen einen die ersten Zweifel. Führt die Betonung der Person nicht zum

Egoismus? Sind nicht Nächstenliebe, Solidarität und Hilfsbereitschaft die wahren christlichen Tugenden? Müssen die Ideale nicht gemeinsam sein, die Ziele kollektiv, um etwas zu gelten? Die Werte der Gemeinschaft seien doch höher einzustufen als die Vorstellungen des Einzelnen, so hört man. Ja, aber können nicht viele gleichzeitig irren? Wurden nicht die größten Verbrechen der Menschheit, Kriege, Kreuzzüge und Völkermorde, stets im Namen irgendwelcher von den Massen als heilig empfundenen Gemeinschaftsideen begangen? Wie war es mit der Inquisition, mit den Hexenverbrennungen? Die Schöpfungspanne rächt sich, die Fragen bleiben offen. Gott ist müde und hüllt sich in Schweigen. Schönes Schlamassel hast Du uns eingebrockt, o Gott, am sechsten Tag der Genesis!

Hier den Kopf hängen zu lassen hieße jedoch die Fähigkeit des Menschen zu unterschätzen, mit noch so großen Problemen fertig zu werden. Von der Forschung unbemerkt und von den Chronisten nicht gewürdigt hat sich das Verhältnis zwischen dem Individuum und dem Kollektiv in der Gegenwart merklich entspannt. Es gelang, den beiden Polen der komplementären menschlichen Existenz Vorteile abzugewinnen. Beide sind für etwas gut, man muss die entsprechenden Aufgaben und Arbeiten nur richtig verteilen.

Den Massendemonstrationen zum Beispiel obliegt heute der Kampf für die Ausweitung individueller Freiräume. Dem Einzelnen wurde zum Ausgleich dafür die Bürde des privaten Konsums zugewiesen, aber nicht ganz, denn die Verantwortung für das Zustandekommen möglicher Konsumauswüchse trägt die Gesellschaft. Die Produktion der Abfälle ist Sache des einzelnen Konsumenten, ihre Beseitigung ist dann wiederum ein gemeinschaftliches Anliegen. Sie hat so zu erfolgen, dass kein Individuum dadurch belästigt wird, denn die Abfälle anderer gehen es nichts an. Der Einzelne hat Anrecht auf ungestörte Natur. Die Zerstörung von ehedem idyllisch verträumten Südseeinseln und anderen Naturoasen wird kollektiv durch den Massentourismus besorgt, der ohne jede Beteiligung von Einzelpersonen abgewickelt wird. Zu den verbrieften individuellen Rechten gehört außerdem dasjenige auf persönliche Mobilität. Die Gesellschaft als Ganzes organisiert dafür die Massenmotorisierung, Luftverschmutzung und sonstige Umweltsünden – auch hier ohne die Beteiligung ihrer Einzelmitglieder. Die Anprangerung der durch die Masse der Anderen verursachten ökologischen Kalamitäten erfolgt selbstverständlich individuell.

Das Individuum entscheidet schließlich über seine Bereitschaft, Risiken zu tragen. Es ist sehr risikofreudig, wenn es darum geht, Fußball zu spielen, Ski zu fahren, übermotorisierte Autos zu lenken, in Wingsuits zu fliegen oder in der Badewanne einen Fön zu benutzen. Es lehnt dagegen jedes Risiko ab, wenn dieses aus der gemeinschaftlichen Befriedigung seiner individuellen Wünsche resultiert, aus der Wasserversorgung, Abfallbeseitigung oder Energieproduktion. Die Gesellschaft bekam die Aufgabe, dies alles billig, in ausreichenden Mengen und absolut gefahrlos zu besorgen. Sie darf individuell beschimpft werden, wenn dabei etwas schiefgeht. Zum Ausgleich wurde der Gesellschaft die Verteilung der produzierten Güter überlassen, die so zu erfolgen hat, dass jedermann am meisten bekommt. Außerdem übernahm die Gesellschaft die abschließende Verantwortung für die Schattenseiten des Einzeldaseins und für das Zustandekommen aller individueller Probleme, so für das Versagen in der Schule oder im Bett, für berufliche Rückschläge, aufkommende Frustrationspsychosen, Drogenkonsum, Selbstmorde, steigende Scheidungsziffern, kriminelle Handlungen, Vandalismus und Fußball-Hooliganismus.

Ja, und das wichtigste hätten wir fast vergessen: Das Individuum darf bis auf seltene Geistesblitze dumm bleiben, das benötigte Wissen wird von der Gemeinschaft erarbeitet, zusammengetragen, gespeichert, verwaltet und weitergegeben.

Diese Aufgabenteilung bewährt sich ausgezeichnet und es macht nicht den Anschein, als ob sich daran in der Zukunft etwas ändern würde.

Literatur

Arendt, Hannah: *Elemente und Ursprünge totaler Herr-schaft*. München 2017, S. 671; 658. (engl. *The Origins of Totalitarianism*, 1951).

Bierce, Ambrose: *Das Wörterbuch des Teufels*. Frankfurt a. M. 1966; Auswahl in: *Tintenfass Nummer 3*. Zürich 1981 (engl. *The Devil's Dictionary*, 1911).

Bloch, Ernst: *Das Prinzip Hoffnung*. Frankfurt a. M. 1985.

Böckenförde, Ernst-Wolfgang: *Staat, Gesellschaft, Freiheit. Studien zur Staatstheorie und zum Verfassungsrecht* [1976]. Frankfurt a.M. 2006, S. 60.

Borkenau, Franz: *Ende und Anfang. Von den Generationen der Hochkulturen und von der Entstehung des Abendlandes* [1984]. Stuttgart 1991, S. 261.

Brennan, Jason: *Gegen Demokratie. Warum wir die Politik nicht den Unvernünftigen überlassen dürfen*. Berlin 2017 (engl. *Against Democracy*, 2016).

Čapek, Karel: *R. U. R. – Rossum's Universal Robots*. Prag 1920/1940.

Čapek, Karel: *Der Krieg mit den Molchen*. Berlin 1987 (tschech. *Válka s mloky*, 1936).

© Springer-Verlag GmbH Deutschland, ein Teil von Springer Nature 2022
E. Kowalski, *Dummheit*,
https://doi.org/10.1007/978-3-476-05857-7

Deutsch, Karl W.: *Die Schweiz als ein paradigmatischer Fall politischer Integration.* Bern 1976.

Diamond, Jared: *Arm und Reich. Die Schicksale menschlicher Gesellschaften.* Frankfurt a. M. 1998 (engl. *Guns, Germs, and Steel. The Fates of Human Societies,* 1997).

Diner, Dan: *Versiegelte Zeit. Über den Stillstand in der islamischen Welt.* Berlin 2005.

Eco, Umberto: *Verschwörungen. Eine Suche nach Mustern.* München 2021.

Farid, Hany: *Photo Forensics.* Cambridge, Mass. 2019.

Federalist Papers, siehe Hamilton et. al.

Ferguson, Niall: *Der Westen und der Rest der Welt. Die Geschichte vom Wettstreit der Kulturen.* Berlin 2011 (engl. Civilization: *The West and the Rest,* 2011).

Ferguson, Niall: *Der Niedergang des Westens. Wie Institutionen verfallen und Ökonomien sterben.* Berlin 2012 (engl. *The Great Degeneration. How Institutions Decay and Economies Die,* 2012).

Eco, Umberto: *Verschwörungen. Eine Suche nach Mustern.* München 2021.

Ferry, Luc: *Leben lernen: Eine philosophische Gebrauchsanweisung.* München 2007 (frz. *Apprendre à vivre,* 2006).

Freud, Sigmund: *Das Unbehagen in der Kultur.* Leipzig 1930.

Fukuyama, Francis: *Das Ende der Geschichte. Wo stehen wir?* München 1992 (engl. *The End of History and the Last Man,* 1992).

Greene, Graham: *Monsignore Quijote.* Reinbek bei Hamburg 1984.

Gumbrecht, Hans Ulrich: *Präsenz.* Berlin 2012 (vgl. auch „Amerika, hast Du es (immer noch) besser?“ NZZ, 27. April 2017).

Hamilton, Alexander/Madison, James/Jay, John: *Die Federalist Papers.* Kommentierte deutsche Übersetzung von Barbara Zehnpfennig. München 2007.

Hayek, Friedrich A. von: *Missbrauch und Verfall der Vernunft. Ein Fragment.* Salzburg 1979.

Heisenberg, Werner: *Der Teil und das Ganze. Gespräche im Umkreis der Atomphysik.* München 1969.

Hirschman, Albert O.: *Engagement und Enttäuschung. Über das Schwanken der Bürger zwischen Privatwohl und Gemeinwohl.* Frankfurt a. M. 1984.

Huxley, Aldous: *Schöne neue Welt.* Frankfurt a. M. 1972 (engl. *Brave new World,* 1932).

Kissinger, Henry: *Weltordnung.* München 2014.

Kowalski, Emil: *Die Magie der Drucktaste. Von den unkontrollierten Einflüssen auf unser Leben.* Düsseldorf 1975.

Kowalski, Emil: *Liberté, Egalité, Fragilité. Über die Zerbrechlichkeit der Demokratie.* Stuttgart 2019.

Kowalski, Emil: *Technik und die progressive Paradiesverheißung.* Herbsttagung ASOS (ASM). Luzern 1982.

Kowalski, Emil: *Möglichkeiten und Grenzen des Technology Assessment.* Publikation TA 3/1994 des Schweizerischen Wissenschaftsrates. Zürich 1994.

Landes, David S.: *Wohlstand und Armut der Nationen. Warum die einen reich und die anderen arm sind.* Berlin 1999 (engl. *The Wealth and Poverty of Nations: Why Some Are So Rich and Some So Poor,* 1998).

Levy, Oscar: *Der Idealismus – ein Wahn.* Berlin 2006 (Neuauflage des Erstdrucks von 1940).

Lindblom, Charles E.: „The Science of Muddling Through". In: *Public Administration Review* 19 (1959), 79–88.

Mackay, Charles: *Zeichen und Wunder – Aus den Annalen des Wahns.* Frankfurt a. M. 1992 (engl. *Memoirs of Extraordinary Popular Delusions and the Madness of Crowds* 1841/52).

Masala, Carlo: *Weltunordnung – Die globalen Krisen und das Versagen des Westens.* München 2016.

North, Douglass C./Wallis, John Joseph/Weingast, Barry R.: *Gewalt und Gesellschaftsordnungen. Eine Neudeutung der Staats- und Wirtschaftsgeschichte.* Tübingen 2011 (engl. *Violence and Social Orders: A Conceptual Framework for Interpreting Recorded Human History,* 2009).

Ortega y Gasset, José: *Der Aufstand der Massen.* Stuttgart 1977 (span. *La rebelión de las masas,* 1930).

Orwell, George: *Neunzehnhundertvierundachtzig*. Zürich 1950 (engl. *Nineteen-Eighty-Four*, 1947).

Osterhammel, Jürgen: *Die Verwandlung der Welt. Eine Geschichte des 19. Jahrhunderts*. München 2009.

Osterhammel, Jürgen: *Die Flughöhe der Adler. Historische Essays zur globalen Gegenwart*. München 2017.

Popper, Karl : *Die Offene Gesellschaft und ihre Feinde*. Band I: *Der Zauber Platons*. Band II : *Falsche Propheten Hegel, Marx und die Folge*. Tübingen 1945/1992.

Postman, Neil: *Wir amüsieren uns zu Tode. Urteilsbildung im Zeitalter der Unterhaltungsindustrie*. Frankfurt a. M. 1985 (engl. *Amusing Ourselves to Death,* 1985).

Postman, Neil: *Keine Götter mehr. Das Ende der Erziehung*. Berlin 1995 (engl. *The End of Education*, 1995).

Prigogine, Ilya/Stengers, Isabelle: *Dialog mit der Natur. Neue Wege naturwissenschaftlichen Denkens*. München 1981.

Quigley, Carroll: *The Evolution of Civilizations. An Introduction to Historical Analysis*. Indianapolis 1979.

Rathenau, Walther: *Von kommenden Dingen*. Berlin, 1918, S. 93

Reybrouck, David van: *Gegen Wahlen. Warum Abstimmen nicht demokratisch ist*. Göttingen 2016 (fläm. *Tegen verkiezingen*, 2013).

Rödder, Andreas: *21.0 – Eine kurze Geschichte der Gegenwart*. München 2015.

Rozenblit, Leonid/Keil, Frank: „The misunderstood limits of folk science: an illusion of explanatory depth". In: *Cognitive Science* 26 (2002), 521–562.

Sloman, Steven/Fernbach, Philip: *The Knowledge Illusion*. New York 2017.

Sloterdijk, Peter: *Kritik der zynischen Vernunft*. Frankfurt a. M. 1983.

Sommer, Andreas Urs: *Werte. Warum man sie braucht, obwohl es sie nicht gibt*. Stuttgart 2016.

Spengler, Oswald: *Der Untergang des Abendlandes*. München 1923.

Szczesny, Gerhard: *Das sogenannte Gute. Vom Unvermögen der Ideologen*. Reinbek bei Hamburg 1971.

Toynbee, Arnold: *Menschheit und Mutter Erde. Die Geschichte der großen Zivilisationen.* Düsseldorf 1979 (engl. *Mankind and Mother Earth. A Narrative History of the World,* 1976).

Vonnegut, Kurt: „Das Aschenputtelsyndrom". In: *Tintenfass Nummer 3.* Zürich 1981 (engl. in: „What Has Been My Prettiest Contribution to My Culture?" In: *Palm Sunday,* New York 1981).

Weinheber, Josef: *Wien wörtlich.* Gedicht *Waasst? Net? Verstehst?.* Wien 1972.

Wenzel, Uwe Justus: „Das Wagnis der Torheit". In: NZZ, 15. April 2017.

Werber, Niels: *Ameisengesellschaften. Eine Faszinationsgeschichte.* Frankfurt a. M. 2013.

White, Lynn: *Medieval Technology and Social Change.* London 1962.

Winkler, Heinrich August: *Geschichte des Westens. Von den Anfängen in der Antike bis zum 20. Jahrhundert.* München 2009.

Ziolkowski, Theodore: *The Sin of Knowledge. Ancient Themes and Modern Variations.* Princeton 2000.

Zweig, Stefan: *Die Monotonisierung der Welt.* Frankfurt a. M. 1978 (aus: *Begegnungen.* © 1938 Herbert Reichner Verlag, Wien).

Zwicky, Fritz: *Morphologische Forschung.* Glarus 1989 (Neuauflage des Urdrucks von 1959).

Register

A

Arendt, Hannah 203

B

Bierce, Ambrose 195
Bloch, Ernst 66
Böckenförde, Ernst-Wolfgang 60
Bohr, Niels 16, 200
Boole, George 19
Borkenau, Franz 60, 202
Brennan, Jason 8, 164
Buch Kohelet 10

C

Calvin, Johannes 64
Čapek, Karel 2, 79, 151, 156

C

Cervantes, Miguel de 16
Chesterton, Gilbert Keith 67
Churchill, Winston 55
Cicero 53
Clinton, Hillary 209
Corona 207

D

Darwin, Charles 41
Descartes, René 125
Deutsch, Karl W. 58, 120, 135
Diamond, Jared 101
Diner, Dan 90
Dürrenmatt, Friedrich 30

© Springer-Verlag GmbH Deutschland, ein Teil von Springer Nature 2022
E. Kowalski, *Dummheit*,
https://doi.org/10.1007/978-3-476-05857-7

E

Eco, Umberto 210
Edison, Thomas Alva 174
Einstein, Albert 14
Enzensberger, Hans Magnus 44
Erasmus von Rotterdam 3, 197
Erdoğan, Recep Tayyip 2
Extinction Rebellion 219

F

Farid, Hany 210
Ferguson, Niall 100, 101, 104
Fernbach, Philip 6, 161
Ferry, Luc 36, 42
Fleming, Alexander 27
Franklin, Benjamin 54
Freud, Sigmund 65
Fukuyama, Francis 31, 105, 185

G

Gates, Bill 207
Gesetz der Geringschätzung 141, 144, 151, 171, 200
Gilgamesch 10
Goethe, Johann Wolfgang von 12, 191
Greene, Graham 32
Grotius, Hugo 120
Gumbrecht, Hans Ulrich 195
Gutenberg, Johannes 90

H

H.I.R.N. (Human Ignorance Research Network) 9, 199
Hamilton, Alexander 54
Hayek, Friedrich von 12
Hegel, Georg Wilhelm Friedrich 31, 185
Heisenberg, Werner 15
Heuristik 21
Hirschman, Albert O. 141
Hitler, Adolf 59, 128, 198, 203
Hobbes, Thomas 53, 64
Holbein, Hans der Jüngere 3
Hus, Jan 12
Hussein, Saddam 131
Huxley, Aldous 78

I

Ignoranz der Satten 141, 151, 171, 219

J

Jefferson, Thomas 51, 54

K

Kafka, Franz 184
Kant, Immanuel 7, 13, 43, 125
Karl Martell, fränkischer Hausmeier 110
Keil, Frank 6
Kennedy, John F. 210

Kissinger, Henry 121
Klima 210
Kolumbus, Christoph 27, 90
Konstantin, röm. Kaiser 88
Kopernikus, Nikolaus 91
Kreisler, Georg 76

L

Lagerlöf, Selma XIII
Landes, David 101, 140
Levy, Oscar 80
Lindblom, Charles E. 23
Locke, John 53, 58
Luther, Martin 91

M

Mackay, Charles 44
Macron, Emmanuel 219
Madison, James 54
Mao Tse-tung 64
Marcus Aurelius 37
Marx, Karl 31, 198
Masala, Carlo 119, 133
Merkel, Angela 26
Montesquieu, Charles de 53,
    58, 124
Morus, Thomas 3
muddling through 23, 86,
    97, 118, 125, 164, 200,
    220
Münchhausen, Baron von
    11, 30
Musil, Robert 190
Musk, Elon 220

N

Napoleon Bonaparte 126
Newton, Isaac 14, 91
North, Douglas C. 136

O

Ortega y Gasset, José 96, 97,
    157
Orwell, George 78
Osterhammel, Jürgen XII, 97

P

Perikles 52, 83
Philipp II., spanischer König
    140
Platon 8, 16, 78
Polybios 186
Popper, Karl 24, 52, 66, 74
Postman, Neil 71, 178
Powell, Colin 132
Prigogine, Ilya 32
Prometheus 10
Pumpin, Cuno 118
pursuit of happiness 50, 62,
    66, 72, 76, 93, 107,
    200
Pythagoras 16

Q

Quigley, Carroll 101, 114,
    139, 186

R

Rathenau, Walther 214
Reybrouck, David van 163
Robespierre, Maximilien 126
Rödder, Andreas 69, 179
Rousseau, Jean-Jacques 73,
    126, 198
Rozenblit, Leonid 6

S

Savonarola 12
Schmidt, Helmut 132
Schumpeter, Joseph 73
Serendipität 29
Shaw, George Bernard 80
Sloman, Steven 6, 161
Sloterdijk, Peter 75, 170
Sommer, Andreas Urs 69
Spengler, Oswald 114, 186
Spinoza, Baruch VIII, 87
Stalin, Josef 60, 64, 198
Stockar, Conrad 214
Szczesny, Gerhard 80, 83, 85,
    164

T

Thunberg, Greta 212, 215
Titus Livius XIII
Toynbee, Arnold 73
Trump, Donald J. 203, 207

U

Utopie der Unvollkommen-
    heit 49, 64, 77, 82,
    134, 164, 199, 202,
    204

V

Vespucci, Amerigo 27
Vonnegut, Kurt 183

W

Wallis, John Joseph 136
Waschen dreckiger Teller 16,
    21, 30, 52, 66, 82, 118,
    125, 200
Washington, George 51, 54
Watt, James 217
Weber, Max 71, 101
Weingast, Barry R. 136
Weinheber, Josef 158
Wenzel, Uwe Justus 89
Werber, Niels XI
White, Lynn 108
Wilson, Woodrow 127
Winkler, Heinrich August 54,
    96, 100
Wittgenstein, Ludwig VIII

Y

Yongle, chinesischer Kaiser
    101

Z

Zehnpfennig, Barbara 62, 122

Ziolkowski, Theodore 10
Zweig, Stephan 12, 102
Zwicky, Fritz 30

Printed in the United States
by Baker & Taylor Publisher Services